乡村振兴战略背景下
乡村旅游目的地可持续发展研究

周 培/周 颖 著

中国商业出版社

图书在版编目（CIP）数据

乡村振兴战略背景下乡村旅游目的地可持续发展研究/周培，周颖著. -- 北京：中国商业出版社，2022.12
ISBN 978-7-5208-2401-9

Ⅰ.①乡… Ⅱ.①周… ②周… Ⅲ.①乡村旅游-旅游地-可持续性发展-研究-中国 Ⅳ.①F592.3

中国版本图书馆 CIP 数据核字（2022）第 245122 号

责任编辑：聂立芳
策划编辑：张　盈

中国商业出版社出版发行
（100053 北京广安门内报国寺 1 号）
010-63180647 www.c-cbook.com
新华书店经销
北京虎彩文化传播有限公司印刷

* * *

710 毫米×1000 毫米　16 开　19.5 印张　282 千字
2022 年 12 月第 1 版　2022 年 12 月第 1 次印刷
定价：56.00 元

* * * *

（如有印装质量问题可更换）

前言
FOREWORD

　　实施乡村振兴战略，是党的十九大作出的重大决策部署，是决战全面建成小康社会、全面建设社会主义现代化国家的重大历史任务，是新时代"三农"工作的总抓手。乡村振兴战略的总要求是"产业兴旺、生态宜居、乡风文明、治理有效、生活富裕"。乡村振兴战略首先是乡村产业振兴，而乡村旅游是乡村产业振兴的重要抓手。乡村旅游与乡村振兴之间存在着相互促进、共同发展的关系。乡村振兴战略强调产业兴旺，从而有利于乡村旅游发展，为乡村旅游发展指明方向；乡村旅游能够调整乡村产业结构，助推乡村的经济发展和社会进步，提高乡村居民的生活水平，为乡村长期繁荣营造良好的条件，为实现乡村振兴战略提供重要的路径。在乡村振兴战略的大背景下发展乡村旅游，对乡村旅游发展提出了更高的要求，要求在站位更高、视角更广、格局更大的基础上，发展高质量的乡村旅游。

　　改革开放以来，我国国民经济快速发展，人民生活水平显著提高，同时工业化、城市化的进程加快。随着工业化、城市化的崛起，很多人开始向往乡村简朴的田园生活。城市居民为了放松心情、体验乡村生活，选择到城市郊区进行乡村旅游活动。乡村旅游主要利用乡村优美的自然环境、人文环境，以当地的民风民俗为吸引物，吸引游客来到乡村旅游体验，吃农家饭，住农家房，体验农事活动，从而摆脱都市的烦恼，享受休闲自得的乡村生活。

我国地域辽阔，乡村资源丰富，农耕文化历史悠久，自然风光秀美，为发展乡村旅游提供了得天独厚的条件。发展乡村旅游既可以提高当地农村居民的收入，也可以增加地方政府的财税收入，同时，还可以促进当地基础设施水平的提升和增加村民的就业。地方政府对开发乡村旅游兴趣浓厚，但不少地方对乡村旅游发展缺乏科学规划，致使一拥而上，盲目模仿，缺乏特色，造成资源浪费，效果欠佳。加之，乡村旅游在开发之初，必须要进行基础设施的建设，在建设中，往往造成植被破坏，水土流失，动物被迫迁徙，也给优美的自然生态环境带来了威胁。随着乡村旅游的发展，大量游客拥入乡村旅游地，产生大量的生活垃圾，也对生态环境造成了破坏，如空气质量下降、交通拥挤、环境污染等。如果不加以干涉和限制，乡村旅游良好的生态就会被破坏。乡村旅游必须走可持续发展的道路，为了完成乡村振兴战略背景下乡村旅游目的地可持续发展研究，我们进行了广泛深入的调查，与乡村旅游管理者、经营者、游客以及乡村旅游目的地的乡村居民进行探讨，与多位专家一起，进行了科学论证。我们认为，要使乡村旅游目的地可持续发展，应做好以下几方面的工作：一是乡村旅游营销创新，二是乡村旅游目的地服务质量提升，三是乡村旅游目的地品牌建设，四是乡村旅游目的地形象设计，五是乡村旅游目的地科学规划。通过对上述工作的分析和论证，我们对乡村旅游目的地的可持续发展给出了建议。我们认为，要在尊重自然、顺应自然、保护自然的基础上开发乡村旅游，必须牢固树立和践行"绿水青山就是金山银山"的理念，站在人与自然和谐共生的高度谋划发展。乡村旅游要发展，必须充分利用乡村优美的环境、新鲜空气、丰富的绿色产品、舒适的居住条件、高质量的服务水平，为游客提供休闲、食宿、娱乐、度假的乡村休闲旅游。自然生态是乡村旅游的载体，必须高度重视生态环境。希望通过我们的研究，能够为乡村旅游目的地可持续发展提供有益的探索。

由周培、周颖（西华师范大学商学院教师）两位作者共同完成全书的撰写工作。其中，周培负责撰写前言、后记以及第1、2、4、5、6、7、9章，合计约22万字；周颖负责撰写第3章和第8章，合计6万字。

本书受以下两个项目的资助：

1. 乡村旅游服务质量提升研究：西华师范大学英才项目（项目编号：17YC319），2017—2022年度。

2. 习近平生态文明思想在四川的实践研究：四川省社会科学规划重点项目（项目编号：SC21ST004），2021—2022年度。

同时，本书也受到西华师范大学出版基金资助。

目录
CONTENTS

第1章 绪论 …………………………………… 1
   1.1 研究背景 …………………………………… 2
   1.2 研究的意义 ………………………………… 3
   1.3 研究内容 …………………………………… 5
   1.4 国外相关研究动态 ………………………… 6
   1.5 国内研究相关动态 ………………………… 15
   1.6 国内外乡村旅游研究评述 ………………… 25
   1.7 研究方法 …………………………………… 26

第2章 相关概念及理论基础 ………………… 29
   2.1 乡村旅游的概念 …………………………… 30
   2.2 乡村旅游的特征 …………………………… 32
   2.3 乡村旅游的类型 …………………………… 34
   2.4 乡村振兴战略概念 ………………………… 39
   2.5 乡村振兴战略的目标 ……………………… 41
   2.6 研究的理论基础 …………………………… 42

第3章 乡村旅游与乡村振兴战略 …………… 55
   3.1 我国乡村旅游的起源与发展 ……………… 56
   3.2 乡村旅游的功能 …………………………… 58

3.3 乡村振兴战略促进了乡村旅游发展 …………… 62
3.4 乡村旅游发展助推乡村振兴战略实施 ………… 65
3.5 乡村旅游带动产业兴旺 …………………………… 68

第4章 乡村旅游营销创新 …………………………………… 69
4.1 乡村旅游消费者行为分析 ………………………… 70
4.2 乡村旅游市场细分与目标市场 …………………… 73
4.3 乡村旅游目的地的目标市场选择 ………………… 81
4.4 乡村旅游目的地市场定位 ………………………… 85
4.5 乡村旅游目的地4P的营销组合策略 …………… 89

第5章 乡村旅游目的地服务质量提升研究 ………… 103
5.1 服务质量理论 …………………………………… 104
5.2 乡村旅游感知服务质量 ………………………… 110
5.3 感知服务质量的评价方法 ……………………… 116
5.4 SERVPERF评价方法 …………………………… 123
5.5 乡村旅游目的地服务质量评价体系构建 …… 127
5.6 乡村旅游目的地服务质量模糊综合评判方法
 ……………………………………………………… 136

第6章 乡村旅游目的地品牌建设 ………………………… 141
6.1 乡村旅游目的地品牌内涵 ……………………… 142
6.2 品牌对乡村旅游目的地的作用 ………………… 143
6.3 乡村旅游目的地品牌定位 ……………………… 146
6.4 乡村旅游目的地品牌传播 ……………………… 154
6.5 乡村旅游目的地品牌管理 ……………………… 158

第7章 乡村旅游目的地形象设计 ………………………… 171
7.1 乡村旅游目的地形象的内涵与特征 …………… 172

7.2 旅游目的地形象设计的理念 …………………… 176

7.3 乡村旅游目的地形象的符号 …………………… 180

7.4 乡村旅游感知形象的符号学分析 ……………… 185

7.5 建立乡村旅游目的地的识别系统 ……………… 189

7.6 乡村旅游目的地管理者行为形象设计 ………… 193

第8章 乡村旅游规划创新 …………………… 197

8.1 旅游规划的定义及功能 ………………………… 198

8.2 乡村旅游目的地规划的概念与特征 …………… 200

8.3 乡村旅游规划创新的支撑理论 ………………… 203

8.4 乡村旅游规划原则 ……………………………… 206

8.5 乡村旅游规划步骤与方法 ……………………… 210

8.6 乡村旅游规划的核心内容 ……………………… 214

8.7 乡村旅游设施规划 ……………………………… 221

8.8 乡村旅游产品规划 ……………………………… 223

8.9 乡村旅游生态环境保护规划 …………………… 227

第9章 乡村旅游可持续发展策略 …………… 235

9.1 深入挖掘乡村文化内涵 ………………………… 236

9.2 改善和保护乡村旅游生态环境 ………………… 238

9.3 政府推动乡村旅游的高质量发展 ……………… 243

9.4 加强乡村旅游目的地的企业质量管理 ………… 248

9.5 提高乡村游客的满意度 ………………………… 252

9.6 加强乡村旅游目的地的危机管理 ……………… 256

9.7 社区参与乡村旅游发展策略 …………………… 265

9.8 基于4C理论乡村旅游营销创新 ………………… 277

9.9 提升服务人员的素质 …………………………… 282

附录　关于乡村旅游服务质量的调查问卷 …………… 286

参考文献 ………………………………………………… 290

后记 ……………………………………………………… 299

第1章

绪　论

1.1　研究背景

随着工业化、城市化进程的加快，农村大量青壮年劳动力向城市转移，农村老龄化现象突出，从而造成农村发展内生动力不足。传统农产品在市场上缺乏竞争力，农村产业较为单一，产品附加值低，制约了农村经济社会的发展。2015 年，《中共中央国务院关于加大改革创新力度加快农业现代化建设的若干意见》明确指出要大力发展国内乡村旅游市场。2017 年中央一号文件提出支持乡村旅游产业发展，为促进农业农村发展、缩小城乡差别指明了方向。

乡村旅游是指依托乡村秀美的田园风光、特色的乡土文化、民俗风情等资源开展旅游活动。在开发乡村旅游的过程中，如何利用和保护好乡村独特的自然和文化资源，走出一条可持续发展道路，是理论界和实业界都需要思考的问题。乡村旅游对乡村的发展意义重大。乡村旅游收入逐年提升，根据统计数据，2019 年我国乡村休闲旅游超过 30 亿人次，直接带动就业人数 1200 万，带动受益农户 800 多户。[①] 乡村旅游对调整农业产业结构和促进农村经济社会的发展起到了重要的作用，发展乡村旅游可以调整农村产业结构，是农民增收的途径。实践证明，乡村旅游发展较好的地方，村民比较富裕，生活幸福，乡村经济繁荣，社会稳定。因此，发展乡村旅游成为许多地方政府的工作重点之一。

乡村振兴战略首先是乡村产业振兴，而乡村旅游是乡村产业振兴的

---

① 中国经济网，到乡村旅游去，2020-09-027.

重要抓手。乡村振兴战略为发展乡村旅游指明了方向，乡村振兴战略制定的相关政策为乡村旅游的发展保驾护航，提供了制度保障。随着生产力发展，生产效率提升，人们的生活水平显著提高。为了缓解工作和生活的压力，提高工作效率，城市居民产生了在周末或节假日去乡村放松心情、体验休闲的需求，而乡村旅游恰好满足了这一需求。乡村旅游的发展，有效地促进了乡村经济繁荣和社会发展、城乡之间资源的合理流动，并推动了农村产业结构调整，实现乡村产业兴旺，提高乡村居民的人均收入，增强乡村居民的幸福感。因此，发展乡村旅游有利于乡村的繁荣，社会的稳定。

乡村旅游与乡村振兴之间存在着相互促进、共同发展的关系。乡村振兴战略强调产业兴旺，从而有利于乡村旅游发展，同时也为乡村旅游发展奠定了良好的外部发展条件；乡村旅游能够调整乡村产业结构，助推乡村的经济发展和社会进步，实现现有资源的合理利用；改善乡村原本较为落后的基础设施，提高乡村居民的生活水平，为乡村长期繁荣营造良好的条件，为乡村振兴战略的实现提供实施的路径。

1.2 研究的意义

1.2.1 理论意义

党的十九大明确提出实施乡村振兴战略的总要求是"产业兴旺、生态宜居、乡风文明、治理有效、生活富裕"。其中"产业兴旺"是乡村振兴的根本要求，也是实现乡村振兴战略目标的根本保障。产业不兴旺，生活很难富裕，生态宜居就难以实现。党的二十大对乡村振兴又提出了新的要求，即全面推进乡村振兴，坚持农业农村优先发展，坚持城乡融合发展，畅通城乡要素流动。扎实推动乡村产业、人才、文化、生态、组织振兴。在乡村振兴战略的大背景下，对乡村旅游发展提出了更高的要求。发展乡村旅游要有开阔的视野，要建立在高质量发展的基础上。发展乡村旅游已经不仅仅局限于农家乐、农事体验等浅层乡村体验游上，而是要求站位更高、视角更广、格局更大，尤其是要利用乡村资源禀赋、特色民俗文化，打造具有地方特色的乡村旅游产品，满足都市居民的旅游需求。本文的研究能够为乡村振兴战略的理论研究提供有益的探索，并对乡村振兴战略指导下发展乡村旅游的实践应用进行有益的探索。

1.2.2 现实意义

乡村振兴涵盖了乡村社会、经济、政治、文化、环境等领域，是全方面、全方位的振兴，具有多重功能和价值。发展农村经济是乡村振兴的目标任务之一，而发展乡村旅游能够调整农村产业结构，有利于促进农村经济发展，由此可见，发展乡村旅游是实现乡村振兴战略的有效手段。开展乡村旅游，可解决村民就地就业和创业问题，增加乡村居民的经济收入和促进乡村的繁荣和稳定，同时也能够提高农村集体经济收入，有利于改善村容村貌。

对于乡村旅游的研究，国内学者大都以定性研究为主，他们主要是从事乡村旅游的内涵和特征的研究、乡村旅游与生态环境的研究，以及乡村旅游可持续性等方面的研究，而定量案例研究探索相对较少。乡村旅游有它自身的特点，本书在乡村振兴战略背景下对乡村旅游进行研究，具有较强的针对性。本研究对乡村旅游进行了系统的理论梳理，在深入乡村旅游目的地进行实地调查研究的基础上，运用定量研究和定性研究相结合的研究方法，将理论与实践相结合，实地走访和调研乡村旅游目的地的管理者、当地旅游管理部门、旅游企业员工、游客以及乡村旅游目的地的村民，并对部分乡村管理者、村民和相关人员进行了深度访谈，最后，提出乡村旅游目的地可持续发展策略。本研究丰富了乡村旅游研究的内容，对乡村旅游目的地的企业、管理者和经营者、基层政府和乡村旅游相关行业有一定的借鉴作用。

1.3 研究内容

本书主要包括九个部分的内容。

第1章：绪论。主要梳理、总结国内外乡村旅游的发展进程和研究内容，就国内外研究进行了评述，阐述本书研究乡村振兴战略背景下乡村旅游发展研究的重要意义。

第2章：相关概念及理论基础。相关概念主要是对乡村旅游内涵、类型及特征进行论述，同时对乡村振兴战略目标进行阐述。相关理论主要研究了：马斯洛需求理论、人本理论以及可持续发展理论，这些理论在本书的研究中得到了广泛的应用。

第3章：乡村旅游与乡村振兴战略。乡村振兴战略为乡村旅游的发展指明了方向，乡村旅游发展助推了乡村振兴战略的实施。

第4章：乡村旅游营销创新。主要对乡村旅游消费者的行为进行了分析，对乡村旅游进行了市场细分、市场定位，阐述了乡村旅游目的地旅游营销"4P"策略。

第5章：乡村旅游目的地服务质量提升研究。对服务质量理论进行梳理，对乡村旅游目的地感知服务质量进行论证，构建了乡村旅游目的地服务质量的评价体系。

第6章：乡村旅游目的地品牌建设。本章对品牌建设的内涵、作用进行了阐述，重点分析了乡村旅游目的地品牌的传播和管理。

第7章：乡村旅游目的地形象设计。本章从旅游目的地形象设计理念、形象符号出发，建立了乡村旅游目的地的形象识别系统，对乡村旅游目的地进行形象设计。

第8章：乡村旅游规划创新。阐述了乡村旅游目的地的规划原则和方法。对乡村旅游目的地设施进行科学的规划，强调乡村旅游产品规划中的注意事项，对乡村旅游生态环境保护进行规划。

第9章：乡村旅游可持续发展策略。本章主要从保护乡村生态环境对乡村旅游发展的重要性、如何推动乡村旅游高质量发展及提高游客的满意度、对乡村旅游目的地进行危机管理、社区参与乡村旅游发展策略、对乡村旅游进行营销创新、提升服务人员的素质等方面进行了研究。

1.4 国外相关研究动态

乡村旅游是工业化、城市化的产物。乡村旅游始于19世纪中叶的欧洲，随着工业革命的发展，劳动生产率大幅提升，城市经济繁荣起来，许多农村居民来到城市务工，成为城市的产业工人。这些来自农村的城市居民留恋宁静的乡村生活，想逃离城市喧嚣，返璞归真，因此，每当工厂休假和周末时，他们就带着城里的朋友，一起"回老家"度假，享受美好的乡村环境和悠闲的乡村生活。大家渐渐爱上了乡村、恋上了乡村，从而使乡村逐渐成为人们的旅游目的地。1865年，意大利成立了"农业与旅游协会"，成为乡村旅游诞生的标志事件。随后，美、法、日等国也先后推出乡村旅游产品，乡村旅游逐渐盛行起来。

关于乡村旅游研究，学界的研究始于20世纪三四十年代。20世纪60年代初至20世纪70年代，乡村旅游研究主要关注乡村旅游内涵，以及乡村旅游对旅游目的地的经济影响。20世纪80年代至20世纪90年代初期，乡村旅游逐步受到学者们更多的关注，乡村旅游的研究范围更加宽泛。学界从经济学角度，研究了乡村旅游对旅游目的地经济的影响，逐步扩展到对乡村地区的社会影响研究，同时，在乡村旅游供给方面也进行了有益的探索。20世纪90年代中后期，乡村旅游业得以快速发展，学界对乡村旅游研究的内容和层次更进了一步，研究内容更加丰富，从经济学、社会学、民俗学、旅游人类学等不同视角对乡村旅游进行深入的研究，探讨了乡村旅游发展过程中的管理、社区居民对乡村旅游发展所持的态度、女性问题在乡村旅游发展中的作用、乡村旅游的发展策略等。从研究层次而言，由最初主要关注乡村旅游的基本内涵、经营策略、经营理念，乡村旅游对当地经济影响等基础研究，逐步过渡到研究乡村旅游的社会文化效应、乡村旅游目的地的居民参与、乡村旅游的危机管理、乡村旅游营销问题以及可持续发展等问题。就研究方法而言，改变以描述为主的方法，学界更多地进行实证分析方法，采用了定量分析和定性分析相结合的方法，同时案例分析方法也得到了广泛应用，乡村旅游的研究进程得以加快，研究成果更加丰硕。

我们通过查阅大量乡村旅游研究的文献资料，对乡村旅游相关研究进行了归纳、梳理，具体体现在以下几个方面。

1.4.1　对乡村旅游内涵的研究

对乡村旅游内涵的研究，国外学者都比较重视，学者们从不同视角对乡村概念进行了有益探索，但目前对于乡村旅游内涵，学界有一定分歧，未能达成统一意见。

1994年，欧洲联盟（EU）和世界经济合作与发展组织（OECD）将乡村旅游定义为"发生在乡村的旅游活动"，其中"乡村性是乡村旅游整体推销的核心和独特点"，因而乡村旅游应该是发生在乡村地区，建立在乡村世界的、面貌特殊、经营规模小、空间开阔和可持续发展基础之上的旅游类型。[①]

莱恩（Lane）认为乡村旅游不仅仅局限在乡村地区进行旅游活动，范围应该更广泛一些。乡村旅游是一种复杂、多侧面的旅游活动，乡村旅游形式在不同的国家和地区是有所不同的。那么关于"纯粹形式的乡村旅游"，莱恩认为：（1）必须在乡村地区；（2）旅游活动在乡村开展，一般是经营规模小，空间开阔，与自然紧密相连，有传统文化活动等乡村旅游的特征；（3）乡村旅游建筑群要体现小规模和乡村性两个方面；（4）乡村旅游与旅游目的地紧密相连；（5）乡村旅游资源的可持续，乡村走可持续发展道路；（6）乡村旅游表现为多类型。德诺（Dernoi）指出，乡村旅游是发生在与乡村土地紧密相关的经济活动中的。马里耶·维尔（Marije Veer）认为，乡村旅游应提供个性化服务，尽可能使其参

---

① Arie Reichel, Oded Lowengart, Ady Milman. Rural Tourism in Israel: Service Quality and Orientation [J]. Tourism Management, 1999, 21 (2000): 451-459.

与当地的居民活动、习俗和生活。考利（Cawley M.）认为，乡村旅游能使游客体验到无法在城市生活中体验的精神上以及感官上的生活乐趣。莫尔蒙（Mormont）认为，乡村旅游利用乡村具有的独特的风土人情和民俗文化吸引力，使之能够满足都市居民休闲体验和归园田居的心理诉求。

综上所述，面对乡村旅游具有的复杂性，虽然学界目前对乡村旅游概念的界定没有达到统一，但都认同乡村风光、自然资源和人文资源都是吸引旅游者进行乡村旅游的重要资源，乡村旅游利用这些资源，吸引都市居民前来乡村进行旅游体验。

1.4.2 旅游目的地的居民对乡村旅游的态度

对于旅游目的地的居民对乡村旅游所持的态度（支持与否），国外学者研究结论为：有支持的，也有反对的。国外对乡村旅游目的地居民的旅游态度研究，如表1-1所示。

表1-1 旅游目的地的居民对乡村旅游态度研究

时间	学者	观点
2001年	韦费 （Weaver）	对澳大利亚进行研究，发现当地居民对旅游的态度为：约有1/4的居民持支持态度，这些居民与游客接触较深；约有1/2的居民对乡村旅游保持中立态度，认为乡村旅游能够提高经济收益，但也会带来物价上涨的弊端；约1/4的居民持反对态度，认为除了能为当地提供一些就业机会，但给当地带来许多负面因素
1999年	坎贝尔 （Campbell）	研究表明：大多数居民持支持乡村旅游的发展。对居民是否支持态度的影响因素，主要有当地经济水平、旅游业发展水平、居民受教育年限等
1993年	爱伦等 （Allen et al）	年龄越大，教育程度越低，越不支持发展乡村旅游

续表

时间	学者	观点
1990年	朗等人（Long等人）	居民对乡村旅游发展所持态度与旅游发展阶段有关。在开始阶段，居民往往大多持支持态度，如果达到或超过了乡村最大社会承载力，支持率开始下降
1994年	约翰逊等（Johnson et al）	文化旅游对小型社区的传统文化和社区特征产生消极影响
2002年	特延（Teye）	教育程度越高的居民越倾向于同外来旅游者交流，持支持态度
1992年	阿珀森（Ap）	居民在社区居住的时间越长，对乡村旅游发展越持消极态度

1.4.3 乡村旅游对经济的贡献

布拉姆威尔（Bramwell）的研究表明，乡村旅游目的地进行乡村旅游开发活动都要以"乡村性"这种独特性为核心，实现乡村资源的可持续开发和利用。Slee等人的研究表明，乡村旅游发展能够促进旅游目的地经济发展，乡村旅游对乡村繁荣有正向作用。弗莱舍（Fleischer）等对以色列典型的乡村旅游形式进行了研究，认为乡村旅游规模小，旅游季节短，对乡村旅游目的地的经济影响有限。莱恩（Lane）对乡村旅游可持续开发策略进行了有益探讨，归纳原因有四点：（1）保护乡村特色资源的需要；（2）协调开发与保护的需要；（3）以社区经济增长为核心的需要；（4）保持乡村性的需要。奥伯曼（Oppermann）对德国关于乡村旅游动机性进行了研究，结果表明，都市居民乐意离开节奏快、压力大的都市生活，前往乡村去参加乡村旅游，因为乡村旅游成本低，从而推动了乡村旅游发展。但有学者研究表明，乡村旅游对地方经济的发展作用不明显，甚至带来许多副作用。例如，给乡村旅游经营者带来经营的风险；游客到来，导致旅游目的地的物价上涨，从而增加当地居民的生活成本等。刘怡君（Abby Liu）认为一些地区发展乡村旅游注重经济效益而忽视了社区环境的承载力，不能实现可持续发展。① 虽然乡村旅游无节制的开发和利用，破坏了旅游目的地的自然和生态环境，但总的来看，大多数学者都认同乡村旅游对当地经济发展有积极作用，持支持发展乡村旅游的态度。

1.4.4 对乡村旅游发展的策略研究

国外学者对乡村旅游发展研究的结论为：没有一个标准的发展策略，只有具体问题具体分析，不同国家、不同地区、不同背景条件和环境应采取不同的发展策略。如胡梅尔·布伦纳（Hummel Brunner）等深入研究了奥地利乡村旅游的发展策略，得出的结论为，存在着典型的三种不同的农村背景，不同背景就应该用不同的发展策略，提出三种针对不同背景的乡村旅游发展策略。杰基·克拉克（Jackie Clarke）等从国际竞争的视角，对斯洛伐克的乡村旅游发展策略进行了有益探讨，提出了四项措施，重点强调"市场营销计划""建立旅游信息中心""成立当地旅游协会""人员专业培训"。② 夏普利（Sharpley）深入研究了塞浦路斯乡村旅游发展策略，得出结论：乡村旅游的投入回报率不高。因此，在乡村旅游发展中，应进行投资收益分析；发展乡村旅游要注重市场的开发和经营管理。

关于乡村旅游发展策略，学界更多地强调保护乡村旅游的自然生态

---

① LIU A. Tourism in rural areas: Kedah, Malaysia [J]. Tourism Management, 2006 (27): 878-889.
② CLARKE J, DENMAN R, HICKMAN G, et al. Rural tourism in Roznava Okres: A slovak case study [J]. Tourism Management, 2001 (22): 193-202.

和文化传统工作的重要性，认为"乡村性"是乡村旅游的最重要的吸引物，必须加以保护。

1.4.5 乡村旅游目的地形象研究

良好的旅游目的地形象能够促使目标顾客前往旅游地体验消费。1975 年，亨特（Hunt）首先提出旅游目的地形象定义，认为旅游目的地形象是个人或社会公众对于自己居住地以外的其他地区的总体印象。克伦普顿（Crompton）认为旅游目的地形象是个人对于旅游的理念、思维和认知。迪希特（Dichter，1985）认为，旅游目的地形象是一种旅游目的地给他人留下的印象和认知。恩巴赫（Embacher）认为旅游目的地形象是为个人或公众进行对旅游地的体验后所形成的内心感知形象。费克（Fakeye）认为旅游目的地形象是潜在旅游者在进行旅游活动之前对旅游目的地的内心感知形象。基姆（Kim）认为旅游目的地形象是旅游者对于旅游地的认知、信心、期待和感性认识。比顿（Beeton）认为，如果媒体宣传的乡村目的地形象与当前实际旅游形象不符，就会导致游客理解及认知错误，易对乡村旅游目的地产生负面影响。蔡（Cai）通过系列案例研究，构建了乡村旅游目的地品牌的概念模型，着重强调乡村社区居民参与对乡村旅游形象的重要性。劳森·邦·博维（Lawson Bond-Bovy）认为旅游目的地形象是对一个特定事物或地点的认知、印象、想象和情感思维的表达。

1.4.6 对乡村旅游的供给研究

随着人们生活水平的提高，游客对乡村旅游需求的品质也在不断地提升，游客需求的多样性决定了乡村旅游供给也要呈现出多样性。随着需求的变化，食、行、游、娱、住、购等需求也在不断提升。例如，有学者对乡村旅游住宿类型的供给进行了研究。研究者将住宿类型分为 5 种，分别是家庭旅馆、露营地、自助旅舍、农舍旅馆和提供食宿的农舍，研究者对不同国家和地区各种住宿类型所占的比例进行了有益探索，得出结论。从研究结论来看，发达国家的游客越来越青睐提供食宿的农舍、家庭旅馆，住宿类型供给多样化是发展趋势。通过上述研究进行分析，得出了吸引游客最重要的因素是服务质量而不仅仅是住宿条件，其发展总的趋势有 3 个方面：一是提供服务应以网络化方式组织，服务不应受地点和时间限制；二是随着经济发展，游客对服务质量越发看重，愿意在可以接受的价格条件下，要求的服务档次愈来愈高；三是服务标准化，要尽可能地规范服务质量标准。

1.4.7 对女性问题在乡村旅游发展中作用的研究

对于乡村旅游发展中的女性问题研究，国外学者做了许多研究工作。在传统的农业活动中，依靠体力劳动来决定劳动的效率，男性天生身体强壮一些，适合从事体力劳动，而女性受先天身体等条件的限制，力量上不能同男性抗衡，在体力统治的时代，力量是生产力的体现，女性往往处于从属地位。乡村旅游业属于服务业，对于体力要求并不是最重要的，体力的大小对生产效率影响不大，相反，需要的是细心周到的服务，沟通能力很重要。女性先天在这方面能力强，在乡村旅游行业中，能展示她们的才华，是乡村旅游发展的重要力量。女性受教育程度越来越高，也增加了她们的就业机会，从而社会地位得到了提高。埃文什（Evansh）等对女性在乡村旅游发展中的作用进行探讨，对英国斯塔福德郡、林肯郡和多塞特郡的 212 个农户的调查中，发现多数家庭权力由妻子掌握。他们认为，乡村旅游中女性作用凸显。德诺（Dernoi）对奥地利乡村旅游的调查结论为：在乡村旅游的发展中女性作用明显，女性承担了多种角色，81%的妇女在从事旅游活动的同时也从事其他农业活动和家务劳动。尼森（Nilsson）的研究也得出同样结论，女性在乡村旅游中起到重要的作用。

1.4.8 乡村旅游服务质量研究

国外学者对乡村旅游服务质量研究如表1-2所示。

表1-2 国外学者对乡村旅游服务质量研究

时间	学者	观点
20世纪80年代初	芬兰学者格朗鲁斯（Gronroos）	将质量初次引入服务领域，标志着服务质量研究的开始
2000年	雷赫尔（Reichel）	通过对家庭式经营的乡村旅游企业进行研究，发现游客体验与旅客对服务的期望存在差距，强调对经营者要进行培训
1998年	查理德·奥利曼（Richard L. Oliver）	从期望与实际比较模型来衡量服务质量水平，通过衡量顾客实际感知的服务质量与心理预期的服务质量进行比较，从而确定是否满意
2000年	伊莎贝尔·佛罗乔特（Isabelle Frochot）	使用HISTOQUAL模型来衡量服务质量的方法，为提升服务质量采取针对性的办法
1994年	克罗林和泰勒（Rocklyn Tayler）	从主观性和客观性两个角度进行考虑，运用功能质量和技术质量对服务产品质量进行研究
2003年	里德卡沙普利（Richard Sharpley）	以塞浦路斯酒店服务人员为研究对象，发现了支持和限制服务质量的因素，提出了激励、大胆授权以及减少人员流失等策略
2007年	卡洛斯·A.（Carlos A.）	构建了乡村旅游住宿服务质量的量表，包括移情性和有形性、补充优惠、响应性、游客关系五个方面

1.4.9 乡村旅游可持续发展

国外学者对乡村旅游可持续发展给予较多关注，成了他们研究的重要课题。学者们认为基于乡村的独特性、资源的有限性，发展乡村旅游应该走开发与保护并重道路。布拉姆威尔（Bramwell）认为，乡村旅游以保护或维持乡村的独特性为核心进行开发，坚持走可持续发展道路。罗伯茨和霍尔（Roberts and Hall）从乡村旅游的性质、规模和开发特点，揭示了乡村旅游走可持续旅游道路的必然性。夏普利和罗伯茨（Sharpley and Roberts）从乡村旅游性质和特点出发，指出乡村旅游必须走可持续发展之路。霍尔（Hall）深入研究了乡村旅游可持续发展的方法、策略。特诺克（Turnock）对实现可持续旅游的关键要素进行了探索。

20世纪80年代后期，随着乡村旅游业的快速发展，乡村旅游的规划、经营与管理等问题凸显，学者对此问题进行了深入研究。

总之，自20世纪50年代以来，国外学者对乡村旅游进行了大量深入的研究，研究内容不断丰富，研究范围不断扩大，研究方法也在不断创新，取得丰硕成果。随着乡村旅游实践活动的不断深入，研究方法继续完善。

1.5 国内研究相关动态

乡村旅游研究在我国起步较晚，随着乡村的快速发展，国内学者对乡村旅游研究给予了更多的关注，研究成果也不断丰富。知网中搜索关键词"乡村旅游"得到的中文文献有26866条，其年度分布呈极速增长之势，从2000年的29篇增加至2019年的4766篇[①]。学界从不同角度对乡村旅游进行了研究，具体体现在以下方面。

1.5.1 乡村旅游的内涵研究

国内学者从不同角度对乡村旅游研究的内涵进行解读，具体如表1-3所示。

表1-3 乡村旅游内涵研究

时间	学者	内容
1992年	杨旭	以农业经济资源、生物资源以及社会资源所构成的立体景观为对象的旅游活动
1995年	卢云亭	观光农业应该给游客增加奇、野、异、乐等兴趣，并拥有观赏、参与、科考、阅历等旅游活动
1999年	王兵	以乡村的生态环境、农事活动、文化景观以及传统的民俗为旅游资源，开展以观赏、学习、考察、娱乐、参与、购物为一体的旅游活动
1999年	杜江	以乡村原始自然生态环境、历史文物遗迹以及乡村淳朴的农家生活为吸引点，以都市内向往回归自然的居民为目标市场
2002年	何景明 李立华	在乡村地区，开展以具有乡村性的自然和人文客体为吸引物的旅游活动
2006年	刘德谦	以乡村的风土人情、民风民俗为吸引物，开展吸引游客前往旅游目的地进行观光、考察及学习的旅游活动
2008年	周武忠	乡村旅游的特色是"乡村性"，乡村旅游的核心吸引物是乡村文化田园风味、民风民俗以及土特产

---

① 熊杰. 国内乡村旅游发展研究综述［J］. 乡村科技，2019（10）.

续表

时间	学者	内容
2016年	翁伯琦等	以乡村特有的自然、文化资源以及传统的农事活动和淳朴的民俗游为热点,形成集度假娱乐、观光学习、休闲娱乐于一体的旅游体验活动
2017年	苏飞	认为乡村旅游借助乡村自然资源、文化资源、乡村农事体验和乡村的民俗文化,形成集度假娱乐、观光学习、休闲健身于一体的旅游体验活动
2017年	王露	认为乡村旅游是以自然形成的乡村环境为基本特征,面向城市居民,为满足其对休闲观光、亲近自然等多种需求发展而形成的农业和旅游相结合的方式
2018年	甘信斌	指出乡村旅游是农村文化活动与旅游观光结合的一门新产业,适应了人们追求文化、亲近自然的要求

1.5.2 乡村旅游发展动因分析

乡村旅游发展的动因主要取决于游客的需求,学者研究成果如表1-4所示。

表1-4 乡村旅游发展的动因研究

时间	学者	观点
1998年	李力 谷明	把农业旅游看作极化效应、扩散效应和市场效应三大效应作用的结果
2000年	甘巧林 陈忠暖	从非农视角,认为乡村旅游对农村的综合发展作用显著
2003年	黄洁	乡村旅游缓解了都市居民的社会生存压力大、生存资源减缩等问题,满足了人们对原始自然生态环境和淳朴生活的向往

续表

时间	学者	观点
2006 年	习宗广	把乡村旅游的兴起归结为三个方面：①乡村休闲旅游的兴起满足了社会需要；②乡村休闲旅游满足了城市居民回归自然的身心需要；③乡村休闲旅游满足了人们追求旅游新体验
2010 年	刘涛 徐福英	认为乡村旅游的兴起是现代化发展过程中的必然之路，是政府指引、市场主导、效益推动下的必然产物
2015 年	黄震方等	认为乡村旅游研究应通过深化理论研究和强化实践应用，推动乡村旅游提质增效升级，实现城乡旅游互补和协调发展
2017 年	罗景峰	认为乡村旅游安全保障体系是一个多界壳的有机结合体，它为消除或降低乡村旅游风险、保障乡村旅游安全提供了全新的思路和解决方案，对于乡村旅游发展具有重大意义

1.5.3 乡村旅游"扶贫功能"研究

从 20 世纪 80 年代末，在我国个别边远地区开始开发乡村旅游，取得较好的经济效益和社会效益，旅游扶贫在我国边远贫困地区全面展开。刘向明认为，乡村旅游扶贫的目标不仅仅解决"物质上的贫困"，更重要的是"观念上的脱贫"。毛勇认为，乡村旅游扶贫应以政府为主导、市场为导向，依托乡村特色旅游资源，发展乡村旅游产品，以此实现当地居民脱贫致富的目标。李佳认为，旅游扶贫是一种旅游可持续发展的实用工具，要保障贫困户的可持续收益。刘解龙、陈湘海指出改革开放以来扶贫工作呈现递进关系。杨娜强调，乡村旅游精准扶贫需要具备一定的适用性条件。吴寿锋、张莉、邵俭福提出乡村旅游扶贫是乡村振兴的希望。郑华俊认为乡村旅游对农村脱贫效果明显，效果快且返贫率较低。马潇认为旅游扶贫能帮助农户增收减负。

1.5.4 乡村旅游发展类型研究

学界对乡村旅游发展类型进行研究，学者们研究成果如表 1-5 所示。

表 1-5 乡村旅游发展类型研究

时间	学者	内容
2000 年	隋春花	分为观光型、教育型、民俗文化型、参与型、康乐型等
2001 年	杨洪	有城郊式、森林公园式、山区式、水域式等类型乡村旅游
2002 年	田喜洲	有园艺、茶艺、农耕景观、水乡活动等四类主题
2005 年	李德明	有自然风光观赏旅游、从事农事体验旅游、乡村民俗文化旅游、乡村聚落与建筑探索旅游
2005 年	邹统钎	有农村依托型、农田依托型、农园依托型
2006 年	刘德谦	有非典型模式、客源地依托模式、目的地依托模式以及复合模式四类
2006 年	蒙睿等	按市场区位、资源价值、旅游区位进行组合分类
2007 年	马勇	有旅游集群发展模式、园林式特色农业产业依托模式、庭院式休闲度假景区依托模式和古街式民俗观光旅游小城镇模式
2008 年	郭焕成	观光农业的类型：农园采摘型、渔场垂钓型、农园观光型、森林探险旅游型、农业科技观光型、综合观光型等；民俗休闲旅游业类型：古村落观赏型、度假休闲型，从事农事活动体验型、农业科普教育型、乡村风貌展示型；休闲度假村类型：生态度假村、运动健身型度假村、休闲绿色型度假村、别墅型度假村、乡土文化型度假村、山地休闲型度假村、其他类型等

1.5.5 乡村旅游规划设计研究

关于乡村旅游规划设计，根据乡村目的地旅游资源特色，坚持乡村旅游的可持续发展为引领，以满足游客居民旅游需求为导向，对乡村旅游的未来发展进行总体布局。随着乡村旅游的发展，对乡村旅游规划设计的研究意义越发重大，且取得了丰硕的成果，成果如表1-6所示。

表1-6 乡村旅游规划设计研究

时间	学者	探讨内容
2001年	章锦河等	从乡村旅游目的地的文脉、聚集景观、村落特征、市场反应等方面，对旅游景区视觉形象、行为形象的设计问题进行了探索
2002年	胡巍	基于旅游资源评价角度，探讨了乡村旅游规划问题
2004年	王云才	运用景观科学理论对景观评价，对规划设计的技术进行阐述，对景观意象与景观设计进行了有益的探索
2005年	何晓芳	分析了乡村生态旅游规划的原则、方法、程序和乡村旅游规划的基本内容
2007年	赵琳琳等	基于空间分析与空间设计角度对乡村旅游景区的规划与设计深入探索，得出结论：乡村旅游空间设计的生态化、地域化以及人性化是乡村规划的重要因素
2009年	姜辽等	从乡村旅游景观元、乡村旅游景观链、乡村旅游景观场等方面进行微观设计
2009年	欧阳勇锋等	强调旅游规划应维系乡村景观格局的完整性与真实性，实现农村生产、生活与乡村旅游的一体化
2009年	王铁等	构建了基于AHP的环城游憩带乡村旅游开发的影响因子体系，构建了概率计算模型，提出了环城游憩带乡村旅游的开发决策路径

续表

时间	学者	探讨内容
2009年	张红贤等	AHP和地理信息系统技术,研究建设以市场为导向、有资源条件、经济发展水平较低、交通不很便捷的地区,优先发展其乡村旅游业从而带动乡村经济发展

1.5.6 乡村旅游市场研究

万绪才研究了国内乡村旅游产品的开发,提出了以市场为导向的乡村旅游产品开发策略。张建国探析了城市居民对乡村产品需求趋势,得出了乡村旅游开发中,城市居民对乡村旅游的消费动机主要是回归自然的身心需要。张建宏研究乡村旅游特征,分析了乡村旅游发展对农村经济建设的影响,得出了乡村旅游具有多样性的功能的结论。同时也指出,乡村旅游能够促进乡村经济的发展和社会稳定。刘亚洲从旅游认知、偏好、参与意愿、参与动机、出游方式等对大学生旅游市场进行了分析。吴必虎对乡村旅游目的地与其一级客源地城市距离进行了测定、统计和处理,在一定假设条件下,乡村旅游目的地与所在大、中城市的周围的分布总体距离呈衰减趋势。

1.5.7 乡村旅游服务质量研究

乡村旅游服务质量是乡村旅游是否可持续的关键因素。服务质量的评判是游客通过体验服务后完成的。江波、郑红花总结了旅游活动八要素,构建乡村旅游服务质量评价指标系统,建立了服务质量对顾客忠诚度影响的结构方程模型,对乡村旅游服务质量评价有借鉴作用。程兴火、周玲强通过乡村旅游服务质量文献研究和焦点小组访谈的方式,对乡村旅游服务质量评价课题进行了研究,经过两阶段预试后,得到乡村旅游服务质量初始量表，并进行问卷调查，对信度与效度检验，建立了正式测量模型。模型共包含6个维度，即服务承诺、服务响应、游客信任度、乡村意象、产品体验和人文关怀。共设计出23项指标构建乡村旅游服务质量测评模型，该模型对乡村旅游景点旅游服务质量的评价提供可靠的测量标准，为乡村旅游服务质量提升提供了科学的指导。于静静、朱冠梅、蒋守芬对乡村旅游餐饮企业服务质量进行了研究，对山东济南、威海两个城市的当地居民进行问卷调查。他们将乡村旅游餐饮服务质量归纳为9个因素，即服务人员基础服务因素、服务人员超值服务因素、安全卫生因素、餐饮环境乡土特征因素、主客互动因素、菜品的乡土特征因素、服务人员的乡土特征因素、菜品质量的客观因素和菜品质量的主观因素。得出了游客对服务质量的重视程度分为三大方面的因素：核心服务质量因素、关系服务质量因素、边缘服务质量因素。

1.5.8 乡村旅游发展机遇研究

乡村旅游发展机遇研究如表1-7所示。

表1-7 乡村旅游发展机遇研究

时间	学者	内容
2016年	朱长宁	指出游客对农业产品和服务的档次要求逐步提高，对于那些优质农副产品，愿意支付更高的价格
2016年	叶颖等	认为信息技术的升级，对旅游体验有促进作用
2019年	程兴亚	认为乡村旅游智能化为旅游服务的提升提供了条件，基于智能化可以促进旅游服务水平的提高
2019年	单福彬等	认为消费者对乡村旅游需求转变，游客对农业休闲目的地的生态环境、文化底蕴十分看重

1.5.9 乡村振兴战略背景下的乡村旅游发展研究

乡村振兴战略背景下对乡村旅游发展的研究取得的成果如表1-8所示。

表1-8 乡村振兴背景下乡村旅游发展研究取得的成果

时间	学者	观点
2017年	朱建江	乡村旅游能够给农村地区发展注入新的活力,能使当地居民富裕起来
2018年	周璐	发展乡村旅游业是乡村振兴行之有效的途径
2019年	庞艳华	以河南为研究对象,利用灰色关联度模型就乡村旅游与乡村振兴间的耦合程度进行研究,结果表明,乡村旅游与乡村振兴存在较高的关联度
2019年	何成军等	构建耦合动力系统模型,指出乡村旅游与美丽乡村建设之间的耦合需要有三个主要机制、六大动力的支撑
2019年	李志龙	构建乡村振兴评价体系与乡村旅游评价体系,可通过"目标—响应—政策—协调"构建耦合系统
2019年	李燕琴	对欧洲乡村旅游的分析得出结论:乡村振兴的实现需要旅游业的推动
2020年	张众	乡村振兴战略与乡村旅游发展相辅相成、互相推动

通过以上学者的研究结论可知,乡村振兴战略与乡村旅游间的关联性极强,二者相辅相成,乡村旅游发展将会直接决定农村地区未来发展前景。

1.5.10 乡村旅游开发模式

乡村旅游开发模式是指根据已经取得成功案例总结的经验和范式，是乡村旅游在开发过程中可以借鉴的方式和方法，是乡村旅游开发的指导思想。模式是根据前人成功案例总结出来的，可以少走弯路和错路，有助于坚持乡村旅游发展的正确方向。乡村旅游发展模式研究成果如表1-9所示。

表1-9 乡村旅游发展模式研究

时间	学者	模式
2015年	胡海军	政府+公司+农村旅游协会+旅行社+农户、社区主导开发、混合开发、联合开发等
2015年	刘亚洁	政府推动+龙头企业主导+发展乡村旅游产业+建设乡村旅游综合体
2016年	李巧玲	田园农业旅游、回归自然旅游和农家乐旅游
2016年	谢淦辉	农场庄园、民族风情、乡村度假休闲、景区依附、特色产业带动、现代农村展示、旅游城镇建设及红色乡村旅游
2017年	张延	产业主导驱动模式、资源主导驱动模式、市场主导驱动模式和政府主导驱动模式
2017年	王慧	政府扶持、农旅互助的旅游扶贫模式
2018年	王晨光	集体化乡村旅游发展模式

乡村旅游的发展过程中，模式的选择至关重要，具体适用哪种模式，要具体情况具体分析，要因地制宜，要根据乡村目的地自身的资源禀赋，有利于增加农民收入、改善乡村环境，以可持续化发展为目的，

决定自身的发展模式。

1.6 国内外乡村旅游研究评述

乡村旅游在国外发展较早,所以国外学者对乡村旅游研究起步相应较早,研究成果也比较丰富,不仅有定性研究,而且进行了许多实证研究,从多个角度、多侧面对乡村旅游进行探索。我国乡村旅游有自己的特点,不能将国外理论照搬过来,来指导我国乡村旅游的发展。因此,本书从我国国情出发,在乡村振兴战略背景下,对乡村旅游发展进行了研究。我们进行了定量实地调查,研究具有针对性,对我国乡村旅游发展,应该有一定的指导和借鉴作用。

我国乡村旅游研究虽然起步较晚,但发展较快,学界展开乡村旅游研究,范围不断扩大,内容不断丰富,取得了一些重要成果。但对乡村旅游的实证研究不多,定量研究和案例有待进一步完善。本书既注重定性研究,也开展了实地考察,进行了定量研究。我们注重定性和定量相结合的研究方法,使研究更具有科学性和合理性。本书对乡村旅游发展的研究起到了丰富与完善的作用。

1.7　研究方法

1.7.1　文献分析法

笔者阅读了大量乡村旅游和乡村振兴战略相关文献资料，对相关理论进行了深入研究。从 2020 年 1 月至今，借助西华师范大学图书馆图书资源数据库、中国知网、万方等数据库查询有关乡村旅游的文献资料，并利用西华师范大学图书馆网络信息资源平台，收集获取了全国公开发行的报纸、杂志、中国期刊网、政府网站公开公布的统计数据和统计资料，以及中国优秀的硕士、博士论文，经过对上述文献资料的归纳、整理、筛选和提炼，对相关理论的重要内容和主要学术观点进行了梳理、归纳、总结，从而为本书奠定了坚实的理论基础。

1.7.2　实地调查法

依托理论基础，对成都、南充、重庆等乡村旅游目的地进行了实地调查，获得了大量的第一手资料，与乡村旅游目的地的企业、游客、景区工作人员、经营者、管理者以及旅游目的地的基层管理者进行有效沟通，为本研究打下了坚实基础。

1.7.3　问卷调查法和统计法

通过走访成都市郊区的三个乡村旅游目的地，采取实地调查、访谈以及发放问卷的方式,收集和整理得到了数据。为了使调查更有说服力,问卷设计尽量坚持科学、客观反映事物本质的原则。问卷回收后,利用 SPSS21.0 软件对数据进行处理和分析。

1.7.4 本研究技术路线图

本文技术研究如图 1-1 所示。

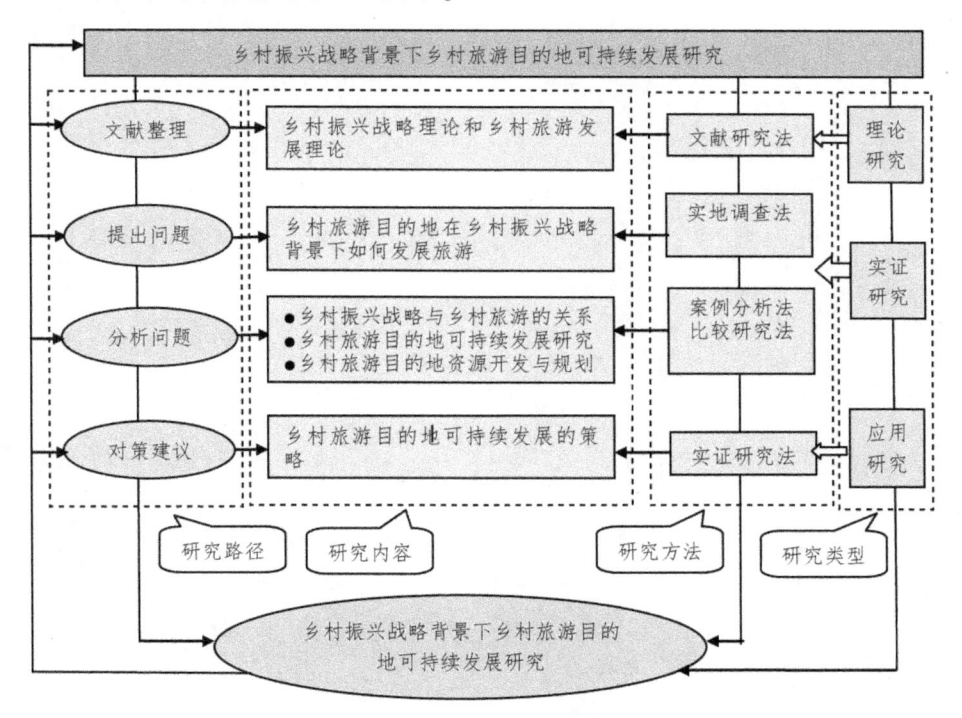

图 1-1 乡村振兴背景下乡村旅游目的地可持续发展研究

第 2 章

相关概念及理论基础

2.1 乡村旅游的概念

19世纪中叶，乡村旅游诞生于欧洲，学者们首先从定义展开了研究。不同学术背景的学者，从自身研究角度给乡村旅游下定义，所以目前尚没有达成统一认识，比较有代表性定义的概念如表2-1所示。

表2-1 乡村旅游概念

时间	学者	内涵
1990年	吉尔伯特和董 Gilbert and Tung	乡村旅游就是农户利用农场、牧场等乡村环境为游客提供食宿等条件，从事各种休闲旅游活动的一种形式
1991年	德诺（Dernoi）	乡村旅游的发生地与土地密切相关，是指在非城市地域的旅游活动
1994年	布兰威尔（Bramwell），莱恩（Lane）	乡村旅游虽然发生在乡村，但旅游活动是一个多层面的活动，要满足游客在农村休假的需求。游客可以参与步行、登山、骑马、探险、打猎和钓鱼等旅游活动
1999年	埃迪·米尔曼 Ady Milman	乡村旅游目的地一般位于开阔的农村区域，是规模较小的旅游活动，具有乡村性的特征，坚持可持续发展
1999年	特诺克（Turnock）	在乡村地区所进行的休闲活动都属于乡村旅游的范畴

续表

时间	学者	内涵
1999 年	王仰麟、祁黄雄	乡村旅游是以乡野农村风光和活动为吸引物，以都市居民为目标市场，以满足消费者娱乐、求知和回归自然等方面的需求为导向的一种旅游形式
2003 年	维克斯瓦兰（Vikneswaran）奈尔（Nair）	乡村旅游的发展是不断前进的过程，利用乡村地区独特的传统文化和人居环境实现经济效益
2003 年	何景明、李立华	狭义的乡村旅游是指在乡村地区，以具有乡村性的自然和人文景观为旅游吸引物的旅游活动。它有两个特征：一是发生在乡村地区，二是吸引物要体现乡村性
2006 年	刘德谦	乡村旅游就是将乡村地区中与农事相关的风土人情、风景组合而成作为吸引物，吸引游客前往观光休闲、学习、体验等的旅游活动
2008 年	考利（Cawley·M.）	乡村旅游的吸引力在于能够弥补城市生活中无法体验到的精神以及感官上的生活乐趣
2012 年	莫尔蒙（Mormont）	乡村旅游所具有的独特的吸引力在于它能够满足城市居民休闲体验和回归田园的心理诉求
2017 年	苏飞	乡村旅游依据乡村的自然、文化资源，从事乡村农事活动，是度假、观光、休闲健身于一体的旅游体验活动
2017 年	王露	乡村旅游是以自然形成的乡村环境为基本特征，面向城市居民，为满足其对休闲观光、亲近自然等多种需求发展而成的新型旅游方式
2018 年	甘信斌	乡村旅游是农村文化活动与旅游观光结合的一门新产业，适应了人们追求文化、亲近自然的要求

2.2 乡村旅游的特征

乡村旅游有别于城市旅游，乡村旅游有着自身显著的特点，其特点如下。

2.2.1 乡村性

从旅游发展的一般规律来看，旅游总是先从经济发达的大中城市兴起。随着工业化的崛起，城市被噪声污染，居住环境被破坏，给城市居民带来了烦恼，人们开始厌倦人来人往、交通拥挤、高度商业化的都市生活，而向往返璞归真的生活，向往乡村简朴的田园生活。城市居民为了放松心情，体验乡村生活，选择到城市的郊区进行乡村旅游活动，吃农家饭，住农家房，体验农事活动，过上了休闲自得的乡村生活。乡村旅游最显著的特点就是具有"乡村性"特征。乡村居民对本地乡村休闲生活已经习以为常，兴趣不大，而城市居民却十分向往这种乡村休闲生活，因此，城市居民是乡村旅游的主要目标对象。

2.2.2 休闲性

乡村旅游是都市人群对乡村的体验旅游，目的是"放松心情"。我国乡村地域辽阔，自然景观呈现多样性，因乡村的地域差别而导致风土人情、乡风民俗各异。人们常说，路隔三十里，风俗各不同。我国有广袤的乡村，各乡村有自己的风俗习惯和历史传说，因此各地乡村旅游的资源禀赋各异，每个乡村旅游目的地都能开发出具有自己个性特点的乡村旅游活动。宁静的乡村环境、原汁原味的农副产品、古朴的民风民俗、悠久的传统历史文化，在广袤的乡村地域上形成了"古、始、真、土"的独特景观，这些都市不可比拟的优势，为满足都市游客回归自然、享受清新空气的愿望提供了必要条件。乡村已由过于单一的乡村居民自居和农业生产逐渐转变为集农业生产、观光休闲、生态滋补、农耕体验和教育娱乐等多元功能于一体的区域。

2.2.3 差异性

乡村旅游地域差别显著，乡村旅游大都依赖乡村的自然风光、农事活动、农村居民生产生活方式和传统的风俗习惯等因素。而且不同的地域造就了不同的气候条件、民俗风情，比如山区与平原、牧区与海岛等，都有着较大的差别。由于地理位置不同，随着季节的转换，乡村旅游目的地可以利用自身地域特点，开发有别于其他乡村旅游目的地的旅游项目。乡村旅游季节性分明，不同季节带给游客的体验也不尽相同，乡村旅游的农耕活动需要依据气候的不同而进行不同生产活动，因而在不同季节到访乡村旅游目的地的游客，也会获得不一样的休闲体验。另外，不同的民族聚集地之间存在着文化差异，使游客体验到完全不一样的异质文化。

2.2.4 成本低

大多数乡村旅游是在原有农业生产条件和资源的基础上进行的旅游开发，从而形成了乡村旅游的雏形。乡村旅游保持了乡村原有的生产形态和生态系统，乡村旅游活动内容也以乡村自然风光和乡村生活的观光或体验为主，乡村旅游经营者又大多是当地居民，他们获取本土乡村旅游资源相对简单,在开发和经营上不需要过多投资就能取得收入,因此乡村旅游开发的成本相对低廉。乡村旅游进入的门槛低,容易形成过度的市场竞争,要想提高市场的占有率,乡村旅游经营者往往采取低成本领先策略。

2.2.5 参与性

乡村旅游目的地是乡村居民的长期居住地,是乡村居民祖先自居住起,利用自然和适应自然而创造出的人与自然和谐共处的休闲目的地。乡村旅游贴近自然,有浓厚的乡土风情,且大多建在城市的近郊,方便城市居民到来,人们置身其中,远离竞争,释放工作和生活的压力,回归自然,会感觉身心舒适,心情愉悦。乡村旅游是休闲旅游,也是体验旅游。因此,游客只有参与其中,亲身去体验农民的劳动过程,融入当地的民风民俗中,才能感受乡村旅游的休闲性,也才能体验到乡村旅游带来的快乐。

2.3 乡村旅游的类型

2.3.1 城市依托型

城市依托型乡村旅游主要是依托城市,所以乡村旅游目的地一般多在城市近郊,离城市居民居住地较近。

城市依托型的初级形式是以"农家乐"为主要形式的乡村旅游。"农家乐"是一种住农家房、吃农家饭、体验农事活动的旅游形式。该乡村旅游地一般位于都市近郊，具备良好的交通条件，游客能在较短时间内到达，并且方便进出旅游目的地。"农家乐"以独特的自然风光、农家生活体验以及乡村性为吸引介质。当地农村居民是农家乐的经营主体，他们依托自家院坝、鱼塘、农作物以及秀美的田园风光和当地的民风民俗，吸引都市游客前来进行吃、住、玩、游、娱、购等乡村旅游活动。"农家乐"最早产生于20世纪80年代末，首先出现在我国特大城市的郊区，主要让游客通过"吃农家饭""干农家活""品农家茶""住农家屋"等方式体验农家生活。随着城市化进程加快，许多中等城市，甚至小城市的近郊也开始盛行"农家乐"。

2.3.2 休闲型

休闲型乡村旅游是以乡村旅游资源为载体，游客参与休闲旅游活动，以满足城市居民缓解工作和生活压力、放松身心、休闲娱乐等需求的旅游类型。为了给都市游客提供良好的乡村体验环境，景区依托优美的自然环境、清新空气和山间小溪等良好的自然生态，以及便利的交通条件、完备的服务设施，为游客提供餐饮、休闲、娱乐、购物等服务。休闲型乡村旅游主要有以下几种类型。

1. 休闲度假村。休闲度假村是都市居民以休闲为目的，为缓解工作和生活压力，利用周末或放假，到美丽的乡村放松身心和愉悦心情的一种旅游活动。娱乐是这类游客的主导需求，休闲度假以森林、小溪、温泉为依托，以一流服务设施和优质的服务为游客提供度假体验。

2. 休闲体验游。游客可以在身心放松的自然状态下，参加徒步、钓鱼、现场采摘、农家食物烹饪以及从事农事活动体验，达到休闲的目的。这种类型的旅游活动形式，旅游服务设施主要以简洁、方便为主，最好保持乡村的自然风貌，体现原汁原味的乡村味道，如徒步、集市体验、垂钓、亲近动物、自种自收等旅游项目。

3. 康体疗养。此类型的目标顾客为城市退休老人。由于退休老人度假时间充足，有优厚退休待遇，并且他们更关注自己身体，所以乡村旅游目的地应有针对性地开发乡村旅游康体疗养项目，康体疗养产品对身体具有保健功能，如体检、按摩、理疗等，也可以开发养生讲座、温泉、森林徒步等服务项目。

2.3.3 农业观光型

农业观光型乡村旅游以不熟悉农业生产过程的都市居民为目标顾客，以特色农产品生产展示过程为吸引方式，以优美的乡村田园风光和独特的农业生产过程以及生活方式作为旅游卖点，吸引都市居民前往参观、学习、体验、娱乐。它是将观光旅游与生态农业有机结合在一起的一种旅游活动形式。观光型乡村旅游必须以展示农业生产和农民生活方式为特色，充分利用当地独特的旅游资源优势以打造良好的旅游目的地形象。例如澳大利亚凭借葡萄酒的生产制作过程发展了观光旅游，游客可以参观葡萄园和酿酒生产制作过程，并且还可以参与制酒、品酒、赏酒、购酒等旅游活动。我国乡村有许多奶牛场，可以开发奶牛场观光旅游，让游客参观奶牛饲养场，看养牛、挤奶、奶加工的全过程以及品尝牛奶。农业观光型乡村旅游的形式多种多样，是一种以龙头企业为经营主体，以农业生产过程和村民的生产方式为核心，通过规划、设计与开发，吸引游客参与农业，将农业与旅游业相结合的特殊的旅游形式。目前，我国许多乡村旅游目的地以农村田园景观、农事活动为旅游吸引介质，开发了花乡游、果乡游、渔乡游等不同特色的主题农业观光旅游活动，以满足游客体验农业的需求。

2.3.4 乡村文化旅游型

乡村文化旅游是以旅游目的地的乡村风土人情、民族风情以及传统民俗文化为吸引介质和卖点，充分挖掘农耕文化和民俗文化的内涵，将乡村旅游与文化旅游紧密结合开展乡村旅游活动。每个乡村旅游目的地都有自己的特色文化，所以乡村文化旅游要展示自己的特色，开发农耕展示、民间技艺、时令风俗、民间歌舞等旅游活动。① 乡村文化旅游，一是利用民族歌舞、民族习俗、民族村落开展观光旅游；二是利用乡村居民饮食、服装、游艺的特色开展民俗体验游；三是利用民间技艺、戏剧等开展乡土文化旅游；四是利用农耕工具、农耕节气、农耕技艺开展农耕文化游。如四川省古蔺县的花灯表演。古蔺花灯始于唐代，花灯小品《醉花灯》、花灯歌曲《灯闹永乐》等深受当地居民喜爱。古蔺永乐镇即依托特色的花灯舞蹈，开展乡村文化旅游。

2.3.5 景区依托型

景区依托型，顾名思义，就是要紧紧依托大型景区或著名景区的扩散效应，利用旅游目的地的特色资源开展乡村旅游。游客体验景区后，对当地乡村民俗、农家生活想做进一步的了解，产生了旅游的派生需求，为了满足景区游客的上述需求，于是产生了景区依托型乡村旅游。景区依托型的旅游目的地必须靠近重点景区，在功能上，要与景区形成互补关系，注重与景区的差异化发展，设计独具特色的乡村旅游产品，尽量不要与景区旅游产品重合，主要对景区服务空白进行配套和补充，

---

① 邹统钎. 乡村旅游：理论. 案例（第二版）[M]. 天津：南开大学出版社，2017（12）：216-217.

同时要加强配套基础设施的建设，增强员工的服务意识，提升游客的服务满意度。

2.3.6 古村落依托型

古村、古镇旅游是当前国内旅游开发的一个热点话题，也是乡村旅游体系中一个比较独特的类型，该类型以古色古香的建筑遗迹、深厚的文化底蕴、淳朴的民风等特点吸引游客的到来。但是，对于古村、古镇的开发，要量力而行，要注意可持续发展，所以在旅游开发时，要注重旅游规划，特别是在古村、古镇开发过程中进行保护，在保护设施和制度没有建立好之前，要暂停开发，一定要坚持在开发中保护，在保护中开发的原则。古村、古镇旅游要实现高效、可持续发展，需要探索出一条既能最大限度保持历史文化面貌，又能弘扬传统文化，充分发挥旅游经济效益的发展模式。历史遗迹本身具有古老性、神秘性、稀缺性等特点，具有较强的市场吸引力，随着生活水平的提高，人们对古村、古镇怀有特殊感情，希望通过古村、古镇的旅游，去追溯古老的历史和古代社会发展变迁。我国现存不少古村、古镇，保存较为完好，它们存在着的巨大的旅游价值，是乡村旅游发展的重要资源。

2.3.7 农业科普观光型

农业科普观光型主要是利用科技生态观光园、农业创意产品展览馆为游客提供学习农业生产技术与农艺农业发展的历史、增长农业知识的旅游活动，其有助于游客增长知识、拓宽视野和陶冶情操，是科技农业与旅游的结合，能够展示农业科技的文明成就。我国是一个农业大国，有着悠久的农耕历史和丰富的农业资源，因此应该大力兴建农业科技园。农业科技园应展示当地最新科技农业设施、农业经营活动、农业生产过程。开展农业科普观光，要合理安排农作物种植，要展示最新科技农业成果，要有讲解员，提高游客的农业科普兴趣，让游客进行适当的体验。通过创建农业科普观光型风景旅游点，既向游客有效推广了现代农业示范园区的优良农产品和科技种植过程，又为广大游客提供了高质量的休闲农业观光场所。我国农业科学技术优势明显，多建立农业科普观光型农场，既可以提供休闲场所，也可以进行科普教育，提高全民的农业科技素养。

2.3.8 红色旅游发展型

红色旅游发展类型是指在具有红色文化资源的地区，将伟人故里、革命老区、革命根据地等作为旅游目的地，吸引游客前来瞻仰、缅怀、学习、参观、游览的一种乡村旅游模式。

红色旅游发展模式必须依托丰富的红色文化资源，注重突出"红色"主线，发扬革命精神对当代人的教育激励功能，要注重对红色文化遗址的保护，以便增强当地红色资源对游客的吸引力。红色旅游目的地必须培训好导游和讲解员，通过他们的讲解，让游客了解更多的红色故事和伟人故事，激发游客的爱国热情。

2.4 乡村振兴战略概念

党的二十大明确提出，全面推进乡村振兴。坚持农业农村优先发展，坚持城乡融合发展，畅通城乡要素流动。加快建设农业强国，扎实推动乡村产业、人才、文化、生态、组织振兴。全面推进乡村振兴就是要实现"产业兴旺、生态宜居、乡风文明、治理有效、生活富裕"二十字方针，这是对乡村振兴战略的"总要求"，也指明了乡村振兴战略的方向。乡村振兴战略是我国农业农村发展历程的延续，是对改革开放40多年来"三农"工作的经验总结，是对社会主义新农村建设的提升，为乡村旅游未来的发展指明了方向。①

1. 产业振兴是基础。乡村要振兴，产业要先行，"产业兴旺"是实施乡村振兴的经济基础，将乡村的各种要素、资源禀赋转化为产业优势，农业生产与工业、服务业的高度融合，走第一、第二、第三产业融合的发展道路。实现产业兴旺，要解决好农村产业结构单一的矛盾。乡村旅游业是乡村"产业兴旺"的重要抓手，乡村旅游业能带动物流运输、品牌营销、文创、研发、餐饮等多行业，创造出更多的就业机会与创业岗位，给当地居民带来更多的商机，可以增加他们的经济收入。

2. 人才是关键。乡村振兴中，人才是最宝贵的资源。要坚持人才兴农，培养农业生产经营人才、乡村产业发展人才、乡村公共服务人才、乡村治理人才、农业科技人才等。要培养人才和引进人才，留住人才，让各类人才在乡村振兴中建功立业。

3. 文化振兴是基石。要坚持文化自信。我国有悠久的农耕文化，要大力弘扬以爱国主义为核心的民族精神和以改革创新为核心的时代精神，践行社会主义核心价值观，为乡村振兴战略提供强大的精神动力。

4. 生态振兴是支撑。生态文明建设是中华民族永续发展的千年大计。乡村振兴要注意对生态环境保护，要牢固树立"绿水青山就是金山银山"的理念，以低碳、环保的发展理念，用绿色发展引领乡村振

---

① 刘欢. 乡村振兴视域下乡风文明建设[D]. 吉林大学博士论文. 2021.

兴，真正做到"望得见山、看得见水、记得住乡愁"。

5. 组织振兴是保障。乡村振兴必须依靠各级党组织，要贯彻执行党的乡村发展的方针、政策，要坚持和加强党对"三农"工作的全面领导，充分发挥基层党组织的战斗堡垒作用，乡村地区广大党员的先锋模范带头作用，为实现农业强、农村美、农民富的目标提供组织保障。

2.5 乡村振兴战略的目标

乡村振兴战略的最终目的是繁荣兴旺乡村。这种繁荣包括经济、社会、文化、生态的全面发展。乡村振兴要破除城乡二元结构，壮大乡村集体经济，使城乡融合发展。新农村建设取得了不少成绩，为乡村振兴奠定了基础。为了实现中华民族的复兴，城市与乡村必须"两条腿"同步迈进。当前，城乡发展不平衡，亟须发展乡村，建设乡村，实现乡村振兴，最终达到城乡共同富裕。

2017年中央农村工作会议明确提出了乡村振兴战略"三步"走的目标：第一步，到2020年，乡村振兴取得重要进展，制度框架和政策体系基本形成；第二步，到2035年，乡村振兴战略总要求基本完成，农业农村现代化基本实现；第三步，到2050年，乡村要全面振兴，农业强、农村美、农民富的目标得以全面实现。乡村振兴落脚点是提升乡村居民的幸福指数，使乡村生态宜居，乡村村民富裕，整个乡村治理有效，乡风文明，最终实现农业强、乡村美的全面振兴目标。通过乡村发展推动国家整体发展,实现全民的共同富裕,提升国家竞争力和综合国力,是实现乡村振兴的根本目标。

2.6 研究的理论基础

2.6.1 马斯洛需要层次理论

"需要层次理论"是由美国心理学家马斯洛于 1943 年提出来的。这一理论深刻地探讨人的需求与动机的规律。马斯洛认为,人的需要是分层次的,按照发生顺序,呈现出由低级需要向高级需要的发展。人的需要主要包括:生理需要、安全需要、社交需要、尊重需要和自我实现的需要,如图 2-1 所示。

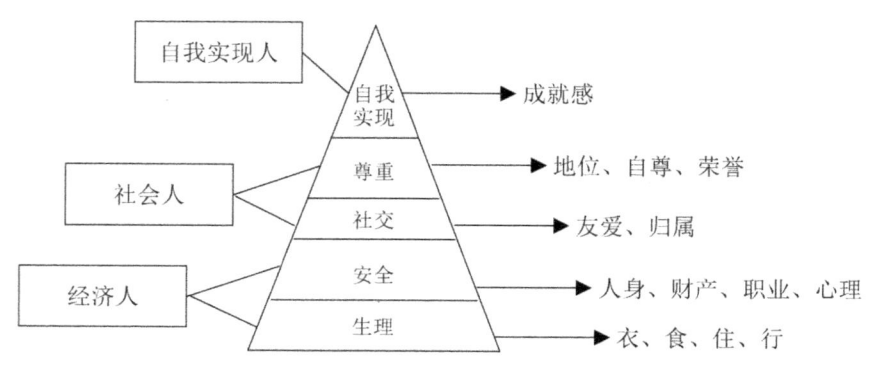

图 2-1 人的需要层次示意图

1. 生理需要。生理需要是人最基本、最原始的需要,也是最强烈的需要,包括衣、食、住、行等,是维持人类自身生命的基本需要,也是与生俱来的需要。如果这些需要都得不到满足，则人的生命难以维持，生理需要是推动一个人行为活动的最强大、最原始的动力。

2. 安全需要。安全需要是人们希望避免受到人身危险和情感伤害的需要。人在解决了吃穿需要，得到了最基本的生理需求后，对安全需要就变得强烈起来，如老有所养、病有所医、能够安居乐业、社会治安的状态良好等。生理需要和安全需要是较低层次的需要，属于物质需要。

3. 社交需要。社交需要是人希望与他人进行交往的需要，也称归属的需要。人是害怕孤独的，需要通过交往获取信息，总是希望和周围的人保持良好的人际关系，希望得到别人的理解、信任、支持和认可，发展友谊，渴望爱情，希望加入正式组织或某种非正式组织，从而使自己不至于感到孤独。社交需要是一个比生理需要、安全需要更细致、更复杂的需要，与个人的性格、职业、受教育程度、所隶属的国家和民族以及宗教信仰等都有一定的关系。

4. 尊重需要。尊重需要包括自尊和受人尊重两个方面。自尊是指自己的自尊心，表现为工作勤奋、积极进取、不甘落后，在工作中产生成就感和自豪感。受人尊重是指自己的工作成绩、社会地位能得到他人的认可和尊重。尊重需要，在实现社交需要的基础上，表现特别强烈。

5. 自我实现的需要。自我实现的需要是指一个人希望充分发挥个人的潜能，实现自我理想和抱负。马斯洛认为，这一层次的需要是无止境的，一种自我实现的需要满足以后，会产生更高的自我实现需要。社交需要、尊重需要和自我实现的需要这三个层次的需要属于精神需要。

马斯洛后来又补充了求知的需要和求美的需要，共形成了七个层次的需要。

马斯洛认为，需求层次的产生由低到高，不同层次的需求可以同时并存，只是低一层需求得到基本满足之后，较高层次的需求才会发挥推动作用，成为人的主导需求；同时存在几种需求并存时，有一种需求占主导、支配地位，主导其他需求，我们把这种需求称为主导需求，主导需求驱动着人的行为；并不是高层需求产生了，低层次需求就消失了，它们是同时存在的，只是低层次需求已经不能成为主要的激励因素。

本文将运用马斯洛需求理论，去分析乡村旅游游客的需求，分析如何满足游客的需求，如何进行市场细分，如何发现乡村旅游的目标市场，同时对乡村旅游目标市场进行科学的市场定位，从而实现乡村旅游的营销策略，有针对性地去开发乡村旅游产品和服务，只有这样，才能做到有的放矢，企业的工作才更有效率，游客的满意度才会提升。

2.6.2 可持续发展理论

1. 可持续发展的含义

可持续是永恒的主题，没有可持续发展，人类就不可能向前发展。科学技术的突飞猛进，劳动生产效率的快速提高，人口快速增长，人们过度开发自然，使人与自然的和谐关系被打破，环境不断恶化。人们不得不思考，如何才能走可持续发展道路。1972年，第一次联合国人类环境大会在瑞典首都斯德哥尔摩举行，大会主要探讨社会的可持续发展的问题。大会通过的《联合国人类环境宣言》，对可持续发展达成了共识。学界对可持续发展的研究也十分重视，对生态学、社会学、经济学、科学技术等方向进行了深度的探讨。生态学是较早进行可持续性问题研究的学科之一。生态学家康威（Conway）在《生存的蓝图》里首次提出了社会经济"可持续"的概念；"可持续发展"概念则是1980年，由联合国环境规划署（UNEP）和国际自然与自然资源保护同盟（IUCN）共同起草的《世界自然区保护战略》（WCS）提出来的。该战略认为，可持续发展应从以下五个方面去要求：（1）发展与保护要互相结合。只发展，不注意保护环境，是发展中的"近视症"。（2）满足人类的基本需要。可持续发展坚持人本理论，最终目的是为了人。（3）达到公平与社会公正。资源是有限的，公平性是十分重要的。（4）社会制度的可持续性与文化上的多样性。可持续重视社会制度设计，尊重文化的多样性。（5）维护生态完整性。可持续发展，是特别生态的可持续。巴拜尔（E. Barbier）表达了相近的见解。[①] 1987年，世界环境与发展委员会（WCED）向联合国提交了《我们共同的未来》报告。报告从全球人口、物种、粮食、能源、工业和人类居住等方面进行了深入的分析，并对人类面临的一系列重大经济、社会和环境问题进行了有益的探索。通过上述分析可知，要解决这些问题，必须走可持续发展道路。报告正式提出了可持续发展的理论，对可持续概念进行了定义，认为可持续发展就是"既满足当代人的各种需要，又要保护生态环境，不对子孙后代的生存和发展构成危害的发展"。这个定义特别强调要保护生态环境，目的是不会使我们的子孙后代的生存和发展受到威胁。

1992年6月，在巴西的里约热内卢召开了联合国环境与发展大会，有183个国家和70个国际组织的代表参会，经过协商，会议通过了《里约热内卢环境与发展宣言》和《21世纪议程》两个纲领性文件。文件特别强调人在可持续发展中的中心地位，可持续最终是为了人和人类，要处理好发展与环境的关系，建立经济、社会、资源与环境相协调的新型发展模式，这种模式要求"人类应享有以自然和谐的方式过健康而富有生产成果的生活的权利，并公平地兼顾当代和后代在发展和环境方面的需求"[②]。所以，发展既要考虑当代人的利益，更要考虑子孙后代的利益，处理好人与自然的和谐关系。

---

① 刘会强. 可持续发展理论的哲学解读 [D]. 复旦大学博士论文，2003.
② 张洁. 我国乡村旅游可持续发展的研究 [D]. 天津大学博士论文，2007.

2002年，可持续发展第二次会议在南非约翰内斯堡召开，这次会议强调了可持续发展的紧要性，提出了促进社会进步与经济发展必须与保护环境、生态平衡相一致，才能提高人类的生活质量和水平，促进人类社会的共同繁荣的观点①。对可持续发展有了广泛的共识。

可持续发展观是人类社会在发展中，对未来发展的一种思考，也是当代人对子孙后代的生存进行的思考，是人们理性思考社会发展的结果。社会发展必须走可持续发展道路。它是社会有识之士对人类发展观的思考，是人类在发展过程中对环境问题进行反思以后，提出的一种新型发展观，通过发展绿色、低碳经济，逐步实现可持续发展。可持续发展既满足当代人的需要，又为子孙后代留下良好的生态环境。

2. 可持续发展的内涵

可持续发展是经济、社会、资源、环境和人口等方面的协调发展。可持续发展不是不发展，而是仍然强调要发展，只是发展必须可持续。其核心内容是人与自然的协调发展，在发展中注意对生态环境的保护和修复。可持续发展内容主要包括经济、社会和生态的可持续发展。

（1）经济可持续发展

人要生存，就要满足基本需求。要满足人的基本需求，就必须发展经济。可持续发展强调经济发展必须具备可持续性。经济可持续发展是对现有经济发展方式的反思和思考。发展经济的目的是改善人类的生活质量，这是人类发展的目标，也是社会进步的表现。可持续发展把经济发展和消除贫困作为重要的目标。如果经济不发展，人类社会就不可能繁荣，也不会可持续，而且经济落后就会削弱可持续利用自然资源的能力。经济可持续发展，要改变过去的高投入、高消耗、高污染的经济增长方式，积极倡导低能耗、低污染的经济增长方式，以减少对环境的破

---

① 尤海涛. 基于城乡统筹视角的乡村旅游可持续发展研究 [D]. 青岛大学博士论文，2015.

坏，最终改善人类的精神和物质生活①。

（2）社会可持续发展

可持续发展的最终目的是人类社会繁荣的可持续发展，无论经济可持续发展，还是环境可持续发展，归根到底，是人类社会的可持续发展。没有人类社会的可持续，其他的可持续就不存在，所以，社会可持续发展是可持续发展思想的核心。经济的可持续发展是人类社会可持续发展的基础，如果经济不可持续，人类社会就不会存在。经济可持续与社会可持续两者缺一不可，互为补充，也就是说，只有经济可持续发展了，社会才能可持续发展，反之，亦然。

（3）生态可持续发展

要想社会的可持续，就必须注重生态环境的可持续。生态环境是人类社会生存的基础，没有好的生态环境，经济也不会可持续发展。生态可持续就要求生态资源的可持续，要使生态资源可持续就必须加大对环境的保护和修复。如何才能做到生态资源可持续性，首先，保护好不可再生资源，同时，努力发现各种可以替代的资源类型；其次，人类利用自然环境时，应确保对资源的开发利用不能超过自然环境的承载能力。要实现循环发展，发展中要考虑生态效益。经济效益、社会效益、生态效益是紧密相连的，可以协调一致，既有良好的生态效益，也可以有良好的经济和社会效益。

3. 可持续发展的原则②

（1）共同性原则

随着经济社会的发展和生活水平的提高，人们要想追求长期的高品质生活，必须考虑生态环境质量。人类生活在同一个地球，必须紧密联

---

① 王玉霞. 大青沟自然保护区生态旅游评价及其可持续发展 [D]. 内蒙古农业大学，2010.
② 陈科. 旅游可持续发展与土地可持续利用耦合协调研究 [D]. 四川大学博士论文，2019.

合以应对全球的共性问题,如全球气候变暖、环境污染等问题。这些问题单靠某一个国家是无法得到很好解决的,只有通过世界各国的共同努力和协作才能得到解决。在国际合作的过程中,需要在尊重各国主权和维护各国权益的基础上,制定各国都可以接受的目标和政策,通过人类共同努力,才能实现可持续发展。实现可持续发展就是人与自然之间、自身与自然之间的协调发展,资源利用与再生的相对平衡,是人类共同的道义和责任。

(2) 持续性原则

人的欲望具有无限性,资源具有有限性,这种无限性与有限性必然产生矛盾,就要求我们坚持可持续发展的原则。可持续发展需要资源能满足人类持续的利用和开发。自然资源有限,要想持续利用,就要确保对资源的开发利用不能超过自然环境的承载能力,超越环境的承载能力,就可能会造成资源的不可再生。因此,在开发利用自然资源时,要进行合理规划。人类应通过发展科学技术,提高资源的利用率,发展循环经济,利用可再生资源。在消费方面,提倡低碳消费和绿色消费,减少对环境的污染和破坏,提高自然的修复能力。

(3) 公平性原则

公平性包括代际公平与代内公平。代际公平指现当代人与未来各代人之间的公平。可持续发展要求当代人在考虑自己的需求与消费的同时,也要对后代的需求与消费负起历史的责任,在利用资源时,要考虑是否会影响后代人的生产生活,只有这样,才能合理利用自然资源,做到既满足当代人对资源的需要,也不至于影响子孙后代对资源的需求。还要考虑代内公平,代内是指当代之内。所以,代内公平是指当代期间内,国与国、人与人、人与其他生物种群间享有的平等权利,在自然资源与环境方面享有同等的权利。国与国之间,要考虑开发本国自然资源，不能对其他国家的环境造成破坏，同时，也应考虑人类的发展不应该危及其他物种的生存。人类是社会发展的共同体。

4. 对于本文可持续发展理论的借鉴

可持续发展的内涵就是既满足当代人的资源需要，又不会危及后代人对资源的合理利用。乡村旅游发展最重要的吸引物是乡村旅游资源，在乡村旅游开发中，要注意对生态环境的保护。可持续发展理论告诉我们，乡村旅游的开发与资源的利用要在不超越环境承载能力的前提下进行，既要考虑代际公平，也要考虑代内公平。

可持续发展理论，为乡村旅游的规划和发展指明了方向。对乡村旅游的规划与开发，要将可持续发展理论作为指导，在乡村旅游发展过程中，牢记可持续发展理论并遵循可持续发展的理念，在可持续发展理论的指导下，开展乡村旅游的规划工作。

2.6.3 人本管理理论

人本管理就是以人为本。以人为本的管理就是突出人的主体地位，管理目的是最大限度发挥人的智慧，为实现组织目标服务，以此来提高生产效率，满足人们的物质需要，最终都是为了人的幸福。人本管理思想始于20世纪30年代，真正得以广泛应用是在20世纪60年代。人本管理思想是现代企业管理理念，把人作为管理的根本。人本管理思想已广泛运用到我国企业实践中，成效显著。

1. 什么是人本管理思想

对于企业来说，人本管理思想是以员工为本，员工是企业最宝贵的资源。企业根据员工的工作能力、性格、特长、兴趣、爱好、心理状况等综合性情况进行研判，用科学的方法，把员工安排在最合适的位置，充分发挥员工的聪明才智，并在工作中充分地考虑到员工未来的成长空间，从而提高工作效率、增加工作业绩，提高组织的工作绩效。

2. 人本管理的内容

（1）突出员工在企业管理中的主体地位

人本管理是同对物、对事的管理紧密联系结合在一起的，在对人、对物和对事三者的管理中，更加突出人的地位。把人的需求、欲望、兴趣放在首位，重视用各种手段去激发人的积极性和创造性。

（2）强化激励管理方式

激励管理是指管理者为了实现组织的目标，根据下属的需求，采取适当的激励措施，从而使员工为实现组织的目标自觉行动的过程。

具体地说，激励管理就是调动员工工作的积极性和主动性，通过一定的方式方法，刺激下属的需求并不断地给予满足，以此激发下属的工作动机，使下属产生一种内在工作动力，朝着组织所期望的目标努力奋斗的活动。人的需求是无止境的，一个需求暂时得到了满足，新需求又产生了，人总有未满足的需求，渴望获得，就会产生动机。员工有需要，就去刺激和满足他的需要，就会产生激励。激励是领导者利用某种外部诱因刺激下属，诱发下属的需要，从而使下属产生工作动力。在激励管理中，通过激励满足人的需要，可以调动人的内在动力去完成组织目标；应用激励的手段，可以把组织所需要的人吸引过来并长期为组织服务；通过激励因素，可进一步激发组织成员的创造性和创新精神，从而有利于提高工作效率和创新能力。激励手段包括以下几个方面：物质激励、精神激励、目标激励、领导行为激励、榜样激励、情感激励、批评激励、成就激励、危机激励。

（3）建立和谐的人际关系

①和谐的人际关系可以提高工作效率。以人为本，更应该注重人际关系，因为和谐的人际关系有助于提升组织的凝聚力和工作效率；和谐

的人际关系，也能够大大地提高员工的工作能力和工作效率。

②和谐的人际关系是实行人本管理的必然要求。实行人本管理，就是要以人为本，建立和谐的人际关系，使员工在一个舒心、愉快的工作环境下进行工作。没有和谐的人际关系，员工不可能全身心投入工作，致使工作效率低下；当今的企业，许多工作不是一个人能完成的，需要员工之间密切配合，没有和谐的人际关系，不可能完成组织的目标。

（4）充分发挥人的潜能

人本管理的目的就是要更加突出人的中心地位，实现以人为中心和人的全面发展的管理策略。有学者研究认为，人本管理的精髓是以人为本、尊重人性、发挥人的创造性。这就要求我们在管理中做到：顺应人性的管理，重视员工，把人看作企业最重要的资源。人本管理思想认为，要充分发挥和挖掘人的潜能为组织目标服务。

（5）培育团队精神

企业第一资源是人，这里的人不是指单个人，而是一个群体。企业靠全体人员的共同努力才能够做大做强。既然是群体，必须是一个团队，要有共同的目标，需要多种才能的人，而且需要团队成员才能互补。作为团队，必须要培育团队精神，企业才会有凝聚力。影响企业凝聚力的主要因素包括共同的目标、责任的明确、较强的领导能力、团队成员的才能互补、良好的企业文化、和谐的人际关系等。要培养团队精神，必须在以下几个方面下功夫：首先，要有一个成员共同认可的目标和一个具有非凡才能的领导者；其次，要有科学的管理机制作为保障；最后，要有正确的激励方式。企业要能够为每个员工提供施展才华的舞台，使员工由被动工作转变为主动工作，由要我工作转变为我要工作，充分发挥每个员工的聪明才智，实现组织目标。

3. 人本管理方式的选择与运用

以人为本的管理思想，根本的任务就是最大限度调动员工工作的积极性。企业管理有四种基本模式：控制式管理、授权式管理、自主型管理、团队型管理。控制式管理和授权式管理都属于集权式管理，而自主型管理和团队型管理则主张以人为本的管理思想。如表 2-2 所示。

表 2-2　人本管理方式

名称	员工参与程度	员工决策权	员工满意度	方式
控制式管理	低	很少	较低	通过行政指令、规章制度来约束员工的行为，并通过奖惩等控制手段提高管理效率和实现组织目标
授权式管理	一般	一般	一般	员工被赋予少量的决策权，员工自由发挥空间小
自主型管理	较充分	较大	较好	注重为员工提供创造和发挥其才能的条件和机会，引导员工努力工作，提高生产效率和管理效率
团队型管理	充分	很大	很好	团队成员都是完成组织目标的重要成员，是工作领域专家，其他人不能替代；成员相互信任、相互协作，共同完成工作

（1）控制式管理

控制式管理是人本管理的初级阶段。员工的工作由领导分配，按照工作流程进行。在工作中，按流程独立开展工作，遇到例外情况，要向上级请示，批准后，方可进行，自由裁量权很少。通过一个正式的渠道收集员工建议，管理者负责渠道的建设和管理。

（2）授权式管理

授权式管理授予员工一定的决策权，一些不十分重要的事情员工可以自行决策。在这个阶段，要允许员工犯错误，但不能犯同样错误，管理者转化为指导者或导师。

（3）自主型管理

自主型管理，顾名思义，要员工自主，员工有更大的决策权，当然，也要承担更大的责任。实行目标管理，公司以结果进行考核，管理者对其工作进行协助，管理者从指导职能逐渐转化为协调职能。

（4）团队型管理

团队型管理是授权式管理的最高形式。团队成员才能互补，管理者充分相信团队成员，打破传统的行政组织结构体系，由团队成员根据自己的才能和兴趣、爱好，进行自由组合。在团队中，团队成员有充分建议权，团队协调者并非领导，在团队工作中起协调作用，是团队内部或者外界沟通的调解人、对外的宣传人。

4. 本文对于人本管理理论的借鉴

人本管理思想是以人为本，一切以尊重人、相信人、依靠人、为了人为原则，管理者根据每个人的特长、爱好、兴趣以及性格，把员工安排到最能发挥其能力的位置上，从而调动员工工作的潜能，充分发挥主动性和创造性，实现其全面发展和进步，在实现组织目标的同时，也实现自己的人生目标。在乡村旅游发展中，要发挥人的聪明才智，利用人们的主动性和创造性为乡村旅游发展服务，实现人的全面发展。所以，人本主义思想对于乡村旅游服务管理有重要的借鉴作用。

第 3 章

乡村旅游与乡村振兴战略

3.1 我国乡村旅游的起源与发展

3.1.1 我国乡村旅游的起源

我国是一个农业大国,自古以来便对农业的发展十分重视,农业地位十分突出。我国地域辽阔,乡村资源丰富,农耕文化历史悠久,自然风光秀美,为发展乡村旅游提供了得天独厚的条件。就我国乡村旅游起源而言,学界主要有两种说法,一种说法认为乡村旅游起源于外事接待活动,称为"接待说"。"接待说"认为乡村旅游的起源始于20世纪70年代初,为政府外事接待的需要而产生。而另一种说法认为乡村旅游起源于观光农业,即"观光说"。"观光说"认为乡村旅游始于20世纪80年代后期,深圳为了招商引资开办了"荔枝节",随后又开办了采摘园,许多城市居民参与"观光",于是全国不少地方对此进行效仿和创新,创办了以观光农业项目为主的乡村旅游。

对于乡村旅游起源的"接待说"与"观光说",学者们更多倾向于第二种观点,即"观光说",认为我国乡村旅游开始于20世纪80年代。尽管我国的乡村旅游开始时间较晚,但发展较快。回顾历史,中国人自古就有到郊外出游的习俗,如《管子·小问》记载:"桓公放春三月观于野",描述了齐桓公到郊野去游玩时心情愉悦、享受明媚春光的情形。据史载,当时人们外出踏青已较多地使用牛车、马车、旅馆等交通、住宿设施①。这种踏青活动具有乡村旅游的特征,被认为是乡村旅游的雏形。

3.1.2 国内乡村旅游发展

我国乡村旅游发展大致可以分为四个阶段。

1. 起步阶段

1986 年至 1994 年,以成都"徐家大院"诞生为标志,前期的雏形是乡村农家乐。其主要特征是以乡村传统农业为依托,将自家院子打扫出来,摆个桌子就能营业,让城里人来这里吃吃农家饭、干干农家活、看看农家田、住住农家院,一切都是最原始的乡村旅游活动。

2. 快速发展阶段

1995 年至 2001 年,这一时期经济快速发展,城市居民有更多的休闲时间。1995 年我国正式实行了双休日,1999 年国家将春节及"五一""十一"调整为七天长假,为城市居民参与乡村旅游提供了时间的保障,极大地促进了乡村旅游的发展。1998 年"中国华夏城乡游"与"现代城乡,多彩生活"宣传口号表明了国家鼓励发展乡村旅游。逐步富裕起来的城市居民既有充裕的时间又有经济能力去乡村休闲旅游,乡村旅游发展迅速。大批城市居民拥入乡村,乡村旅游发展呈现出生机勃勃、欣欣向荣的景象。

3. 高标准发展阶段

2002 年,我国颁布了《全国工农业旅游示范点检查标准(试行)》,乡村旅游迈向了标准化、高质化的发展阶段。2006 年 8 月,国家旅游局发布了《关于促进农村旅游的指导意见》,提出了乡村旅游发

---

① 贺小荣. 我国乡村旅游的起源、现状及其发展趋势探讨 [J]. 北京第二外国语学院学报, 2001 (1): 90-94.

展"以工促农,以城带乡"的重要途径,并将该年定为"中国乡村旅游年",乡村旅游成为乡村发展经济的重要抓手。各地开始挖掘本地资源特色,开展乡村旅游活动。乡村旅游的数量和规模得以空前的发展壮大,乡村旅游服务质量也得以提升,我国乡村旅游开始向高质量、多类型、个性化的方向发展。

4. 转型与可持续发展阶段

我们知道,发展乡村旅游需要当地特色旅游资源,同时乡村旅游发展需要用地。2007年国家出台了土地承包经营权流转政策,过去制约乡村旅游发展的土地问题得以解决。发展乡村旅游最重要的制约因素解决了,乡村旅游迈上了更高的台阶。由于乡村旅游的发展,乡村居民收入快速增长,不少乡村居民走上了致富的道路。同时,乡村基础设施和景区的建设使乡村风貌得以大改观。2008年,《中共中央关于推进农村改革发展若干重大问题的决议》使乡村旅游经营走上了产业化、集团化的高质量发展道路。乡村旅游处于从无序到有序发展、从粗放型到精细化发展、从过渡开发到可持续发展的过程。

3.2 乡村旅游的功能

3.2.1 促进乡村的经济发展

乡村旅游的兴起,能够将城市一部分的消费资金转移到乡村,促进了乡村居民的创业和就业,提高了乡村居民的收入以及致富的速度。乡村居民不但可以到乡村旅游企业中工作来获得工资收入，也可以通过将自家的土特产销售给游客获得经济收益，同时还可以创办企业，满足游客的住、食、行、娱、游、购的需求。发展乡村旅游，可以带动乡村旅游目的地的乡村居民创业、就业，从而达到增加居民收入的目的，增强农村集体经济的实力。为了吸引游客的到来，更好地留住游客，提高游客对乡村旅游目的地的好评度，乡村旅游的地区居民会更加自觉地保护环境，使乡村更加美丽。乡村旅游企业不断涌入乡村旅游目的地，通过税收等方式增加当地的集体财政收入。为了吸引优秀旅游企业和更多旅游者到来，当地政府会增加乡村基础设施投入，加大环境保护力度，改善道路、水、电、通信等基础设施，实现乡村的村容整洁，这些都将改善当地人居环境和提高生活水平，提高居民的生活质量，进一步缩小城乡差距。

3.2.2 有利于对传统文化的保护

乡村旅游实质上是异质文化群的相互吸引，是城市居民对乡村价值的重新发现和承认，是城市居民对乡村文化的欣赏。乡村居民与游客的接触，可以唤起他们对自身的关注，强化对自身身份的关注，尤其是具有历史价值的人文旅游景观的再现和重组，唤醒当地居民的历史记忆，增强他们的自信心和自豪感，在游客的认知和评价中获得新的肯定和认同[①]。乡村旅游的开发能促进乡村居民和游客的交流机会。城市居民到乡村旅游，把先进的科学知识传递到了乡村，促进科学技术在农村地区的推广和应用。同时，游客带来了新的信息和理念，对农村居民有潜移默化的影响，提高了农村居民的科学文化素质和经营理念。乡村旅游要

---

① 何婉，吴杰. 我国乡村社区与乡村旅游开发关系之探讨 [J]. 市场周刊，2005（5）：74-76.

想持续发展，就必须对乡村文化进行传承与创新，必须加大对传统文化的保护力度，使乡村居民认识到传统文化的经济价值和长远的发展价值。乡村旅游发展能够提高乡村居民科学素养和职业素养，使他们更新观念，提高他们建设家乡的积极性。乡村旅游发展还有利于加强城乡居民之间的友好往来，为城乡居民提供相互了解和学习的机会。

3.2.3 优化乡村产业结构

改革开放以来，我国乡村经济得以快速发展，但产业发展结构并不合理。第一产业比重过大，第三产业所占比例太小；种植业比重大，但种植业收入较低，经济效益较差，从而导致村民收入水平低下。发展乡村旅游可以使村民以旅游为主业，种植为副业，从而优化乡村产业结构，提高农村居民收入。农村居民从以前的主要以务农为生，转变成农商并举。农户可以独立经营，也可以成立股份制乡村旅游企业或去企业务工。引导农村居民大力发展观光农业、生态农业、特色农业等，以此作为发展乡村旅游的吸引物，还可以延伸农村产业链。通过乡村旅游可以延伸的产业链主要包括旅店经营、农副产品深加工、装修业、运输业、餐饮业以及文创产业等。乡村旅游发展实现了农业和旅游业的有机整合，增加了农村第二、第三产业的比重，形成了以旅游为中心的产业链，推动了农村产业结构调整，有利于乡村繁荣。例如，由于大量游客的到来，许多乡村旅游目的地的村民可以将自家的水果、蔬菜、鸡、鱼、肉、蛋等农副产品销售给游客。农村居民根据市场需求，大力发展第三产业，既增加了自身收入，也满足了游客购物的需求，改变了农村供给侧的结构。

3.2.4 缩小城乡差距

我国边远地区旅游资源丰富，对这些地区进行乡村旅游开发，可以改善当地的基础设施，调整乡村的产业结构，促进经济发展。由于乡村旅游属于劳动密集型产业，还可以带动当地许多居民参与到乡村旅游的服务行业中，尤其对提高老人、妇女等群体的社会地位起到了积极作用。随着乡村旅游的不断发展，大批游客到来，为了满足游客吃、穿、住、行和娱乐等多种需求，乡村旅游目的地引进和创建了许多乡村旅游企业，企业的兴办增加了当地政府的财税收入。与此同时，乡村旅游发展带来的信息流和商品流会促进当地居民思想观念更新和自身素质提升，提升他们在市场经济中的经营理念和发展能力，也对当地经济持续发展起着不可估量的作用。

乡村旅游以区域合作为契机，乡村旅游企业、景区以及旅行社信息共享，可加强各区域之间合作，促进城乡之间协同发展。要以发展乡村旅游为契机，大力发展乡村经济，建设美丽和富裕的乡村，大力弘扬乡村传统文化，提升乡村旅游的文化内涵，用科学的管理方法管理乡村旅游目的地，用现代的经营理念去管理乡村旅游企业，促进乡村旅游企业品牌化发展。通过游客在乡村消费，增加乡村居民的收入，实现城乡经济共同繁荣，走城乡共同富裕的发展道路，缩小城乡居民收入差距。乡村旅游的发展，也能促进乡村人口素质的提升，进一步加强城乡交流，包括旅游的双向流动，促进城乡一体化发展。乡村应该走第一、第二、第三产业融合的发展道路，对农产品进行精深加工，延长产业链，提高产品的附加值。同时，还可以在农村开发各种各样的乡村旅游服务业，包括旅游业、运输业、餐饮业等，通过各种途径来增加农民的收入，进一步缩小城乡差距。

3.3 乡村振兴战略促进了乡村旅游发展

3.3.1 为乡村旅游发展提供优美的生态自然环境

发展乡村旅游需要有游客感兴趣的吸引物。乡村旅游的目标游客大多为紧邻乡村旅游目的地的都市居民，优美的自然环境是乡村旅游目的地最大的资源优势，也是吸引游客的根本所在。乡村振兴战略背景下建设美丽乡村，要求坚持人与自然和谐共处，坚持改善乡村人居环境，实现绿色、可持续的发展，牢固树立"绿水青山就是金山银山"的发展理念，实现乡村旅游资源的开发与经济社会效益的平衡，严守生态环境红线。①

在"绿水青山就是金山银山"理念的指导下，各地政府高度重视环境保护问题。乡村要发展，主要靠调整产业结构，必须走第一、第二、第三产业融合发展的道路。乡村旅游是乡村振兴战略的重要抓手，它可以走出"农业+旅游业"的发展新路，可以带动多行业的发展。乡村旅游要做到可持续发展，必须加大环境的保护，在不损害乡村优美的自然环境下，进行有序的旅游资源开发。都市居民来乡村旅游，看重的是乡村原生态的独特魅力。我国是一个农业大国，有着悠久的农耕历史，广袤的乡村有丰富的文化旅游资源，要采取合理方式开发乡村文化

---

① 中共中央国务院关于实施乡村振兴战略的意见 [N]. 人民日报，2018-02-05（001）.

旅游资源，将原生态的乡村文化旅游资源展现在游客面前。在开发中，不要进行过度的包装，要尽可能地保留原汁原味的乡村本色，做到有序有度，避免盲目的过度开发给生态自然环境带来破坏，应加大环境污染处罚力度。总之，要根据乡村的特色，合理利用资源，让游客在游览的过程中沉浸在乡村气息浓厚的环境中，享受乡村独特的自然风光。

3.3.2 为乡村旅游发展提供完善的基础设施

我国乡村旅游资源丰富的地方大多在"老少边"地区，这类地区经济不太富裕，基础设施建设较落后。发展乡村旅游，如果没有良好的基础设施，造成游客进出旅游目的地困难，给游客增加经济和精神的成本，就会降低他们对旅游目的地的满意度。乡村振兴战略为乡村旅游发展指明了方向，要求加大乡村基础设施投入，增加乡村基础设施建设的经费，完善通信、道路、水、电等基础设施，有效地改善乡村旅游因基础设施落后的现状，助推乡村旅游的发展。发展乡村旅游，必须提供满足游客食、住、行、游、购、娱需求的设施设备，解决游客的需求问题，这关系着游客的满意度和乡村旅游形象的问题。乡村基础设施建设是发展旅游的保障，政府要指导和引导对乡村旅游的开发，始终坚守问题导向，解决乡村旅游中服务设施的短板，打造能够满足旅游需求的设施，提供良好的基础设施。

3.3.3 为乡村旅游发展提供良好的产业支撑

产业兴则乡村兴。产业兴旺是乡村振兴的首要任务。乡村振兴战略提出以制度、技术和商业模式创新为动力，提升乡村产业。目前，乡村产业结构单一，以种植业发展为主。种植业投入多，生产效益不高，经济效益差，乡村经济发展较慢，这是多年来导致乡村经济发展落后的原因。导致乡村有丰富的旅游资源，通过"农业+旅游"的融合发展方式来发展乡村旅游，能够实现第一、第二、第三产业的交叉融合，可以调整乡村产业结构，提高经济效益，使村民快速致富。乡村旅游发展能够带动乡村餐饮、物流、建筑、文创、服务等多行业的发展，对乡村集体经济大有裨益。随着经济社会发展，游客的需求也在不断升级，乡村旅游服务质量也要不断提升以满足游客的需求，乡村旅游必须提质增效，而乡村振兴战略能够促进乡村旅游产业的发展，实现乡村旅游发展的转型与升级。

3.3.4 为乡村旅游发展提供高素质人才的支持

在乡村振兴战略的指导下，国家在政策、资金以及人才方面对乡村给予支持，为乡村旅游提供了良好的基础设施，同时，培养了大批高素质人才，为乡村旅游提供了很好的支撑。

乡村要振兴，人才是关键。乡村旅游要持续发展，人才是第一资源。没有人才，什么事情都做不成、做不好。乡村旅游的许多经营者、管理者都是当地村民，他们在乡村旅游的经营中，管理水平跟不上时代的发展，经营理念有待进一步提高。乡村振兴战略坚持农业生产优先发展的基本原则，政府加大对乡村旅游行业的资金支持力度，有了经费的保障，乡村旅游目的地可以聘请那些懂经营、会管理的人才，加入乡村旅游事业中来，同时对内部人才加以培训，使他们成为有知识、懂技术、会经营的合格乡村旅游人才。总之，乡村旅游的发展，离不开优秀人才，要重视人才、留住人才，要为高素质人才搭建舞台。提高人才的待遇，使高素质人才既能被吸引来，又能留得住，包括吸引更多大学生在毕业后回到家乡建设美丽的家园，从多方面为乡村旅游发展提供人才支持。

3.4　乡村旅游发展助推乡村振兴战略实施

3.4.1　乡村旅游发展优化调整了农村产业结构

乡村旅游利用乡村特色资源与旅游业深度融合，由旅游产业的发展带动物流、餐饮、酒店、品牌营销、会展等多个相关行业发展，除以种植业为主的农业，还发展了第二、第三产业，优化了产业结构，促进了第一、第二、第三产业的高度融合，拓展了乡村产业的多种功能业态，延伸了相关产业链条，拓展了乡村居民的就业渠道，增加了他们的收入。乡村振兴战略促进了农业产业结构的调整，促进了乡村经济的发展，满足了乡村旅游游客在当地吃、住、行、游、娱、购的消费，同时还间接带动了乡村建设建筑、规划、农艺、文创、农副产品深加工等相关行业。三大产业融合发展，产业结构优化，为实施乡村振兴战略打下良好的基础。

3.4.2　乡村旅游发展有利于保护乡村生态环境

乡村旅游目的地为了吸引游客，必须提高乡村的生态环境，改善乡村卫生条件，使乡村村容村貌焕然一新，居住环境更加适宜。乡村旅游追求优美的田园风光和乡土特色、原生态的乡村旅游独特面貌和村容，所以，乡村旅游不能走同质化的路线，没有特色乡村旅游目的地就没有竞争力，基层政府要加大开发乡村旅游的力度，使乡村旅游目的地各具特色，实行"一村一特色、一户一特味"的发展模式。

改善村容村貌，将乡村旅游目的地变成生态宜居的美好家园，是乡村村民的共同愿望。良好的乡村生态环境是发展乡村旅游的必要条件，没有良好的生态环境，游客不会产生去乡村旅游的动机。如果生态环境不进行有效的保护，乡村旅游不可能持续发展。乡村生态资源具有的自然、原始、原生态的特征，激发了城市居民前往旅游的动力，同时使观赏游览价值得以体现。随着生态文明深入人心，游客和乡村居民的生态环保意识得以提高，从而自觉加入爱护生态环境的队伍。

3.4.3 乡村旅游发展保护传承了乡村文化

乡村是传统文化的重要载体，乡村文化资源是乡村旅游之"魂"。乡村振兴离不开乡村文化建设。乡村优秀传统文化和乡土民俗文化构成了乡村文化，乡村文化通过宣传旅游转变成了文化旅游资源。乡村文化内涵的深度挖掘，是对乡村传统文化和特色民俗文化的传承，对于高质量推进乡村振兴具有重要现实意义。了解当地的文化和生活方式是游客的重要需求，乡村旅游文化大多具有较强的群众性特征，群众基础好，方便游客乐于参与其中。通过乡村旅游激活乡村文化元素，开发出具有地方特色的乡村旅游文化项目，同时也是对优秀的乡村文化最好的传承，从而有利于文明乡风的形成。

3.4.4 乡村旅游促进了乡村治理

乡村要振兴，治理要先行。乡村旅游发展能够优化乡村环境，提高乡村居民的文化水平和道德素质，有利于促进乡村的德治。乡村旅游建设中，乡村居民身份发生转变，由过去的农民转变成了员工、股东或管理者，股东、企业、村民、员工等之间出现的矛盾，必须用法律法规来解决，这样才能促进乡村基层法制建设，使更多乡村村民、经营者、管理者懂法、守法。乡村旅游提升了村民的文化素养和精神文明水平，促进了经济、社会和生态环境的改善，深化了乡村治理体系构建。乡村旅游能够促进乡村基层组织建设和制度建设，提升村民自我约束和自我管理能力，提升乡村治理的效率。在乡村旅游发展中，市场化在资源配置中的基础性作用逐渐发挥出来，打破了从前乡村的地缘、亲缘关系，制定规章制度、村规民约等，合理界定出政府、市场、社会组织及村民各自的作用，改善了乡村治理结构。乡村治理的构建，有助于健全自治、法治、德治相结合的乡村治理体系。

3.4.5 乡村旅游带动村民致富

乡村旅游的开发，增加了目的地居民的就业和创业的机会，从而增加了村民的收入，乡村经济得以改善。为了满足游客的食、住、行、娱、游、购的需求，乡村村民可以经营餐饮业、酒店，成立运输公司，经营停车场，出售当地的土特产等，这些都可以增加村民的收入；利用自有乡村文化艺术，开办文创服务实体公司，也能增加收入；也可以入股投资旅游项目分红或者在旅游企业就业赚取薪酬。

乡村旅游的发展，不但使乡村居民收入增加，而且能使乡村自然环境更美、农业增效、乡村繁荣。乡村旅游带动村民就业和创业，逐渐成为农业就业增收的主渠道。乡村打造具有本土特色的旅游产品，吸引游客来乡村旅游目的地休闲、购物，既可以优化乡村环境，也可以提供就业，使村民增收，从而促进乡村经济发展，改善农村生态环境，有助于推动乡村振兴。

产业兴旺是乡村振兴的经济基础，有利于改变农村产业结构。通过旅游与农业的深度融合发展，乡村旅游带动多行业发展，最终能够实现第一、第二、第三产业融合、功能多样、质量取胜的现代农业产业的兴旺与发展。①

3.5 乡村旅游带动产业兴旺

随着工业化、城市化的发展，城市快速地繁荣起来，而乡村发展相对缓慢，城乡差别有进一步扩大的趋势，农村问题凸显出来。党和政府一直高度重视"三农"问题，把解决"三农"问题作为全党、全国的重点工作来抓。"三农"问题得到有效解决，可以缩小城乡差距，逐步实现城乡共同富裕。乡村振兴战略的关键是产业兴旺，乡村产业的发展是乡村振兴的关键。乡村产业发展的最终目的要使村民富裕、乡风文明、生态宜居、治理有效，这些都离不开乡村经济的发展。发展乡村旅游是乡村振兴战略的重要抓手。乡村旅游通过农业与旅游业融合，成为具有较高产业关联性的新兴产业，对乡村产业布局的影响很大，发展乡村旅游产业能有效地改变农村产业格局。传统农业结构比较单一，农民单纯依赖种植业，而种植业靠天吃饭，经济效益差，导致乡村经济发展缓慢，乡村基础设施滞后，不利于乡村旅游的发展。乡村振兴战略可以使村民富裕，净化乡村环境，缩小城乡差距。通过发展乡村旅游，驱动乡村产业兴旺，促进乡村产业结构供给侧的改革，改善乡村单一的产业结构，发展经济，最终使乡村旅游驱动乡村振兴。

---

① 黄祖辉. 准确把握中国乡村振兴战略 [J]. 中国农村经济，2018（4）：2-12.

第4章

乡村旅游营销创新

乡村旅游是以向往宁静古朴的乡村生活的都市居民为目标顾客，对乡村旅游产品进行营销活动的过程。随着乡村旅游的不断开发，游客的需求也在不断提高，传统农村休闲游和农业体验游已经不能满足游客的需求。乡村旅游需求换代升级的时代到来了，传统的乡村旅游项目开始逐步向研学游、科考游、农业科技展览游等新型旅游项目拓展。

4.1 乡村旅游消费者行为分析

要分析乡村旅游消费者购买行为，首先要知道游客来乡村旅游的目的是什么，这是消费者产生旅游动机的根本。要解决这个问题，就要分析和调查乡村旅游消费者所发生的一切与消费相关的个人行为，包括从需求动机的形成到购买乡村旅游行为的发生乃至旅游服务感受总结等。这一购买或消费过程中所展示的心理活动、生理活动及其他实质活动，一般表现为五个阶段，如图4-1所示。

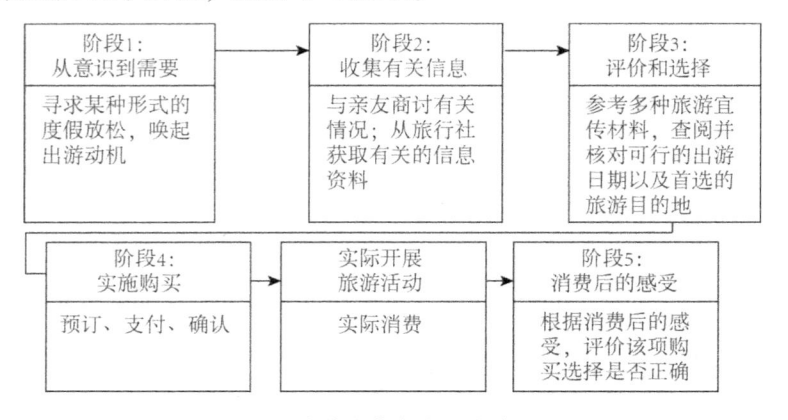

阶段1: 从意识到需要	阶段2: 收集有关信息	阶段3: 评价和选择
寻求某种形式的度假放松，唤起出游动机	与亲友商讨有关情况；从旅行社获取有关的信息资料	参考多种旅游宣传材料，查阅并核对可行的出游日期以及首选的旅游目的地

阶段4: 实施购买	实际开展 旅游活动	阶段5: 消费后的感受
预订、支付、确认	实际消费	根据消费后的感受，评价该项购买选择是否正确

图4-1 乡村旅游消费者购买旅游的想法过程

1. 确认乡村旅游需要

消费者经过内在的生理活动或外界的某种刺激确认对乡村旅游产品的需要。需要是消费者购买活动的起点。马斯洛对人类行为的动力从理论上进行探析，提出了需求层次论，即人的需求分为五个层次，从低层次需求到高层次需求分别为生理需求、安全需求、社交需求、尊重的需求以及自我实现需求，但消费者产生购买动机是由主导需求决定的。即人同时有多种需求，占据主导、统治地位的需求，称为主导需求。随着城市化和工业化的不断加快，城市居民为了摆脱城市喧嚣、环境污染以及交通拥挤的现象，向往有着田园风光、自然风景和返璞归真的农家生活，于是产生了去乡村旅游的需要。

2. 搜集乡村旅游信息

乡村旅游消费者往往会通过相关群众影响、大众媒介宣传以及个人经验等渠道获取乡村旅游的有关信息。信息来源分为四类：（1）经验来源。从过去乡村旅游的消费中得到相关信息。（2）个人信息来源。主要是通过朋友、家庭成员、同学、同事等人那里得到的相关乡村旅游信息，如朋友通过体验了乡村旅游而进行推荐。相关理论表明，当人们购买产品或服务后，对购买产品或服务产生了正向评价，他会向5~7个人推荐和讲述；当体验了不满意的产品或服务，他会向11~13个人倾诉。由此，乡村旅游应注重产品质量，重视口碑效应的重要性。（3）公关来源。指公众传播的信息，如政府部门、新闻媒介、消费者以及多种传播乡村旅游信息的源头。乡村旅游目的地的企业要内强素质，外树形象，通过优质的服务和优美环境，树立良好的形象，以此吸引消费者。（4）商业来源。指乡村旅游企业提供信息，如商业广告、产品包装说明、旅游产品推销会等。乡村旅游企业利用广告、产品包装以及推销会，宣传企业的旅游产品和一流的服务质量。

3. 对搜集的有关乡村旅游方案进行评估选择

乡村旅游潜在消费者对已获得信息进行评价，根据一定的原则做出选择。乡村旅游潜在消费者首先从自己所处的环境与各种渠道中接收、获取知识和各种乡村旅游信息，在此基础上，特别关注朋友和家人推荐的信息，由此形成旅游选择的态度，进而产生某种行动的偏爱和意图。旅游潜在消费者会参考多种宣传资料，根据自己以往经验，朋友或家人的推荐，同时兼顾自己出行的方便性和空闲时间，选择自己认为性价比最高的乡村旅游产品做出购买决策。乡村旅游企业要提高产品质量和服务质量，最大限度地降低游客旅游的总成本，形成良好的口碑效应，来赢得顾客的忠诚。

4. 形成购买决策

乡村旅游潜在消费者经过对乡村旅游产品评估后达成一种购买倾向，但不一定会实际购买，是否真正购买，还要受到他人态度、意外因素的影响。研究表明，态度和行为具有正向性，即肯定的态度会促进旅游行为的发生，反之，会抑制行为的发生。研究表明，他人持否定态度越强烈，影响力就越大。他人与消费者关系越亲密，影响力也就越大；他人的专业权威性也决定影响力的大小。如一个爱旅游的妻子，对这次乡村旅游持否定态度，则这次乡村旅游很难出行。另外，意外因素也会影响购买决策，如预期收入下降、购买者消费态度以及购买便利性降低，都会影响消费者的实际购买。

5. 购后过程

通过旅游消费后，消费者对产品或服务的评价较高会因为对该产品或服务产生忠诚、信赖感而推荐给他人，形成良好的口碑效应。若评价不高，则会产生抱怨、索赔、抵制或不再购买等现象，并劝阻他人不要购买，甚至向有关部门进行投诉。所以，管理者要重视顾客的购后评价，要采取切实有效的措施，帮助顾客解决问题，要为顾客着想，使他们感受到良好的服务。可口的饮食、方便的停车、快速的反应，都会给他们的旅行留下美好的回忆。同时，要站在顾客的角度思考问题，应定期与顾客联系，征询他们的改进意见，建立良好的沟通渠道，及时处理游客的投诉。

4.2 乡村旅游市场细分与目标市场

4.2.1 乡村旅游市场细分概念

市场细分的概念是 1956 年美国市场学家温德尔·史密斯（Wendell R. Smith）在《产品差别和市场细分——可供选择的两种战略》一文中提出来的。第二次世界大战后，美国的产品市场由卖方市场转变为买方市场，原来以卖方市场为主的营销理念不能指导以买方为主的市场，企业必须从以自己为中心转变为以消费者为中心。市场细分就是以消费者为中心的现代市场营销观念的产物，根据消费者欲望与需求的类似程度进行分类，将一个大市场分成若干个子市场。企业的资源是有限的，不能满足所有消费者的需求，应根据实力和资源禀赋选取自己认为最能服务好的子市场。资源的有限性，决定了企业不能面面俱到，要有所为，有所不为，这样生产的产品或服务才会更专业，更能满足目标顾客的需要，更好地服务目标顾客。

乡村旅游市场细分是按照不同的乡村旅游消费者在特征、需要、兴趣、利益追求、购买习惯等方面存在的差异，将整体乡村旅游市场分解或划分为不同的乡村旅游者群体的过程，最终将一个乡村旅游市场分成若干个乡村旅游子市场。

4.2.2 乡村旅游产品市场细分原则

市场细分的目的是根据消费者的属性及特征，将乡村旅游市场分为若干子市场，每个子市场与其他子市场可以区隔开来，企业根据自身资源禀赋，确定最能服务好的市场，即目标市场。通过市场细分，企业的资源能很好地进行匹配，更好地满足顾客的需求，提高企业的竞争能力。细分市场必须具备以下特征。

1. 可衡量性

可衡量性是指用来细分市场特征及属性的有关数据是可以识别和衡量的，即有明显的区隔，边界清晰。如果某些市场的特征及属性难以区分，也无法衡量，则细分市场无意义，也无法细分。对于任何一个规划细分市场，乡村旅游营销者都应该能够测评和估算市场容量和购买潜力，如性别、年龄、职业、收入、地理位置等，这些客观变数比较容易测量。也有带有主观性的变数属性，这类属性难以进行市场细分，如心理、性格等方面，不能测算，也不好估量，因此不能很好地进行市场细分。

2. 可进入性

对于已经细分的市场，企业的产品或服务的信息如果无法到达消费者，或者不能通过有效的促销和分销而占领一定的市场份额，则为不可进入性。因此，必须考虑营销活动的可行性，即可进入性。乡村旅游产品在客观上要有接近市场的可能，乡村旅游营销者要有吸引和服务于相关细分市场的实践操作能力。如果乡村旅游营销信息不能传达到目标市场，不能被企业的目标顾客所接收，或细分市场受其他条件制约根本不可能传达到，那么市场细分就失去了意义。

3. 可盈利性

可盈利性是指细分市场后，其人群规模和消费水平要能够使企业盈利，以保证按计划能获得理想的经济效益和社会服务效益。不盈利，企业不能扩大再生产，企业竞争能力变弱，因此，盈利是企业存活下来的基础，企业只有存活下来，才可能发展，也才能完成企业的使命。如果市场细分后需求量规模太小，无法盈利，则说明细分市场无意义，因此，切忌过分细分市场。营销学提出了"反市场细分"，"反市场细分"不是对市场不进行细分，而是细分后的市场要有一定的规模和容量，使企业持续盈利，企业才能走上良性循环，因此，我们反对对市场进行过多的细分。

4. 差异性

将一个大的市场分为若干个子市场时，这些子市场有不同的特征，子市场的消费者在需求上存在明显的差异。乡村旅游企业根据自身企业资源禀赋和服务优势，确定自己的目标顾客，要有独特优势，要与竞争者的目标市场有区隔。应选择不同的目标市场，且各目标市场要有清晰的边界度和明显的差异。

5. 相对稳定性

相对稳定性是指在一段时间内，细分后的市场保持相对稳定。乡村旅游消费者的某些特征及属性是市场细分的依据，这些特征是随时间变化的，如果特征变量变化太快，刚分好的细分市场，还没有进行营销实践，细分市场的特征发生了变化，我们不得不进行新的市场细分，这样会导致营销资源浪费。因此，我们选取市场特征变量，应该保持相对的稳定性,以保证不会造成营销资源的浪费,同时也不会使企业的既定营销战略随意改变。

4.2.3 乡村旅游企业市场细分的作用

乡村旅游企业通过细分市场,选择了服务的目标市场,精准发现客户的痛点,利用本企业资源的禀赋,更好地为目标顾客服务,可以使企业产品或服务更有针对性,这样的服务才算是精准服务,企业才会有竞争力。市场细分的作用具体有如下几点。

1. 有利于选定目标市场

乡村旅游产品具有差异性,而乡村旅游企业因为受资源的限制,不可能服务于整个乡村旅游市场,这就决定了乡村旅游企业获得竞争优势是相对的,是暂时的,是有条件的。乡村旅游企业根据资源的特点和属性,对细分出来的子市场的需求特点和购买潜力进行分析,根据企业的特点去匹配细分的子市场,企业认为能够很好匹配的子市场,就是企业的目标市场。从而使企业更进一步了解目标市场哪些需求未得到充分满足,制定有针对性的服务,利用自己的资源特性设计旅游产品,更好地服务于目标市场,制定切合实际的营销策略,赢得目标市场的青睐。

2. 有利于有针对性地制定营销策略

对于乡村旅游企业来说,选定了目标市场,就是明确了企业将为谁服务的问题。有针对性地对目标市场需求做详细的调查研究,在此基础上,制定合理有效的营销策略是关键。市场细分能够更加清楚了解目标市场的需求,根据企业资源禀赋,开展有针对性的营销工作。首先,旅游产品的设计用来解决旅游消费的痛点,这就是我们常说的"产品要对路";其次,要制定合理的产品价格,当然,不是价格越低越好,而是"物有所值""价格公道";最后,要了解竞争对手,知己知彼,百战不殆，制定精准的营销组合策略，根据市场需求的变换，实施动态管理，及时调整产品、价格、销售渠道及促销策略，使之符合消费者的实际需要。

3. 有利于制定灵活的竞争策略

市场细分有助于提高乡村旅游企业的竞争力。市场经济是竞争经济，乡村旅游企业必须在竞争中求生存、求发展。由于市场进行了细分，对于细分出来的子市场，我们更容易抓住其特点，集中乡村旅游企业的各种资源来满足目标顾客的需求，分析竞争对手，用比竞争对手更好的服务能力服务于目标顾客，提高旅游企业的竞争能力。游客的需求随时间而改变，竞争对手策略也在不断地调整，因此，旅游企业要制定灵活的竞争策略，去适应市场和消费者的需求变化。

4. 有利于提高企业的竞争力

不同的乡村旅游企业受客观因素的影响而存在差别，有效的市场细分能够改变这种差别。通过市场细分，可以更加清楚地知道企业的竞争者，也能够观察并清楚竞争者的优劣势。乡村旅游企业只要看准市场机会，发现竞争者的弱点，利用本企业的优势，就能够用较少的资源赢得顾客，把竞争者的顾客和潜在顾客转变为本企业的顾客，提高市场占有率，赢得市场的比较优势。

4.2.4 乡村旅游企业市场细分标准

市场细分是根据消费者的某些特征进行细分。对于乡村旅游消费者来说，细分变量很多，可以根据消费者年龄来细分，如老年游客、中年游客、青少年游客；可以按照性别来分，如男性旅游市场、女性旅游市场；也可以组合起来分，如老年男性旅游市场、中年女性旅游市场等。细分市场要根据变量特征与乡村旅游企业相匹配，以实现企业能够提供最好的服务，发挥资源最大效用为目的。因此，消费者的性格、受教育程度、收入，地理位置，气候都可以构成细分的依据。可以运用不同的变量，将旅游消费群体分成各个小群体，每个小群体构成一个子市场。如表4-1所示。

表4-1　乡村旅游企业市场细分标准及变量

乡村旅游企业市场细分标准及变量	
细分标准	细分变量
人口因素	婚姻、职业、收入、家庭人口、教育程度、社会接触等
消费心理因素	性格、情感、购买动机、态度等
消费行为因素	购买的频次、购买方式、购买时间、对价格、渠道、促销的敏感程度
地理细分	地理位置、气候条件等

1. 人口因素

根据人口的特点进行市场细分。不同社会人口特征的群体对产品需求不同。如已婚和单身对旅游需求不一样；职业不同，对旅游需求不一样，教师更愿意接受研学旅游项目，建筑研究学者更喜欢参加古村、古镇游。

（1）年龄

不同的年龄阶段对旅游需求不同，老人更喜欢观赏游，年轻人更乐于接受农事体验游，青少年更喜爱探险游。因此，游览参观、养生旅游、观赏游、度假游深受老年市场喜爱；采摘、农事活动体验、垂钓等项目受中年旅游市场青睐；青年市场更乐于参与摄影、探险、科普等旅游项目；儿童市场更喜爱游乐、观赏等项目。

（2）性别

乡村旅游需求按照性别进行细分。如乡村旅游市场中男性喜欢参与农事活动，对目的地的民风民俗感兴趣；女性更多参与观赏、购买当地的农产品的活动。

(3) 收入

乡村旅游需求按收入细分可分为若干个因素，如高收入游客、中等收入游客、低收入游客等，还可以进行更精确的细分。高收入游客一般选择度假旅游产品、高等酒店体验，低收入游客一般选择观光旅游产品和采摘等项目。

(4) 教育程度

根据教育程度可分为小学生、中学生、大学生、研究生等市场。一般来说，接受的教育程度越高，需求层次越高。

2. 消费心理因素

(1) 消费者的性格

性格外向的游客爱交流，爱展现自己，因而对新、奇、特的旅游产品特别感兴趣，他们在乡村旅游土特产品的购物中，对特色产品有兴趣，同时对探险、农事体验也有兴趣；性格内向的消费者则喜欢大众化项目，更爱观光、赏风景。

(2) 购买动机

动机是购买的内在驱动力。人做事都是有目的的，也就是有内在的驱动力。乡村旅游消费者为什么要购买乡村旅游产品，他们的内在动机不完全相同，但大都存在求实、求廉、求异、求新、求美、求名的动机，根据这些进行市场细分，是可行的。

(3) 生活方式

生活方式是人在工作和生活中，对习惯和模式的一种选择，一般分为"传统型""追潮型""节俭型""奢侈型""时髦型"等，这些特征都是市场细分的变量。

3. 消费行为因素

行为细分是根据消费者购买时间、购买频率、品牌的忠诚度以及对价格的敏感程度对市场进行的细分。例如，根据行为变量细分来确定的目标群体，可分为假日顾客、工作日顾客、老顾客、新顾客等。

（1）购买频率

购买频率就是单位时间内购买的次数。可以按经常购买、偶尔购买、很少购买等进行分类。对于经常购买的顾客，要给予他们更多的关注，如在价格上有所优惠。笔者去过许多乡村避暑目的地，考察农家乐给不同游客的价格，它们根据游客居住时间长短制定了差别价格体系，如一位游客连续住三个月，优惠后每天的价格是 80 元，连续住两个月对游客优惠后的价格为每天 100 元，连续住一个月优惠后的价格为每天 120 元，不享受优惠的价格为每天 150 元。

（2）购买时间

许多产品的消费具有时间性，购买时间可以分淡季和旺季、暑假和寒假、工作日和双休日。因此，乡村旅游目的地可以根据时间分类，按照淡季和旺季制定不同的价格策略；学生一般利用暑假和寒假出游，所以，要根据学生的需要，对服务及设施进行调整；周末游客多为工薪阶层，要考虑他们的需求特点和消费水平进行接待。

（3）购买习惯

可以根据品牌忠诚度进行细分，分为无品牌忠诚者、习惯购买者、满意购买者、情感购买者、忠诚购买者。乡村旅游企业必须辨别其顾客忠诚度，根据顾客忠诚度的不同，设计不同的营销策略，以便更好地满足顾客需求。对于忠诚购买者给予关注和实惠，鼓励他们的购买行为。

4. 地理因素

按地理环境细分市场，包括行政区域、地理位置和气候条件。如按气候条件细分市场，气候温暖的旅游目的地常常吸引冬季寒冷地区的旅游者，譬如海南的冬季常常吸引东北地区的游客到来；海滨观光旅游则为内陆游客所青睐。

（1）按所处的地理位置

可以按乡村旅游目标顾客离旅游目的地位置的远近进行细分，分为50千米以内、50千米~300千米、300千米以上等。

（2）根据气候条件划分

根据气候不同，可将客源市场划分为避暑市场、避寒市场、冬季市场、夏季市场、春季市场、秋季市场等。

（3）可以根据地形进行划分

按照地形可以分为山区、丘陵、平原，不同地形游客需求不一样。

4.3 乡村旅游目的地的目标市场选择

4.3.1 乡村旅游目标市场的含义

乡村旅游目标市场是指乡村旅游目的地在市场细分的基础上，进行营销活动想要满足和服务的那部分市场需求。只有与乡村旅游目的地市场资源相匹配的细分市场才是最佳目标市场。

4.3.2 乡村旅游目标市场的选择

乡村旅游目标市场的选择是在市场细分的基础上，根据乡村旅游企业的资源状况、营销水平以及对每个乡村旅游目的地的吸引力测评之后，进而决定进入哪个市场，对其服务的这个市场，我们称为目标市场。

乡村旅游目的地目标市场选择遵循的原则主要有以下几点。

（1）乡村旅游目的地的经营目标和形象相符合。高端化、集团化的乡村旅游目的地不适合选择大众客源作为目标市场。以中、低档旅游消费为目标市场的不要选择经济收入和社会地位较高的消费者。总之，目标选择要同乡村旅游目的地的企业形象相匹配。

（2）目标市场必须与旅游目的地所拥有的资源相匹配。乡村旅游目的地拥有的自然条件成为选择目标市场的重要依据，要充分发挥自己的特色，明确自己的优势，凸显自己与众不同的地方，这样的目标市场，才是成功的选择。

（3）目标市场必须有结构性吸引力。目标市场包含现实需求规模和潜在需求规模。乡村旅游目的地既要考虑现实需求，更应该考虑潜在需求。不要过多地细分市场，否则会失去市场规模，会降低乡村旅游目的地吸引力。因此，乡村旅游目的地选择目标市场要考虑结构性吸引力。

4.3.3 乡村旅游产品及其目标市场

乡村旅游产品的目标市场如表4-2所示。

表4-2 乡村旅游产品及其目标市场

乡村旅游产品	特征	目标客源市场
田园观光	利用乡村独特秀丽的田园风光，开展观光旅游，如桃花节、杏花节、现代农场，一般分布在城市近郊	主要针对爱花的人士，研学的少年儿童，追求生态环保的人士，回归自然的老年人等

续表

乡村旅游产品	特征	目标客源市场
参与性农事活动	如农事体验、采摘等为主的乡村旅游产品，重在参与性和娱乐性	少年儿童素质教育市场，中老年对过去的回忆和体验的市场
乡村度假产品	设施完备、风景秀美的度假庄园，如高尔夫乡村俱乐部、葡萄酒农庄等	城市中收入较高的家庭，对价格不敏感
民俗文化为特色的旅游	以体验当地特色乡村文化为主要旅游动机，如民俗村	对乡村特色有浓厚兴趣的旅游者
高科技农业园为特色的旅游	观赏中学习现代农业知识	青少年、儿童游学者以及来观摩取经的商务旅游者
乡村居民建筑游	显示独特建筑特色及文化，如福建土楼、古村寨	对古建筑及文化有浓厚兴趣且教育程度较高的中老年市场
工业装备游	已经被现代设备取代的设备	对过去的工业设备怀旧的中老年市场

4.3.4 乡村旅游目标市场的营销策略

乡村旅游目标市场的营销策略的选择分为：无差异策略、差异性策略和集中性策略，三种可供选择的策略如图 4-2 所示。

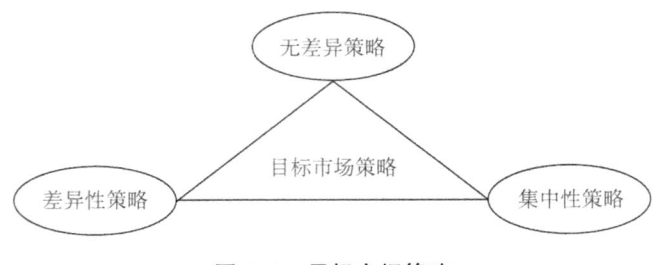

图 4-2　目标市场策略

1. 无差异营销市场策略

无差异营销市场策略是将所有的乡村旅游消费者都视作自己的目标市场，凭借同一套营销组合去吸引和招徕客源的经营策略。这种无差异营销市场策略的优点是：（1）无须市场细分，可节省市场调研的开支，同时，同一促销方案对所有消费者实施，促销费用也会相对较少；（2）产品线单一，批量生产，单位产品的成本费用减少；（3）容易树立产品的市场形象。这种无差异营销市场策略的缺点是：（1）势必会造成对规模较小的细分市场的忽略，从而丧失本来有可能存在的市场机会；（2）因乡村旅游目的地的顾客需求不一样，不可能很好地满足所有消费者的需要；（3）容易引发乡村旅游目的地的企业之间的价格战。

2. 差异性目标市场策略

在对整体乡村旅游消费者市场进行细分的基础上，选择一个或其中多个细分市场作为自己的服务对象，这个服务对象就是目标市场，然后采取针对性的措施去解决目标市场的痛点。这种策略的优点是：（1）根据目标顾客的需求特点设计产品，产品有针对性，不同的目标市场人群设计和生产不同产品，可以更好地服务于目标顾客；（2）有助于促成重复购买，培育顾客忠诚度；（3）有助于增强本组织对市场的适应能力和应变能力，经营风险也会因此而减小；（4）有助于设施的充分利用，减轻季节性问题的不利影响。由于对各个细分市场的需求进行了差异性分析，制定规划更科学、更合理，能缓解季节性所带来的负面影响。这种策略的缺点是：（1）致使生产成本和促销费用增大，乡村旅游目的地的企业经营者针对不同的市场人群要分别开展调研，并针对不同目标市场研发不同产品，成本会增加。（2）对于规模小、实力弱的乡村旅游企业难以实施这种市场策略。

3. 集中性目标市场策略

乡村旅游目的地企业的资源是有限的，而且各乡村旅游目的地的资源禀赋不一样，所以不能很好地服务所有的市场，只会在整体乡村旅游消费者市场选择一个或几个有利可图、目前竞争较弱的空隙市场，作为自己的目标市场，将全部资源和能力集中针对选定的目标市场开展专门化经营。这种策略的优点是：（1）消费者相对集中，容易了解目标顾客的需要；（2）产品相对单一，易于发挥生产潜力；（3）易于树立本企业的形象。其缺点是：一旦该人群的需求或兴趣潮流发生变化或转移，目的地的企业就会陷入困境。

4.4　乡村旅游目的地市场定位

4.4.1　乡村旅游目的地市场定位的概念

20世纪70年代，美国营销学家阿尔·里斯和杰克·特劳特首次提出了市场定位的概念。所谓市场定位就是加深消费者对企业和产品在目标顾客心目中的有利位置。定位的目的是要加深顾客对企业和产品的认知，使企业和产品能够在顾客心目中抢占有利位置。

乡村旅游目的地市场定位是指确定服务的目标市场后，根据顾客的兴趣、爱好，结合自身的优势，确定设计的旅游产品在市场应处的竞争地位，从而树立旅游目的地的形象。乡村旅游目的地定位的过程就是目的地与其他乡村旅游目的地区隔开来的过程，也是目的地寻找差别、识别差别和显示差别的过程。乡村旅游目的地定位如表4-3所示。

表4-3 乡村旅游目的地定位内容和具体内涵

定位内容	具体内涵
形象定位	乡村旅游产品的外观、风格、设计包装，旅游目的地的名称，旅游目的地企业的标志、主调颜色、经营的规模、档次等形成一种特定的形象而留在游客的心目中的印象
产品定位	乡村旅游目的地的企业为客人提供什么样独具特色、优势和具有鲜明市场形象的旅游产品，以符合某一层次或目标市场顾客的需求，使其从消费中获得怎样的利益
价格定位	乡村旅游目的地企业采取什么样的方式进行定价，定价的策略，主要的目标顾客。高价策略是精品策略，档次高、收入高；低价策略是大众化策略，薄利多销
服务标准定位	乡村旅游目的地企业以何种服务标准为客人提供产品和服务，包括服务的态度、行为语言及个性化服务标准等
消费群体定位	乡村旅游目的地企业根据具体情况选择哪一类消费群体或者哪几类消费群体作为自己的目标市场
销售渠道定位	乡村旅游目的地企业通过何种直接的、间接的销售渠道将旅游企业的产品传送到顾客手中

4.4.2 乡村旅游目的地市场定位的步骤

定位的关键是确保自己的产品与竞争对手的产品相比，有自己的独特性，比竞争对手产品更有优势。如产品在市场是独一无二的；产品有自己的特色，更能吸引消费者等。一般来说，企业定位需要三个步骤来完成。

1. 分析旅游目标市场现状，明确竞争优势

既然要求自己的产品有特色，必须了解竞争者的产品状况，了解竞争者的产品在消费者心目中的位置。同时要对竞争者的潜力进行衡量，分析竞争优势，在此基础上确定本目的地的市场定位。乡村旅游目的地市场定位的关键是乡村旅游目的地企业设法在自己的产品与竞争对手相比时，要取得比较优势，因此乡村旅游目的地应该在旅游产品开发设计、服务战略和经营管理上下功夫。

2. 选择相对竞争优势，对目标市场进行定位

优势是相对的，在与竞争对手进行比较之后，才会知道目的地优势所在。当然并不是所有的差异都能成为竞争优势，乡村旅游目的地要进行科学的论证，有些差异是优势，有些差异可能是劣势，在进行深入调查的基础上，对相邻的乡村旅游目的地也要进行调查，知己知彼，百战不殆。要明白本目的地的优势，竞争对手的劣势，由此，确定乡村旅游目的地的目标顾客，使目的地的资源能够更好地服务于目标顾客。这样，资源和差异将成为优势资源，也是乡村旅游目的地的核心竞争力，也才能成为有价值的竞争优势。旅游目的地要根据现有的竞争能力和潜在的竞争能力，判断自己的比较竞争优势，要与竞争者多方位比较，如资源、人才、管理、环境、民俗文化等多方面进行比较，分析所处旅游目的地究竟哪些是强项，哪些是弱项，借此选出最适合此旅游目的地的优势项目，进行定位。

3. 有效准确地向目标市场传递定位信息

在进行市场细分后，选取服务的目标市场，进行市场定位，乡村旅游目的地就应该将市场定位准确无误地传递给目标顾客和潜在顾客，使

独特的竞争优势在顾客和潜在顾客的心目中留下深刻的独特印象，使旅游目的地的旅游产品在顾客和潜在顾客的心目中抢占有利位置。此外，乡村旅游目的地还要不断强化其市场形象并保持与目标旅游者的沟通，以巩固其在消费者心目中的形象。如果目标顾客对旅游目的地的市场定位的理解出现偏差，或者由于乡村旅游目的地宣传上的失误而造成目标顾客理解上的歪曲和曲解，乡村旅游目的地要及时纠正并进行调整，使其市场定位形象步调一致。

4.4.3 乡村旅游市场目标定位的策略

依据乡村旅游市场竞争态势以及各个乡村旅游企业的实力和特色，一般有四种定位策略可选择。

1. 补缺定位

补缺定位是指潜在市场需求尚未被竞争者占领，本企业有能力和资源补其空缺，获得该目标市场的大量空额。这种定位能否成功的关键因素有二：一是空白市场容量和空间是否有利可图，二是企业进入后，是否能够快速建立企业的知名度和美誉度，以此来抵挡竞争者的加入。企业要善于发现乡村旅游目的地市场空缺，利用自身资源进行补缺定位，减少竞争压力。

2. 侧翼定位

侧翼定位是指乡村旅游目的地企业在产品、服务、人员等方面有自己的特色，与主要竞争对手区别开来，能够有效避免实力较强的竞争对手，从而精准地进行市场定位。如，甲旅行社擅长做研学旅游市场，乙旅行社擅长做度假市场，不同的市场避开了甲乙之间的激烈竞争。

3. 毗邻定位

毗邻定位策略是乡村旅游目的地企业根据自身的实力，评估竞争对手的实力,认为自己资源和能力可以与竞争对手进行较量,为占据有利的市场位置,不惜与市场上占支配地位、实力较强的竞争对手发生正面碰撞,进行竞争,争夺同一目标顾客。初创企业可以与小微企业进行迎头定位,但不应与大企业进行毗邻定位,应避开强大的竞争对手。因此,旅游目的地必须知己知彼,了解市场容量,正确判定自己的资源和能力,确保在竞争中赢得比较优势。一般来说,资源丰富,人、财、物优于竞争对手的乡村旅游目的地敢于和善于采取这种定位方式。

4. 重新定位

定位按时间过程分,可以分为最初定位和重新定位。最初定位是乡村旅游目的地向市场推出新产品之前进行的第一次定位。最初定位后,如果定位不准确或者市场情况发生了变化,原来市场定位已经不适应当前情况,这时,目的地就应该重新定位。重新定位是目的地摆脱竞争能力下降、经营不善、寻求新的活力的有效途径。此外,乡村旅游目的地如果发现新的竞争亮点,也应该进行重新定位。

4.5 乡村旅游目的地的 4P 营销组合策略

4.5.1 乡村旅游目的地产品策略

1. 乡村旅游产品的内涵

乡村旅游产品是指乡村旅游企业通过开发、利用乡村旅游资源提供给乡村旅游者的回归自然、返璞归真的需求欲望的服务或产品。乡村旅游产品既包括旅游目的地的实物,也包括无形服务。

学界对产品有三层次论和五层次论。20世纪90年代以来,菲利普·科特勒等学者倾向于使用五个层次来表述产品整体概念,认为五个层次的表述方式能够更深刻、更准确地描述产品,每个层次都增加了更多的顾客价值。

(1)核心产品。核心产品要给顾客提供产品的基本效用。乡村旅游的基本效用是顾客最看重的,乡村旅游的核心产品是回归自然,放松身心。长久的城市生活,工作压力大,噪声污染,环境堪忧,因此,城市居民渴望来到乡村,回归自然,贴近大自然,进入一种悠闲自得的生活状态。

(2)形式产品。它是产品的一种外在形式,包括品牌、式样及包装等。形式产品不是产品的核心要素,但它能增强核心吸引力,对消费者的购买产生直接影响。调查表明,消费者购买产品对品牌依赖度很高,有研究人员做过专门研究,将百事可乐和可口可乐的品牌忠诚者各选取10人,他们都自称从品尝味道上就能够很好地区别两者,研究者对他们进行盲测,相同外形的容器分别装上10杯百事可乐和10杯可口可乐,从外形无法区别,要求品尝后,准确判别出百事可乐和可口可乐,然而,这些自称品牌的忠诚者,只有1人准确判断出了两者区别,由此可见,一旦成为品牌忠诚者,对品牌的质量没有特别依赖性,而是心理的依赖性。

(3)期望产品。消费者购买产品时,期望得到与产品密切相关的利益。都市居民去乡村旅游,期望得到原汁原味的旅游产品,而不是城市异地化,乡村城市化。乡村的小溪、清新的空气、田间的农事活动,都是他们喜爱的,住农家房、吃农家饭对他们也是很有吸引力的。

（4）延伸产品。是对产品服务的延伸，是独立产品之外的价值，包括产品说明书、保修、安装、送货上门、技术指导等。游客一般通过乡村旅游产品服务网络获得旅游信息、进行预订并实现其他增值服务。

（5）潜在产品。是对未来产品的期望，对未来产品的描述和设想。

2. 乡村旅游产品策略

乡村旅游产品最能吸引游客的是乡村自然生态景观与民风民俗等传统文化的结合。[①] 乡村旅游产品的开发，必须在市场调研的基础上，根据客户需求，进行乡村旅游产品设计。从调查中，我们发现游客希望旅游产品既要保持本土特色，也要突出当地的特色，原汁原味的乡土特色才有吸引力。随着我国乡村旅游市场的不断成熟，市场竞争白热化，要想在竞争中获得一席之地，必须不断对旅游产品进行创新，突出人无我有，人有我优，深挖特色，突出特色，打造特色的乡村旅游产品。

乡村旅游以城市居民作为选定的目标市场，以满足城市居民"回归自然、享受自然"的需求为抓手，以离开城市的喧嚣、交通拥堵和繁重工作的压力，去享受自然的清新空气、休闲的农家生活为主要动机。所以，乡村旅游目的地应该开发带有浓郁乡土气息的产品，处处体现原汁原味的乡村气息，而不是盲目地追求现代的、摩登的旅游产品，贪大求洋，追求豪华，更不能脱离"乡村性"的本质。乡村旅游目的地应该为游客提供亲近自然、领略秀丽的田园风光、感受乡土气息、参观乡村民俗民情、购买土特产品、品尝传统风味小吃的机会；同时，乡村旅游要具有价格低廉的特点，吸引更多目标顾客的到来，实现经济效益和社会效益双丰收。乡村旅游产品要注重"乡土特色"，主要体现在"乡"和"土"两个字上，"乡"字就是体现目的地是乡村，规划乡村

[①] 邹统钎. 乡村旅游：理论. 案例（第二版）[M]. 天津：南开大学出版社，2017（12）：70-71.

旅游时，一定突出"乡"字，就是要有原汁原味的乡土味，而不是去比"现代"、比"高档"，更不是将城市异地化，将乡村城市化。"土"字要求乡村旅游规划时，要突出乡土气息和田园风光，立足于"土"，尽量减少大修大建，特别是减少破坏植被和乡村环境的工程建设，提倡游客参与当地居民的生活，体验当地特色乡村文化。通过宣传，使游客未进入旅游目的前就对当地民风民俗产生好奇，进入目的地后，乐意了解当地生活习惯、生产方式以及民风民俗等，参与乡村旅游项目。通过体验，给游客留下深刻印象，同时，这些体验项目也能够丰富乡村旅游产品的内涵。

发展乡村旅游要突出特色，"乡""土"是为了体现乡村旅游的特色，乡村旅游不能同质化，切忌千村一面，力求一村一品。[①] 通过乡村旅游资源的历史文化价值、科学考察价值，从旅游资源的经济效益、社会效益、环境效益进行综合考虑，开发更多的乡村旅游产品；同时，每一种旅游产品的设计，不仅仅考虑其观赏价值，更要挖掘其内在乡土文化内涵。

对乡村旅游产品项目开发和设计时，应该准确判断本地资源优势，根据资源本身秉性，采用"美、古、名、特、奇、用"六字标准来进行评价，深度挖掘和利用广大乡村的文化底蕴和当地特有的民风民俗，在保护中开发，在开发中保护。通过民俗文化进行挖掘，提升旅游产品的文化品位，不是对文化产品过度商业化、庸俗化，而是展现人们对"美"与"真"的完美结合的追求，是人们对美好愿望的追求，是社会进步的表现。

---

① 邹统钎. 乡村旅游：理论. 案例（第二版）[M]. 天津：南开大学出版社，2017（12）：70-71.

4.5.2 乡村旅游产品定价策略

价格是消费者购买产品最敏感的因素之一,也是决定交易成败的关键因素之一。企业定价的标准是既要获取利润,同时能够使产品快速销售。价格制定是否合理,直接关系到销售量和利润,所以,企业在定制价格时,要考虑对企业的成本补偿,同时也要考虑消费者对价格的接受能力。产品定价需要考虑的因素很多,既要考虑企业内部因素对价格的影响,也要考虑企业外部因素对价格的制约。概括起来,影响产品定价的内部影响因素包括:企业的经营理念、产品的成本、营销目标以及营销组合战略;外部因素包括市场需求、市场竞争的状况、供求状况、经济形势、消费者的心理预期以及政策的干预程度等。价格是企业内外环境作用的结果。企业制定价格应该建立在科学的基础上,价格定得太低,可能销量上去了,但利润受损;价格定得太高,可能销售额下降,总收入减少,最终获得利润减少。在价格制定中,成本和需求是两个关键的因素,产品制定的价格低于成本,企业只能处于亏损状态,卖得多,就亏得多,企业不可能持续发展,所以企业最低定价是成本价;需求决定产品最高定价,如果价格定得很高,没有需求了,产品卖不出去,企业同样不能获得利润,所以最高定价是需求定价。产品的价格一定是处于需求定价和成本定价之间,最高定价由需求限制,最低定价由成本控制。

1. 乡村旅游产品定价的内涵

价格围绕价值上下变动,价值是产品定价的基础。乡村旅游产品也不例外,其价格是由乡村旅游产品的内在价值和消费者附着在产品上的心理价值决定的。乡村旅游产品既有实物的产品,也包含无形的服务。实物产品定价一般按照价值进行,即价值决定价格,价格围绕价值上下波动。制定乡村旅游价格时,必须对服务特征加以考虑。

（1）综合性

乡村旅游产品价格由"住""吃""行""游""娱""购"等旅游单项产品组合而成。所以乡村旅游产品的定价是多项产品的价格总和。

（2）高弹性

乡村旅游产品属于人们生活的非必需品，需求波动大。旅游有淡季和旺季，尤其是乡村旅游，工作日和周末游客需求变化大。周末游客多，工作日游客少，通过定价策略，引导时间比较宽裕的老年游客避开周末在工作日出游，以免造成乡村旅游目的地周末接待困难，由此用价格策略来控制游客对出行时间的选择。

（3）垄断性

垄断产品价格是由购买者的购买量和支付能力决定的。乡村旅游资源的有限性构成了垄断性，如古城、文物、离城市距离等。它的价值不好衡量，根据需求和支付能力决定。

2. 乡村旅游产品定价的方法

乡村旅游产品定价方法，要从多个方面去考虑，总的来说，包括需求定价策略、成本定价策略以及竞争定价策略。成本导向定价法、竞争导向定价法和需求导向定价法构成了乡村旅游产品定价的策略。乡村旅游产品定价的三种类型定价方法如表4-4所示。

表4-4 乡村旅游产品定价方法

类型	方法	具体内容
成本导向	成本加成	乡村旅游产品价格 = $\frac{(固定成本 + 变动成本)}{预计销售量}$ × (1+利润率) × (1+税收)
	盈亏平衡	乡村旅游产品价格=固定成本/收支平衡点销量+单位变动成本
	目标收益	乡村旅游产品价格=（总成本+目标利润总额）/预测销售量

续表

类型	方法	具体内容
需求导向	差别需求	在乡村旅游产品成本相同或成本差别不大的情况下，根据旅游者对同一产品的效用评价的差别制定价格
	理解价值	按照旅游者主观对产品的价值感知定价
	反向定价法	乡村旅游企业根据旅游产品市场需求，根据消费者可以接受的价格进行定价，再倒推经营成本价格，确定生产规模
竞争导向	率先定价法	乡村旅游企业根据市场环境，率先制定符合市场行情的产品价格以主动吸引游客的定价方法
	同行比价定价法	乡村旅游企业以同行业的平均价格来制定乡村旅游产品价格的方法
	排他定价法	以低价排除竞争对手，抢占市场份额为目的的定价方法

3. 乡村旅游产品定价的策略

乡村旅游产品定价策略如表 4-5 所示。

表 4-5　乡村旅游定价策略

定价策略	具体内容	举例
心理定价策略	乡村旅游目的地企业通过对游客的心理分析，根据对价格数字的敏感程度和联想定价的方法，使游客产生愉悦的心理	（1）尾数定价：299 元；（2）吉祥数字定价：666 元。通过数字刺激旅游购买
招徕定价	将几种有明显差异的产品放在一起，将一种产品定价特别低，甚至不惜亏本，吸引游客，扩大企业影响	酒店为了吸引消费者，所有啤酒 1 元/瓶，吸引顾客

续表

定价策略	具体内容	举例
差异定价	根据消费者的需求差异，对同种产品制定不同的价格	（1）因时间而异：宾馆双休日价格是平时价格的两倍；（2）因顾客多少而异：导游服务费：8人及8人以下收费30元，每增加1人加2元
折扣定价策略	用各种折扣来吸引消费者，从而扩大销售	推荐5人，免票1人

4.5.3 乡村旅游产品的营销渠道策略

1. 乡村旅游销售渠道

乡村旅游产品可以通过中介机构和个人，间接将旅游产品销售给旅游消费者。所以，销售渠道既包括生产者、消费者、中间商，也包括乡村旅游生产企业在其生产地向旅游消费者直接提供乡村旅游服务。总的来说，乡村旅游产品销售渠道是指乡村旅游产品的生产者或供给者，通过各种直接或间接销售方式，实现乡村旅游产品销售的有组织、多层次的销售系统。①

2. 乡村旅游宣传渠道

乡村旅游宣传渠道如表4-6所示。

表4-6 乡村旅游宣传渠道

渠道	内容	特点
旅游专业期刊	通过旅游期刊宣传	图文并茂，形象生动

---

① 贾利军. 旅游市场营销［M］. 上海：华东师范大学出版社，2016.

续表

渠道	内容	特点
广播电视	火车、汽车站的大型屏幕，小区电梯入口处等	通过文字、图片、语音进行宣传
微博	借助名人效应	借用人们对名人和偶像的崇拜，快速建立目标人群，提高用户的黏性
微信	微信的群功能、朋友圈功能、公众号功能	适合以观光为主的旅游者，传播速度快，费用低
百科平台	百度百科、360百科	信任度高
视频平台	腾讯视频、优酷、爱奇艺	适合对文化内涵、民风民俗感兴趣的游客
音频、自媒体、论坛	在微博自媒体、头条、豆瓣、马蜂窝等公共论坛	适合以游览、体验、观光为目标的顾客，一般青年居多
户外广告牌	在公路或交通要道两侧	适合离旅游目的地位置较近的居民

4.5.4 乡村旅游产品的促销策略

1. 乡村促销策略的内涵

乡村旅游促销策略是乡村旅游目的地通过人员和非人员的方式，传递乡村旅游目的地的信息，引发、刺激乡村旅游潜在消费者购买乡村旅游产品欲望，使其产生购买行为的活动。[①] 从促销的内涵不难看出，促销的实质就是信息沟通。乡村旅游产品购买者和潜在购买者通过乡村旅游目的地企业的信息了解产品，将乡村旅游产品转移到旅游消费者手中，才能实现商品的使用价值。促销的实质就是传递信息，引起游客的

---

① 吴建安．市场营销学（第三版）[M]．北京：高等教育出版社，2007：374-375．

注意和兴趣，激发购买产品的行为，以达到扩大销售的活动。乡村旅游目的地的旅游企业将旅游产品以适当的价格出售给游客，同时将旅游产品信息有效地传递到乡村旅游目的地企业的目标市场。乡村旅游消费者是否能够产生购买行为，很大程度上取决于消费者的购买欲望强烈程度，有关研究表明，购买欲望与外界诱导和刺激密切相关，所以，乡村旅游目的地对旅游产品进行推销，应诱导和刺激潜在目标顾客产生购买的动机，并将动机转化为现实。乡村旅游产品推销一般有两种方式：人员和非人员推销。人员推销，顾名思义，就是推销员面对面地推销产品，这种方式费时费力，受众面小，但推销对象满意度较高；非人员推销是通过媒介进行信息传递，促进消费者的购买欲望，最终达到购买的目的，方式主要有广告、公共关系和营销推广等。两种方式各有利弊，一般根据具体情况选择推销方式，也可以两种方式同时进行。

2. 乡村旅游促销的作用

促销对乡村旅游目的地的重要性日益显现，具体来讲有以下几方面。

（1）传递信息，强化认知

乡村旅游产品在进入市场前后，乡村旅游目的地要通过有效的方式向消费者传递信息，刺激其购买的欲望，将购买的欲望转变为购买乡村旅游产品的动机，从而产生购买的行为。同时，要及时了解中间商和消费者对旅游产品的意见，根据消费者意见，对产品不断改进，使之更加符合消费者的需求，提高乡村旅游产品的竞争力。

（2）诱导需求，扩大销售

乡村旅游目的地要分析旅游消费者的购买心理，根据消费者心理特性来制定科学的促销策略，诱导需求目的，刺激和创造购买的欲望。乡村旅游营销者对消费者需求进行深入调查，根据乡村旅游产品的特性，在调查的基础上，对消费者进行引导，不断地激发消费者的需求欲望，变潜在需求为现实需求。

(3) 突出特点，刺激销售

随着市场经济的迅速发展，同类产品增多，商品外在差别很小，消费者往往不易分辨。要使消费者购买本企业产品，产品要同竞争者的产品区隔开来，通过促销活动，传递产品特点，重点介绍本旅游目的地的产品与其他目的地的产品的不同之处、本目的地资源特色，才能打造出产品特色，使消费者能够区别本目的地产品与其他目的地产品的不同之处，形成对本产品的良好印象，从而刺激其购买。

(4) 提高声誉，稳定市场

市场经济是竞争经济，乡村旅游要强大起来，必须通过市场竞争，竞争中比竞争对手做得更好，才能战胜对手，赢得顾客的青睐。良好的促销策略可以传递信息，将本企业的产品或服务的特点传递给目标顾客，塑造良好的外部形象，使目标顾客对企业产品产生好感，使消费者产生偏爱，赢得消费者的忠诚，从而稳定市场。

3. 乡村旅游促销策略

(1) 人员推销策略

人员推销作为一种信息传递形式，具有双向性。在乡村旅游促销中，乡村旅游营销人员通过向游客和潜在顾客宣传介绍乡村旅游目的地旅游产品的相关信息，诱导和刺激目标顾客的购买欲望，以此达到促进旅游产品销售的目的。与此同时，营销人员在与游客接触中，能够了解游客对本目的地产品的评价，从而有针对性地开展调查研究，收集到产品的真实反馈信息。这样，乡村旅游营销人员可以将旅游目的地产品的信息传递给游客和潜在顾客，同时也可以将他们的需求和感受反馈到乡村旅游目的地企业，实现了买卖互动、双向沟通，达到了彼此了解的目的。乡村旅游目的地企业可以通过对乡村旅游营销人员的培训，增强他们的业务能力和沟通技巧，从而提高他们的综合素质以及推销效果。

（2）广告策略

广告，顾名思义，就是广泛告之将购买本企业的产品所获得的利益，瞄准企业的目标顾客，促进和诱导其产生购买行为。广告见效快，受众面广，能助力乡村旅游产品推销。所以，许多乡村旅游目的地不惜重金，进行广告促销。

通过广告，引起游客的兴趣和注意，刺激其购买欲望，产生购买的动机和冲动，促进其购买行为的产生。乡村旅游企业可以通过报纸、杂志、广播、电视等传统媒体进行广泛的宣传，同时加大互联网营销力度。乡村旅游项目开发越来越多，选择的广告宣传媒体要有针对性，精准投放，要针对乡村旅游的不同项目、潜在游客不同的媒体偏好投放。随着互联网在商业上的广泛应用，广告媒介的种类越来越丰富，媒介的发展使用工具也层出不穷，自媒体营销方式也越来越流行，乡村旅游目的地要积极利用各种自媒体平台进行促销，做好平台的维护和管理，保持与游客的互动与交流，将自媒体平台变成一个对外宣传的窗口。乡村旅游目的地在推送产品时，必须分析目标顾客的心理特点和兴趣爱好，定制能够打动目标顾客心理的传播内容，促进其购买行为。

（3）公共关系

公共关系策略是企业从事营销活动中正确处理企业与社会公众关系的方式与方法。乡村旅游目的地公共关系策略处理得当，能够为目的地树立良好形象，从而促进旅游目的地的产品销售。公共关系关注的是乡村旅游目的地的品牌形象，公关活动的目的是为目的地营造一个良好的外部环境，并不直接为目的地产品和服务创造需求，但能够间接地为旅游产品赢得顾客好评。公共关系开展得好的乡村旅游目的地，会成功激活乡村旅游产品的需求，为产品销售带来更多的人脉，从而间接促进目的地产品的销售。

开展公益活动是企业必须承担的社会责任,也是在消费者心目中留下良好社会形象的有效途径之一。对于旅游目的地来说,要外树形象,内强素质,没有良好的形象,旅游消费者心目中对其旅游产品的评价将会暗示质量不好。乡村旅游目的地应该正确处理好企业、社会、消费者三者之间的关系,切实承担社会责任,形成良好的口碑效应。乡村旅游目的地的管理者可以主动对接各种相关机构,特别是新闻媒体,积极开展各类公益活动。乡村旅游目的地企业要紧跟乡村振兴战略的步伐,响应国家的号召,保护好乡村环境,积极资助贫困大学生就学,吸收残疾人员上岗,带动目的地居民一起致富,回馈社会,践行社会主义核心价值观,打造乡村旅游目的地良好社会形象,从而赢得目标顾客的好评。

(4)销售促进

销售促进是指企业运用各种短期诱因鼓励消费者和中间商购买、经销企业产品或服务的促销活动。① 销售促进是四种促销方式之一,是构成促销组合的一个重要方面。销售促进是刺激消费者需求、扩大销售的一种有效促销活动。

对于乡村旅游目的地来说,促进活动能够起到立竿见影的作用。如乡村旅游目的地及景点可以门票免费或打折,或者通过套餐门票优惠等措施来促进销售。在特殊节日,举办当地特色农产品交易会,给予一定优惠,这样可以刺激游客认购,促进销售。在乡村旅游目的地及企业推出新产品和占领新市场时,这种促销方式效果好。促销方式要因地制宜,针对不同目标顾客采用不同方式,如赠送折价券——持有者凭券在购买某种农产品时可以给予五折优惠,这种推广方式有利于刺激游客需求;又如对60岁以上老年人门票免费,可以促进老年客户群体的消费。

---

① 吴建安.市场营销学(第三版)[M].北京:高等教育出版社,2007:396.

对于新开发的乡村旅游目的地，营业推广能够很好地促进销售；也可以通过抽奖方式，向游客免费提供特色产品。随着新媒体的广泛应用，通过跨界营销，组建促销联合体，既能减少广告费，又增强了各自品牌的竞争力。

第 5 章

乡村旅游目的地服务质量提升研究

5.1 服务质量理论

5.1.1 质量的含义

质量是产品的生命线,产品质量好坏决定企业的口碑,提供质量合格的产品是企业的责任。质量内涵十分丰富,随着社会经济发展,质量内涵在不断充实和完善。关于质量定义,学者们基于自己研究的角度,给出质量的定义,典型的、具有代表性的质量定义主要有如下几种。

1. 基于顾客的角度对质量的定义

美国著名的质量管理专家朱兰（J. M. Juran）博士基于顾客的角度,认为质量就是产品的适用性,即产品能够适应顾客的需要。强调产品要主动去适应用户的要求,顾客是质量优劣的最终评判者。

2. 基于生产角度的质量定义

菲利浦·克劳斯比将质量定义为"产品符合规定要求的程度",强调产品规定程度,即产品的技术指标,达到产品规定技术指标为合格,否则,视为不合格。德鲁克提出"质量就是满足需要",他认为,人们对产品质量提出一定的要求,这些要求往往受到使用对象、时间、地点、社会环境等因素的影响,同时与市场竞争因素也有关,这些因素是可变的。随着社会的发展、技术的进步,所以人们对产品质量要求也是可变的。因此,质量是动态的、变化的、发展的,而不是一成不变的。

3. 从适应性对质量的定义

ISO8402 对质量的定义是反映实体满足明确或隐含需要能力的特性总和。由此，告诉我们，质量由两个层次构成。第一层次是产品或服务应该满足使用者实际存在的需要，受使用时间、地点、使用对象、技术环境和市场竞争的影响，它是变化过程，是动态的、发展的。所以质量优劣评判是一个动态的过程，这里的"需要"更多地关注"适用性"。第二层次是以第一层次为基础，这里的"需要"是能够表征的、是可以衡量的、评价的，也是可以进行测量质量优劣的。

本书对质量的定义为：产品或服务能够符合顾客所期望要求的程度。

5.1.2 质量特性

质量特性是指产品或服务与要求有关的固有属性。所谓固有属性就是与生俱来的、本身就具备的，不是通过外界获取的。质量的关键词是"满足要求"，这些"要求"必须是可检验、可评价、可衡量、可测量的，可衡量就是可以转化为有指标的特性。质量特性可分为两大类：真正质量特性和代用质量特性。

所谓"真正质量特性"，是指直接反映使用者需求的质量特性。真正质量特性难以直接定量表示，它是产品的整体质量特性。还有一些质量特性只能用一些数据和参数来进行间接描述和说明，这些数据和参数，不能直接反映消费者需求，我们称之为"代用质量特性"。

基于质量对用户的满意程度的影响程度不同，质量特性由关键质量特性、次要质量特性和重要质量特性三类构成。关键质量，顾名思义就是特性质量中最重要、最关键的部分，也是顾客最关注部分，若产品超过规定的特性值要求，会造成整体功能完全丧失，产品安全性也不能保证。次要质量特性不符合规定，不会造成整机功能丧失，但会使产品功能逐渐丧失，所以，次要质量特性虽没有关键质量特性重要，但也不可忽视。重要质量特性对产品的影响介于关键质量特性和次要质量特性两者之间，若超过规定，产品部分功能将丧失。

1. 产品的质量特性

（1）产品技术性的质量特性。主要从技术指标进行检测。如汽车的耗油量多少、牵引力大小、尾气排放量等。技术性的质量特性可以借助仪器对其精确检测，如汽车的年检。

（2）产品心理方面的质量特性。基于满足顾客心理的质量特性。如服装的款式、式样、时尚、品牌等。心理方面的质量特性反映了顾客的内心感受和审美价值，该质量特性无法通过仪器进行精确检验，但可以表征，只能进行间接的衡量。

（3）产品时间方面的质量特性。时间方面的质量特性是同"产品使用寿命周期费用"相联系的。产品使用过程中的可靠性、及时性、可维修性等特性都极大地影响着顾客的质量评价。

（4）产品安全方面的质量特性。产品的安全性是产品质量基础的保障，如果产品连安全性都满足不了用户，则会严重影响使用者的满意度，因此，产品必须有安全保证条款。

（5）产品社会方面的质量特性。在考虑质量特性的内容时，不仅要考虑满足顾客的需求，同时还必须关注环保、法律、法规以及社会伦理等有关社会整体利益的要求。

2. 不同产品的质量特性表现形式不同

（1）硬件产品的质量特性

①性能：性能就是在功能上满足用户要求的能力，包括产品的使用性能和外观性能。

②寿命：产品能够正常使用的年限。这里的寿命包括使用寿命和储

存寿命。

③可信性:产品可靠性和稳定性符合规定的要求。

④安全性:产品使用过程中以及流通中能够确保人身安全与环境免受伤害的程度。

⑤经济性:产品规定的寿命周期内所产生的生产、销售和使用过程的费用。

(2) 软件产品的质量特性

①功能性:软件满足客户需要的程度。

②可靠性:软件使用中是否稳定的状态,以及维持的能力。

③易用性:用户在使用软件时的易掌握程度。

④可维护性:软件发生错误时,进行修改和维修的难易程度。

⑤效率:在规定的条件下,实现功能与所耗费物理资源的比。

⑥可移植性:是否可以方便地移植到不同运行环境的程度。

5.1.3 服务质量理论

早期对于质量的研究基本停留在有形产品的生产上,一开始,人们认为产品就是有形实物产品,所以,学者们更多关注对实物产品的研究,基本未涉及对服务质量的研究,学界对于服务质量的关注始于1963年,里根(Regan)提出服务质量的概念。服务不同于有形产品,它是无形的,不能进行精确的测量,更多的是一种体验,是顾客的一种感知,受顾客主观因素影响很大。服务产生的评价包含了对服务本身、服务产品、服务过程等方面的评价,同时与先前的经验、顾客主观预期都有密切的联系。所以,对于服务质量定义是比较困难的,很难准确给出定义,服务质量本身是顾客的主观感受,所以,服务质量又称为感知服务质量,学者们常常把服务质量等同于感知服务质量。

丘吉尔和苏普雷南特（Churchill & Suprenant）将服务质量定义为是顾客对服务的满意程度，服务质量取决于实际的服务体验与顾客服务预期之间的差距。格朗鲁斯（Gronroos）认为服务质量是顾客体验前期望的服务与体验服务后的认知之间的比较结果。学者帕拉苏拉曼、蔡特哈姆尔和贝瑞（Parasuraman，Zeithaml & Berry）对服务质量研究，引入差异理论，认为服务质量是顾客预期的质量与感知的质量之间的差距，即服务质量=期望的服务-感知的服务。顾客的预期质量受产品的广告、口碑、先前的体验等因素影响，实际感知质量是在服务过程中受到一些客观因素而形成的。所以服务质量很难精确界定，只能通过顾客实际体验与预期进行比较，从而决定是否满意，而不像有形实物产品，可以通过仪器进行测量，从而确定是否达标，服务质量只有满意和不满意之分，不能用是否达标来衡量。

5.1.4 乡村旅游服务质量

前文我们已经对乡村旅游进行了界定，欧盟（EU）与世界经济合作发展组织（OECD）将乡村旅游（Rural tourism）定义为发生在乡村范围内的旅游活动，其中"乡土性"是这种旅游形式发展的特征和吸引力所在。[①] 埃里希·雷德尔（Arie Reichle）认为乡村旅游是在乡村地区的旅游，具有地势开阔、企业规模较小等特性。那么，要研究乡村旅游服务质量，先必须对乡村旅游服务质量内涵进行研究。

对于乡村旅游服务质量的定义，必须建立在服务质量定义基础上，考虑到乡村旅游的特点。我们认为，乡村旅游服务质量是乡村旅游目的地的游客获得服务体验后与预期的服务之间的比值，如果大于或等于

---

① 夏雯婷. 游客的感知价值与感知公平关系的研究综述［J］. 太原城市职业技术学院学报，2017（10）：55-57.

1，表示对此乡村旅游目的地的服务满意；若比值小于1，表示不满。从定义可以看出，服务是否满意，是游客期望所得到的服务和经过服务体验后的比较。这个感受是游客自己的主观感受，期望是体验前对服务主观的预判，更多是具有主观性的成分。每个游客对服务期望有差异，对体验的感受也有差异，因此，同样的服务，有人满意，也有人不满意。所以，乡村旅游服务过程，要注意以下事项。

第一，主体性。乡村旅游服务质量的主体，显而易见，就是乡村旅游的游客。游客根据自己的先前经验和实际感受进行比较，得出对服务是否满意的结论，但这种比较，无论是先前经验还是实际感受都是主观的，所以说主体性占据绝对的主导地位。如服务预期，是根据过去经验判断或者从他人的信息中获取。因此在对服务产品的设计中，要以游客的需求为导向，在服务过程中，注意游客的诉求，要换位思考，立足于游客的角度去做好服务工作。

第二，动态性。乡村旅游服务质量的评价是一种主观感知，很抽象，游客对服务质量的评价也受主观因素的影响，服务过程是服务人员和游客互动的过程，游客必须参与其中才能完成。相比对于有形产品的评价而言，旅游服务产品没有统一的、静态的规格和标准，因此游客的动态感知是衡量服务质量的唯一标准。不同游客受先前经验影响和实际服务主观期望不同，对同一服务的感知存在着差异，在不同时段，同一游客对服务评价也不完全相同，因此乡村旅游的服务质量是动态的，因人而异的。对于服务预期只有通过在与游客的接触中，逐渐理解游客需求，根据游客需求，做出改变和调整。同时，可以利用现代互联网技术、人工智能、大数据以及人脸识别系统等科技手段，推测游客对服务的需求。

第三，过程性。乡村旅游服务产品与有形产品不同的是：有形产品可以先将产品生产出来,等客户来购买,产品的生产和销售是分离的;但乡村旅游服务产品生产与销售是同时的,生产过程也是消费过程,生产与消费具有同时性,而且乡村旅游服务生产过程也是一个销售过程,其服务质量的优劣依靠游客的判断与检验,服务质量优劣的评判具有主观性,服务过程也是游客体验过程。所以,乡村旅游服务是服务人员与游客互动的过程,具有过程性。

5.2 乡村旅游感知服务质量

5.2.1 感知服务质量的概念与归纳

服务质量起源于 20 世纪 70 年代初,莱维特(Levit)最先提出"服务质量"这一概念。著名的芬兰学者格罗鲁斯于 1982 年在瑞士发表关于服务质量的学术论文,第一次提出感知服务质量概念,从此,感知服务质量问题成为学者们研究的热点,关于感知服务质量概念与维度研究见表 5-1。

表 5-1 感知服务质量概念与维度研究

时间	作者	内容或维度
1972 年	莱维特(Levit)	服务质量是指服务是否能达到消费者预设的标准
1974 年	朱兰等人(Juran et al.)	服务质量可分为技术、心理、时间、契约性、道德等五个方面

续表

时间	作者	内容或维度
1978年	萨瑟（Sasser）	服务质量是通过服务差异得出的，实际服务体验与服务预期的差异决定服务质量
1980年	罗桑德（Rossander）	服务质量包括设备质量、人员绩效质量、决策质量、资料质量和结果质量
1981年	罗尔堡（Rohrbaugh）	服务质量包括人员质量、过程质量和结果质量
1982年	拉蒂宁（Lehtinen）	服务质量是顾客主观认为服务提供者应该提供的服务与他们实际感知的服务是一种主观质量
1983年	加文（Garvin）	服务质量是一种主观的质量认知，而非客观的评估结果
1983年	拉蒂宁（Lehtinen）	服务质量划分为实体质量、相互作用质量和企业形象质量
1983年	竹内和奎尔奇（Takeuchi and Quelch）	应从顾客消费前、中、后三个阶段来评价服务质量。消费前影响预期服务的因素为企业形象、过去消费经历、朋友推荐等；消费中的影响因素包括服务的规格、服务人员能力、服务的保证性；消费后考虑因素为投诉的处理、服务的有效性和可靠性等
1984年	格鲁诺斯（Gronroos）	服务质量是顾客对于服务的期望与接受服务后实际的感知
1985年	帕拉休拉曼 蔡特哈姆尔 和贝里（Parasuraman、Zeithaml and Berry）	服务质量是顾客对服务的期望与实际服务绩效之间比较的结果
1985年	帕拉休拉曼（Parasuraman）	顾客衡量服务质量包括：可靠性、响应性、胜任力、接近性、礼貌性、沟通性、信赖性、安全性、了解性和有形性

续表

时间	作者	内容或维度
1988年	蔡特哈姆尔和贝里（Zeithaml and Berry）	10维度被缩减为5项，即有形性、可靠性、响应性、保证性和移情性
1986年	马丁（Martin）	好的服务质量应具有5个特性：适应性、复制能力、及时性、最终使用户满意和符合既定规格
1988年	海伍德（Haywood）法默（Farmer）	服务质量是有形设备过程和程序、服务人员行为与响应性及专业性判断三者交互的结果
1990年	刘易斯·文森特（Lewis Vincent）	服务质量符合消费需求的结果
1992年	比特纳（Bitner）	服务质量决定了消费者于消费后是否再次购买服务的整体态度，且顾客满意对认知服务质量有正向的影响
1992年	克努森、史蒂文斯和帕顿·汤普森（Knutson Stevens and Paton Thompson）	服务质量是顾客预期服务与实际获得服务间的差距程度，也就是顾客预期与顾客实际感受之间的缺口
1992年	奥尔森（Olsen）	服务质量包括设计质量、生产质量和过程质量
1994年	拉斯特和奥尔弗（Rust and Oliver）	顾客感知服务质量包括技术质量和功能质量、有形环境质量
1997年	布雷迪和克罗宁（Brady and Cronin）	服务质量是顾客对交互质量、有形环境和结果质量等方面的感知
1999年	汪纯孝	服务质量包括环境质量、技术质量、感情质量、关系质量和沟通质量

续表

时间	作者	内容或维度
1999年	拉斯特（Rust）	提出了电子服务概念，认为在电子化服务中，感知服务质量包括进入容易性、保证/信任性、网上浏览便捷性、效率、安全/隐私、网页美观新颖、可靠性、响应性、服务具有弹性、个性化和价格信息准确
2000年	格罗鲁斯（Gronroos）	服务质量包括：技术质量、职业作风、功能质量、态度与行为、灵活性、服务补救能力、可靠性与信任性、服务环境组合、感知过滤器、声誉与信用
2000年	王永清、严浩仁	建立了包括顾客满意度评价指标、顾客满意度测评级数、问卷调查、市场调研和结果分析在内的定量评价体系
2006年	屠东燕	服务质量由感知质量、提供质量、形象质量、过程质量构成
2011年	王书翠、汪纯孝	服务质量包括硬件服务质量和软件服务质量。硬件质量会直接影响顾客的满意度和积极的情感，而软件质量对顾客的消极情绪产生影响

5.2.2 格罗鲁斯服务质量形成

1. 乡村旅游服务质量的主观性

格罗鲁斯（Gronroos）首次提出了顾客感知服务质量。他把服务质量归于主观范畴，认为服务质量经由顾客的预期与实际体验到的服务质量的比较形成。经过大量调查研究，他认为感知质量由三个要素构成：功能质量、技术质量和企业形象。格罗鲁斯做了进一步的修正和完善，认为服务质量不是由三个要素构成，而是由技术质量和功能质量两个要素构成，企业形象不能构成服务质量的要素，其只对技术质量和功能质量起到一个过滤的作用，其构建的感知服务质量模型如图5-1所示。

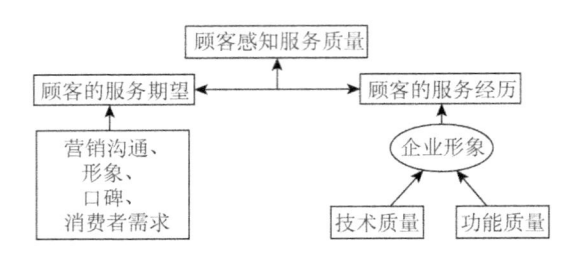

```
                    ┌──────────────┐
                    │顾客感知服务质量│
                    └──────────────┘
        ┌──────────┐           ┌──────────┐
        │顾客的服务期望│ ←——————→ │顾客的服务经历│
        └──────────┘           └──────────┘
        ┌──────────┐              ╱企业形象╲
        │营销沟通、  │             ╲        ╱
        │形象、     │           ┌──────┬──────┐
        │口碑、     │           │技术质量│功能质量│
        │消费者需求 │           └──────┴──────┘
        └──────────┘
```

图 5-1　顾客感知服务质量模型

格罗鲁斯对上述模型作了解释，他认为，技术质量是指服务提供者提供什么样的服务，如电影院为顾客提供座位、咖啡店为顾客提供咖啡、饮品等。他认为技术质量涉及技术方面的有形内容，是可以比较客观地评价的，如电影院座位是否舒适、咖啡店的咖啡味道是否醇正。功能质量更多地关注企业用何种方式将服务传递给消费者，包括服务过程中服务人员的行为、态度、仪表等给顾客带来的利益和享受。由于服务没有规定标准，受主观因素影响，不同服务人员对服务理解不同，提供的服务也不尽相同，同一服务不同顾客的体验也不一样，同一服务人员在不同时间提供的服务不是完全不变的，同一顾客在不同时段接受的服务方式也不完全相同，所以功能质量评价中顾客的主观感受起主导地位。技术质量和功能质量构成感知服务质量的基本内容。企业形象与功能质量和技术质量是紧密相连的，特别是与功能质量联系更为紧密。由于服务具有无形性、不可分离性和过程性等特点，顾客必须直接参与服务生产和传递。在服务过程中，顾客与服务人员进行直接接触，通过与服务人员沟通，顾客能较为清楚地了解企业及其资源，由此可见，技术质量是前提和保障，而功能质量甚至比技术质量更为重要。这个模型对服务的过程做了比较科学的解释，因为从某种程度而言，服务质量也就是服务过程质量。

2. 乡村旅游目的地服务质量的特点

（1）乡村旅游服务质量的主观性强

顾客感知服务质量模型告诉我们，游客对服务质量的评价主要通过游客的期望与游客实际的服务进行比较来进行判断。顾客的服务经历对功能质量、技术质量产生影响，而服务期望同营销沟通、口碑、企业承诺等因素有关，这些都是主观因素，因此，评判旅游服务质量优劣受主观因素影响。由于乡村旅游服务具有无形性，服务质量评判不可能有一个客观的标准，只能通过游客的感受和游客心理的预期来进行评价，游客的感受与游客的期望都是主观的，自然评价标准也是主观的，具有强烈的主观性。所以，乡村旅游服务质量评价主观性强。

（2）乡村旅游服务质量的过程性

顾客感知服务质量模型告诉我们：实物产品生产的形成过程游客一般难以参与其中，游客只能感受到产出质量，这种质量是可以描述的，是能够通过感官、理化等进行检验的。而旅游服务质量是一种过程质量，服务过程就是游客的体验过程，游客必须参与其中。质量形成过程也是游客参与其中的过程，游客在参与质量形成过程时，根据以往经验来判断质量优劣。

（3）乡村旅游目的地的过滤作用

乡村旅游目的地的形象是目的地在社会公众心目中的总体印象。旅游形象是游客对旅游目的地总的印象。旅游目的地是一个评价的过滤器，乡村旅游目的地的服务技术质量和功能质量形成通过目的地的形象进行过滤。游客可从目的地的资源、市场运作和行为方式等多个侧面来形成旅游目的地的形象。形象影响游客对目的地的服务质量和功能质量的评价。良好形象促进游客对技术质量和功能质量做出正向评价，如，即使在技术质量或功能质量上出现了问题，好的形象也会缩小它的缺点，往往能得到游客理解和谅解；而不好的形象会放大服务的功能和技术质量，即使出现一个小问题，游客也可能认为是一个不可饶恕的致命问题。形象形成是一个过程，是逐渐形成的。如果反复出现问题，良好的形象就会被破坏，向不好的形象转化。倘若乡村旅游目的地形象不佳，则目的地任何细微的失误都会被游客放大，认为是不可接受的，从而在游客心目中造成更坏的印象。

3. 改进后的服务质量模型

2000年，格罗鲁斯对自己的模型进行了修正，得到如图5-2的模型。格曼鲁斯对企业形象功能做了重新的认识，模型结构也由此产生了新的变化。可以看出，格罗鲁斯对于服务质量的内涵有了新的认识。

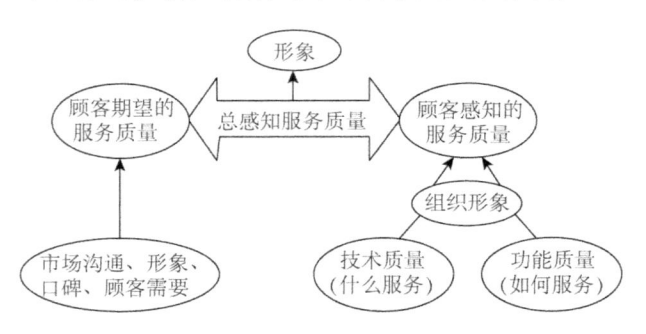

图 5-2　格罗鲁斯服务质量模型

从格罗鲁斯的两个服务质量模型可知，期望质量受到市场沟通、企业口碑、企业形象、顾客需要、顾客前期的经历等因素的影响。市场沟通是企业的可控因素，而形象、口碑、顾客的前期经历等，企业是无法控制的。外部沟通活动对顾客预期也会产生影响。

5.3　感知服务质量的评价方法

有形实物产品的质量是可以精确测量的，产品的技术性能指标、精确度、误差率等指标可以用来描述产品的质量。而由于服务具有无形性、过程性、不可分离性、易逝性和所有权难以转移等特点，因此，服务质量评判具有主观性，很难用客观的指标进行评价和测量。服务质量是感知质量，感知质量评价是一个主观范畴，质量评价依赖于顾客主观感受与预期服务质量的比较，由它们之间的差异来决定服务质量。

对于服务质量评价研究，格罗鲁斯所做贡献很大，后来学者在他的研究基础上，对服务质量如何进行评价争论不休，分歧较大，目前比较盛行的是 SERVQUAL 和 SERVPERF 两类的评价方法。

5.3.1 SERVQUAL 评价模型

SERVQUAL 是 Service Quality 的缩写，首次出现于帕拉休拉曼（A. Parasuraman）、蔡特哈梅尔（Zeithaml）和贝里（Berry）三人合写的一篇题目为"SERVQUAL：一种多变量的感知服务质量量度方法"的文章中[1]。1985 年，由该三人组成的美国著名研究组合 PZB 所做的探索性研究揭示了顾客对感知服务质量评价使用的标准，通过调查，发现有 10 个方面使用频率最高，说明了顾客潜在的、共同的、一致性观点[2]。这四个影响感知服务质量和顾客服务感知的主要方面是可靠性、有形性、敏感性、沟通性、可信性、安全感、胜任能力、可接近性、彬彬有礼、善解人意。10 个方面包含 97 个测试条款，每个条款又由两个部分组成：第一部分衡量被调查的顾客在接受服务之前对服务质量的预期，第二部分衡量顾客接受服务后对服务质量的感知评价。在 97 个条款中，肯定性描述与否定性描述各占一半。每个条款设计为 7 分计量制。该评价模型经过了数据的收集和精选两个阶段。

---

[1] Parasuraman A., Valarie A. Zeithaml, and Leonard L. Berry, SERVQUAL：A Multiple-Item Scale for Measuring Customer Perceptions of Service Quality. Journal of Retailing，1988（64）：12-40.
[2] 崔立新. 服务质量评价模型 [M]. 北京：经济日报出版社，2003：169-180.

1. 第一阶段的数据收集和精选

这一阶段对 97 个条款进行测试，收集了 200 人的限额数据样本，样本数据的性别基本各为一半。问卷分为前后两个部分，前一部分 97 项是期望陈述部分，后一部分 97 项是感知部分。问卷的陈述部分，要求回答公司在其提供的服务行业中应当提供的服务水平。问卷的感知部分，要求调查者在接受该公司的服务后，对服务实际感知进行如实回答。被调查对象来自电器修理的维护、长途电话、银行的零售业务、信用卡和保险经纪 5 个不同行业，在对行业特点进行分析、对 97 个条款评价模型进行精选后，最终形成的服务质量评价模型包括 7 个不同方面的 34 项条款。这 7 个方面为可靠性、有形性、敏感性、沟通性、可信性、可接近性、安全性。

2. 第二阶段的数据收集与精选

为了获得一个更加通用评价的模型，对上述服务质量评价模型进一步优化。PZB 工作组再次进行了大量的数据收集，这次收集对象是美国 4 家著名企业的员工，每个公司收集了 200 个成人的独立样本。PZB 工作组对这 4 家公司调查所得的服务质量的数据样本进行了单独分析、评价和精选，由此产生了一个更加精练的服务质量评价模型。该评价模型包括 5 个方面和 22 个条款。

通过对服务质量评价模型的两次精选，在量表的项目库中，由 97 个项目先减到 54 个项目，再从 54 项目减到 34 个项目，最后不断地优化和调整，形成了 22 个项目，5 个维度。这 5 个维度就是我们今天常常测量服务质量的基本维度，即有形性、可靠性、响应性、保证性和移情性。如图 5-3 所示，就是如今被广泛使用的服务质量测量模型，简称 SERVQUAL 模型（即分数=实际感受分数-期望分数）。

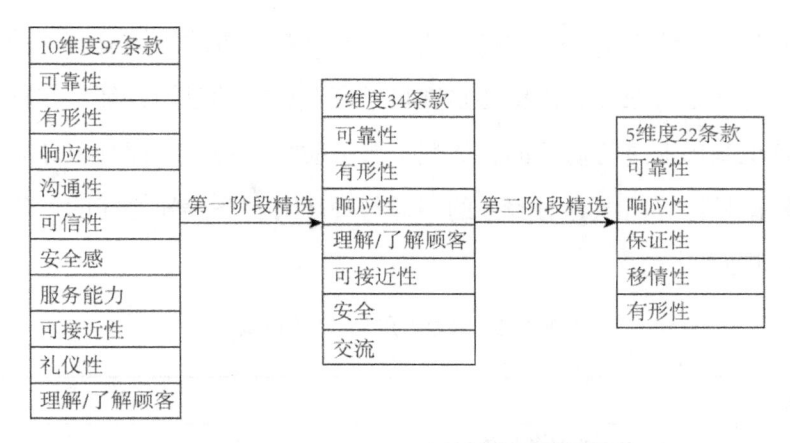

第 5 章　乡村旅游目的地服务质量提升研究

```
┌──────────────┐
│ 10维度97条款  │
│ 可靠性        │
│ 有形性        │            ┌──────────────┐
│ 响应性        │            │ 7维度34条款   │
│ 沟通性        │ 第一阶段精选│ 可靠性        │            ┌──────────────┐
│ 可信性        │──────────▶ │ 有形性        │            │ 5维度22条款   │
│ 安全感        │            │ 响应性        │ 第二阶段精选│ 可靠性        │
│ 服务能力      │            │ 理解/了解顾客 │──────────▶ │ 响应性        │
│ 可接近性      │            │ 可接近性      │            │ 保证性        │
│ 礼仪性        │            │ 安全          │            │ 移情性        │
│ 理解/了解顾客 │            │ 交流          │            │ 有形性        │
└──────────────┘            └──────────────┘            └──────────────┘
```

图 5-3　SERVQUAL 评价模型的研究开发图

PZB 工作组提出的 5 个维度具体如下。

（1）可靠性：反映了企业服务表现的稳定性和可信度。企业对顾客服务要及时、准确，企业的财务数据和顾客数据要真实、可靠，制订的工作计划必须在规定的时间内完成。

（2）响应性：反映了企业适时提供其服务承诺的能力。对速度的需求已经成为优良顾客感知服务质量的关键因素，对顾客要求要快速回应。

（3）保证性：确保企业要有能力保证在规定时间保质保量完成任务。要求企业在确保运营安全的条件下，展示企业提供服务时的知识和技术的能力。

（4）移情性：要求公司换位思考。移情性表现为公司理解客户的需要并能为客户提供其需要的服务，设身处地为顾客着想并对顾客给予更多的关注。

（5）有形性：包括两个方面，一方面侧重于设备和设施，另一方面为服务人员的外表等。

据 PZB 工作组的测算，这 5 个维度与顾客感知服务质量相关系数高达 0.92[①]。SERVQUAL 评价方法完全建立在顾客感知服务质量的基础上，无论度量对服务的期望还是度量顾客对服务的感知，都是在顾客的主观意识基础上进行衡量的，体现了服务质量主观性。评判服务质量水准的依据是计算出顾客对服务的期望与顾客对服务感知之间的差值，如表 5-2 所示。

表 5-2 SERVQUAL 评价模型

要素	组成项目
有形性	1. 有现代化的服务设施
	2. 服务设施具有吸引力
	3. 员工有整洁的服装和外表
	4. 公司的设施与他们所提供的服务相匹配
可靠性	5. 公司对顾客所承诺的事情都能及时完成
	6. 顾客遇到困难时，能表现出关心并提供帮助
	7. 公司是可靠的
	8. 能准时地提供所承诺的服务
	9. 正确记录相关的服务
响应性	10. 不能指望他们告诉顾客提供服务的准确时间★
	11. 期望他们提供及时的服务是不现实的★
	12. 员工并不总是愿意帮助顾客★
	13. 员工因为太忙以至于无法立即提供服务、满足顾客的需求★
保证性	14. 员工是值得信赖的
	15. 在从事交易时顾客感到放心
	16. 员工有礼貌
	17. 员工可从公司得到适当的支持，以提供更好的服务

---

① 韩经纶，董军. 顾客感知服务质量评价与管理［M］. 天津：南开大学出版社，2006：129-136.

续表

要素	组成项目
移情性	18. 公司不会针对不同的顾客提供个别的服务 ★
	19. 员工不会给予顾客个别的关怀 ★
	20. 不能期望员工会了解顾客的需求 ★
	21. 公司没有优先考虑顾客的利益 ★
	22. 公司提供的服务时间不能符合所有顾客的需要 ★

资料来自：Parasuraman A., Valarie A. Zeithaml and Leonard L. Berry. SERVQUAL: A Multiple-Item Scale for Measuring Customer Perceptions of Service Quality ［J］. Journal of Retailing, 1988（64）：12-40.

5.3.2 SERVQUAL 评价模型的应用

SERVQUAL 被认为信度和效度都高，能够对服务质量进行全面有效的衡量，最重要的是对 22 个项目中每个项目的服务质量做出评判，所以，SERVQUAL 评价模型在服务行业得到了广泛的应用和认可。其主要表现在：（1）SERVQUAL 评价模型能够更好地理解顾客的服务期望和感知；（2）使用 SERVQUAL 评价方法可以发现企业服务中存在的问题，而且能够知道 22 个维度中是哪些维度服务质量差，可以针对性地提出改进措施，所以对于提升服务质量有针对性；（3）使用 SERVQUAL 评价模型可以评判与竞争者的服务绩效；(4) 使用 SERVQUAL 评价方法，可以对顾客进行分类。

在 SERVQUAL 方法诞生以前，人们已经意识到服务质量评价不同于有形产品，学者们想创建顾客感知服务质量模型来评价服务质量但服务质量评价具有主观性，因此，一直没有找到一种行之有效的方法对服务质量进行有效的量度。SERVQUAL 方法能较好地解决上述问题。任何一种新的理论和方法都是一个逐步完善的过程，SERVQUAL 方法也不例外。SERVQUAL 方法自诞生以来，学者们对 SERVQUAL 方法各个方面进行了检验，甚至质疑，提出许多宝贵的批评和改进建议。PZB 工作组也从 20 世纪 90 年代开始，对 SERVQUAL 模型评价方法进行了多次修改。

5.3.3 SERVQUAL 模型改进

1991 年，PZB 工作组对 SERVQUAL 模型进行了修改，并提出了如下 3 点建议。

第一，将 SERVQUAL 量表过去的负面问项，全部改成正面问项。PZB 工作组发现在量表的 22 个问项中有 6 个使用负面陈述，负面陈述可能造成被调查者产生混淆情形而影响调查结果公正，从而降低问卷的可信度，因此提出将量表中的内容全部采用正面问项方式陈述的建议。

第二，服务质量是一种长期形成的态度，对于服务质量的"期望"，模型采用"应该"提供某种服务来设计服务质量表，因为期望可能误导顾客提出过高的要求。因此，PZB 工作组将对顾客的期望的描述由"应该"修改为"将会"，并引入"容忍区域"的概念，即顾客在可接受的服务与理想的服务之间有一容忍区域，在该区域内的质量变动，认可服务质量都是满意的，这也符合哲学量变到质变的过程，使模型更具有科学性。

第三，SERVQUAL 只是一个研究服务质量大体结构的基本框架，22 个维度也不是一成不变的，而是根据具体情况做出调整和修改，但总体必须符合 SERVQUAL 的基本精神，因为不同行业、地区，不能完全按照 22 个维度去处理，世界上也没有放之四海而皆准的理论，理论要在实践中不断地完善和修正。PZB 工作组在 1988 年、1991 年、1993 年的研究基础上，1994 年对 SERVQUAL 评价方法进行了扩展。

5.4 SERVPERF 评价方法

5.4.1 对 SERVPERF 方法的质疑

虽然 SERVQUAL 得到了大部分学者的认可，但是有些研究者也对该模型提出了质疑，主要表现为以下两个方面。

1. 行业的适用性[①]

1900 年，卡曼（Carman）指出，SERVQUAL 总的来说，稳定性比较好，但也不是任何行业都适用，SERVOUAL 模型本身收集的数据来自 5 个行业，4 家公司，不可能适用一切行业和公司。由于服务供应商的类型不同，SERVOUAL 某些项目根本就无法归入同一部分，无法比较，且 5 个因素并不是中性指标，都有其倾向性，对不同的行业不可能完全适用。1991 年，芬恩和拉姆（Finn & Lamb）在对零售店的实证研究就明确指出，SERVQUAL 的 5 个维度和 22 个条款不适用在零售行业。阿苏本滕、麦克莱伦和斯旺（Asubonteng, McCleary and Swan）指出，服务质量评价应该坚持定性与定量相结合的方式，既要从服务质量理论入手，还要探讨测量方法，针对不同行业，SERVQUAL 模型的维度要进行调整。由此可见，尽管学者设计 SERVQUAL 模型的初衷是找到一个通用的测量方法，事实上，是根本办不到的，它不可能对所有行业都适用。所以，我们认为，未来将有更多的学者，对 SERVQUAL 模型进

[①] 王淑翠，王伟. 服务质量文献综述 [J]. 山东经济，2005, 130 (5)：22-25.

行调整。

2. 关于期望的测量①

1992年，克罗宁和泰勒（Cronin and Taylor）通过实证研究表明，SERVQUAL模型中感知项的解释能力要优于SERVQUAL中感知期望差的解释能力。布朗、丘吉尔和彼得（Brown, Churchill and Peter）认为，SERVQUAL模型衡量服务体验质量与期望服务质量，其质量评价是两者之差，从而得出服务质量是否满意。无论是预期服务质量，还是体验服务质量都属于主观范畴，要进行衡量都很难，测量其差距就更困难。他们认为，本身衡量就难，再引入两个衡量变量之外的第三个变量，认为没有必要，也难以准确测量，意义不大，甚至出现它们之间交叉影响的情况。

蒂斯（Teas）则指出，SERVQUAL在实际操作中也会出现以下几个问题。首先，量表中的"应该"可能诱导消费者的此项分数很高；其次，当顾客并未形成很成熟的期望时，期望测量的有效性是值得怀疑的，顾客根本无法表述清楚自己的期望；最后，蒂斯（Teas）认为，在顾客回答SERVQUAL中有关期望条款时，不同顾客对期望理解不一样，回答问题就存在有效性的问题，效度不高，信度也不高。

通过对模型研究梳理，我们不难发现，争论的焦点集中在运用SERVQUAL中感知期望差作为理论基础测量服务质量是否合理这个问题上，持否定意见的学者们主要认为被调查者对"期望"的理解产生偏差，从而导致评价不准，所以，他们认为，只保留对于服务表现实际感知的测量，这样更精确一些，也更方便一些。

5.4.2 SERVPERF方法的提出

SERVPERF是Service Performance的缩写，由克罗宁和泰勒（Cronin and Tailor）提出，他们认为不必通过服务体验与服务预期的差

---

① 于君英，徐明. 服务质量定量测量多维标尺——SERVQUAL的应用研究[A]. 第八届亚太质量组织（APQO）会议论文集[C]. 2002.

值来衡量服务质量，而是直接利用服务绩效来度量服务质量。克罗宁和泰勒（Cronin and Taylor）认为帕拉休拉曼（Parasuraman）等人提出的基于服务感知减去期望的服务质量测量是不正确的，从理论上讲也是行不通的，他们提出另一种测量方法 SERVPERF[①]。他们认为，顾客感知的服务质量就是顾客直接感知服务绩效，不需要通过服务感知与服务期望之间的差值来衡量。

SERVPERF 没有采用传统的差异比较法，而只用 SERVQUAL 中的感知题项（P）来测评服务质量，于是得出了如下四种服务质量的衡量方式。（1）SERVQUAL：服务质量=服务绩效-事前期望。（2）加权的 SERVQUAL：对服务项加权重，服务质量=权重×（服务绩效-事前期望）。（3）SERVPERF：不需要通过服务体验与预期差值来计算，即：服务质量=服务绩效。（4）加权的 SERVPERF，对服务绩效乘以权重：服务质量=权重×服务绩效。在克罗宁（Cronin）和泰勒（Taylor）的研究中，得出结论：未加权的 SERVPERF 量表比加权的 SERVPERF 量表预测能力更高。他们的研究得出结论：SREVPERF 方法要优于 SERVQUAL 方法。

尽管 SERVPERF 的理论根基与 SERVQUAL 不同，但是，我们从分析中不难发现，SERVPERF 完全继承了 SERVQUAL 对服务质量维度的划分和度量指标的设定。从研究过程来看，SERVPERF 仍然采用了 SERVQUAL 的 5 个维度和 22 个问项的研究模式。同时，两者对各服务质量维度内涵的解释也是一模一样，并没有任何创新，甚至连正负问项所占的比重也完全相同。

5.4.3　SERVQUAL 与 SERVPERF 方法的应用比较

SERVQUAL 和 SERVPERF 两种测量方法，都得到广泛的应用。两者争论不休，相互指出对方测量的不足，但孰优孰劣，学界也没有得出结

[①] CRONIN J. Joseph and Steven A. Taylor. Measuring Service Quality：Reexamination and Extension [J]．Journal of Marketing，1992（56）：55-68．

论。与 SERVQUAL 相比，我们感到 SERVPERF 测量方法更简便易行，便于使用，有利于顾客回答，因此用 SERVPERF 来测评服务质量方法相对简单，在比较不同企业的服务质量以及同一企业不同时期的服务质量方面应用起来更方便。与 SERVPERF 相比，SERVQUAL 有以下优势[①]。

1. SERVQUAL 可以提供更多有价值的信息

利用 SERVPERF 时，只看服务质量的评分情况，很难分析服务质量优劣的原因所在，不便有针对性地改进服务质量。而利用 SERVQUAL 调查企业的服务质量时，根据服务质量的得分情况，很容易找出企业的服务质量问题所在，而且能够从服务期望和服务感知两个方面来分析服务质量差距形成的原因所在。由此，利用 SERVQUAL 测量服务质量，对于企业服务质量改进大有裨益，能够准确找出服务质量问题，从而有针对性地进行改进。

2. SERVQUAL 准确反映顾客对其服务质量的真实看法

采用 SERVPERF 来调查顾客对某一企业服务的评价时，如果受访者的问卷得分高于平均分，管理者也许会认为该顾客对公司服务水平是肯定评价，但实际上顾客的期望并不一定得到满足。如果该顾客有更高的期望，说明企业还有改进必要，则他对公司服务的评价就不是肯定评价，所以采用 SERVPERF 就发现不了顾客期望值，从而导致调查结果与实际不合。

3. 采用 SERVQUAL 方法可以更好地理解顾客的服务期望和服务感知

若企业在宣传产品时给予过高承诺，虽然服务质量比较好，但因顾客期望太高，服务评价分数仍会低。企业应该从造成顾客期望高的原因着手，加强与顾客的沟通，不要过高承诺；而对于顾客感知度较低的企业，可以提高服务水平，从而提升顾客的满意度。

1994 年，PZB 指出，感知服务质量的测量要依据研究目的选择适

---

① 陈瑞霞. 基于 SERVQUAL 的我国饭店业服务质量测评研究 [D]. 天津：天津商学院硕士论文，2006.

当的评价方式。如果测量消费者对服务质量感知的主要目的是要解释其对应变量的影响，只要评价感知部分即可；如果主要目的是测量服务质量感知的差距，则应该评价期望与感知的差异[①]。

5.5 乡村旅游目的地服务质量评价体系构建

5.5.1 乡村旅游目的地服务质量因子指标产生

田燕娥、蔺国伟、林立军[②]以河西走廊5个典型乡村旅游地为研究对象，基于顾客满意度理论，构建乡村旅游服务质量评价模型，并进行测评。该评价模型从4个维度（旅游服务、旅游设施、旅游环境、交通）进行评价指标设计。闫金娟、赵希勇[③]以 SERVPERF 评价模型为理论基础，运用德尔菲法完成指标筛选，形成5个维度22个指标的乡村旅游服务质量评价体系，并对指标赋权、构建乡村旅游服务质量评价模型。赵雄伟在硕士论文《乡村旅游服务质量评价指标体系研究》中，将指标体系分为8个维度：吃、住、行、游、购、娱、社区、人员服务。

我们以 SERVPERF 理论为基础，在阅读大量文献的基础上，查阅了乡村旅游目的地星级评定相关资料，多次深入成都、南充、重庆等多

---

① Parasuraman A., Valarie A. Zeithaml and Leonard L. Berry. Alternative Scales for Measuring Service Quality：A Comparative Assessment Based on Psychometric and Diagnostic Criteria［J］. Journal of Retailing，1994（70）：201-230.

② 田燕娥，蔺国伟，林立军. 基于满意度理论的河西走廊乡村旅游服务质量评价［J］. 大众标准化，2022（2）.

③ 闫金娟，赵希勇. 基于 SERVPERF 的乡村旅游服务质量评价体系研究［J］. 哈尔滨商业大学学报（社会科学版），2016（04）.

个乡村旅游目的地进行实地考察，在广泛听取乡村旅游目的地的游客、经营者、当地政府的意见和建议的基础上，与从事旅游研究的相关专家和旅游专业研究生进行反复斟酌，得出了表 5-3 的服务质量指标体系。

表 5-3 乡村旅游目的地服务质量指标体系表

	名称	名称
乡村旅游目的地服务质量（H）	有形性（A）	生态景观环境（A1）
		餐饮设施（A2）
		住宿环境（A3）
		建筑风格（A4）
		旅游标识系统（A5）
	可靠性（B）	旅游设施安全（B1）
		交通指示牌完善（B2）
		服务质量的稳定性（B3）
		企业经营规范性（B4）
	保证性（C）	服务流程合理（C1）
		服务标准规范（C2）
		服务技能良好（C3）
		投诉渠道畅通（C4）
乡村旅游目的地服务质量（H）	响应性（D）	服务态度好（D1）
		服务效率高（D2）
		活动预先告知（D3）
		处理投诉及时（D4）
	体验性（E）	定制化个性服务（E1）
		居民态度友善（E2）
		方便顾客参与项目（E3）
	乡村性（F）	乡村文化气氛浓厚（F1）
		菜肴具有地方特色（F2）
		乡土特色产品丰富（F3）
		乡村环境优美（F4）

5.5.2 乡村旅游目的地服务质量评价指标的权重

赋权对质量测量有重要影响，构建乡村旅游服务质量指标体系以后，给相应指标赋权，指标权重的合理与否对测量结果影响很大，从而影响测评结果的准确性。通过对乡村旅游目的地旅游服务质量特点的分析，我们认为，旅游服务质量指标赋权重。本文采用层次分析法（AHP）进行了赋权，层次分析法赋权对乡村旅游目的地的服务质量主观性较强、定量信息较少的决策赋权较为适用，尤其适合用于对决策结果难以直接准确计量的场合。

层次分析法（AHP）是美国著名运筹学家萨蒂教授于20世纪70年代提出的一种系统分析方法，层次分析法理论已经较为成熟，关键看它的适用范围。通过理论研究和反复论证，我们认为，层次分析法对乡村旅游目的地质量评价体系赋权是适用的，也是科学的。于是我们采用层次分析法赋权重。

层次分析法的实施步骤包括以下方面。

（1）构造判断矩阵。评价指标体系中同一层次上的各元素相对于上一层次中某一准则的重要性，按（1/9，9）EM法分别构造两两比较的判断矩阵 E，P1，P2，…，P6。判断矩阵如表5-4所示，其他判断矩阵同理可得。

表5-4 判断矩阵

E	P1	P2	P3	P4	P5	P6
P1	e11	e12	e13	e14	e15	e16
P2	e21	e22	e23	e24	e25	e26
P3	e31	e32	e33	e34	e35	e36
P4	e41	e42	e43	e44	e45	e46
P5	e51	e52	e53	e54	e55	e56
P6	e61	e62	e63	e64	e65	e66

（2）计算各判断矩阵的最大特征值和特征向量。采用求和法计算判断矩阵的最大特征值和特征向量。

①对判断矩阵每一列作归一化处理，得：

$$\bar{e}_{ij} = e_{ij} / \sum_{i=1}^{n} e_{ij} \quad (j = 1, 2, \cdots, n) \tag{5.1}$$

②按行相加得和向量

$$w_i = \sum_{j=1}^{n} \bar{e}_{ij} \quad (i = 1, 2, \cdots, n) \tag{5.2}$$

③将得到的和向量正规化，即得权重向量

$$\bar{w}_i = \frac{w_i}{\sum_{i=1}^{n} w_i} \quad (i = 1, 2, \cdots, n) \tag{5.3}$$

从而得到特征向量 $W = (\bar{w}_1, \bar{w}_2, \cdots, \bar{w}_n)$，W 就是所求相对权重向量。

④计算矩阵最大特征根

$$\lambda \sum_{i=1}^{n} \frac{(EW)_i}{nW_i}{}_{\max} \tag{5.4}$$

为了评价判断矩阵 E 的一致性，根据 AHP 原理计算一致性指标 CI 进行判断，即

$$CI = \frac{\lambda_{\max}}{n} \tag{5.5}$$

式中 CI 值越小，判断矩阵的一致性越好，当 CI = 0 时，为完全一致。一般只要 CI≤0.1，判断矩阵的一致性都可以接受。随着判断矩阵维数的增加，我们引用指标 RI 作为修正值，用更合理的随机一致性指标 CR 来衡量判断矩阵的一致性，CR = CI/RI；当 CR = 0 时，判断矩阵有满意的一致性，否则对判断矩阵作调整，使之满足这一要求。RI 的取值如表 5-5 所示。

表 5-5　RI 的取值

n	1	2	3	4	5	6	7	8	9	10
RI	0.00	0.00	0.52	0.89	1.12	1.26	1.36	1.41	1.46	1.49

5.5.3　基于 AHP 的乡村旅游服务质量评价指标的权重确定

通过对 12 位在乡村旅游景区工作的管理者、20 位乡村旅游服务人员、4 位乡村旅游导游、20 位游客和 8 位服务管理专家的走访调查，在广泛征求他们的意见后，构成了如下的矩阵。

1. 构成判断矩阵

采用层次分析法，构成第一层判断矩阵，见表 5-6。

表 5-6　第一层判断矩阵

H	A	B	C	D	E	F
A	1	2	5/2	3	3	1
B	1/2	1	5/4	3/2	3/2	1/2
C	2/5	4/5	1	6/5	6/5	2/5
D	1/3	2/3	5/6	1	1	1/3
E	1/3	2/3	5/6	1	1	1/3
F	1	2	5/2	3	3	1

2. 计算判断矩阵 E-P 的特征向量和特征值

各列经过正规化，再求各列之和，见表 5-7。

表 5-7　对 H-P 列求和

H	A	B	C	D	E	F
A	1	2	5/2	3	3	1
B	1/2	1	5/4	3/2	3/2	1/2
C	2/5	4/5	1	6/5	6/5	2/5

续表

H	A	B	C	D	E	F
D	1/3	2/3	5/6	1	1	1/3
E	1/3	2/3	5/6	1	1	1/3
F	1	2	5/2	3	3	1
各列之和	3.56	7.14	8.89	10.70	10.70	3.56

对 E-P 进行正规化，见表 5-8。

表 5-8 对 E-P 进行正规化

H	A	B	C	D	E	F	各行求和	正规化
A	0.28	0.28	0.28	0.28	0.28	0.28	1.68	W1=0.28
B	0.14	0.14	0.14	0.14	0.14	0.14	0.84	W2=0.14
C	0.11	0.11	0.11	0.11	0.11	0.11	0.67	W3=0.11
D	0.09	0.09	0.09	0.09	0.09	0.09	0.56	W4=0.09
E	0.09	0.09	0.09	0.09	0.09	0.09	0.56	W5=0.09
F	0.28	0.28	0.28	0.28	0.28	0.28	1.68	W6=0.28

从而得到特征向量为

$$W = [0.28\ 0.14\ 0.11\ 0.09\ 0.09\ 0.28]^T \tag{5.6}$$

计算判断矩阵的最大特征根 λ_{max} 为

$$HM = \begin{bmatrix} 1 & 2 & 2.5 & 3 & 3 & 1 \\ 0.5 & 1 & 1.25 & 1.5 & 1.5 & 0.5 \\ 0.4 & 0.8 & 1 & 1.2 & 1.2 & 0.4 \\ 0.33 & 0.67 & 0.82 & 1 & 1 & 0.33 \\ 0.33 & 0.67 & 0.82 & 1 & 1 & 0.33 \\ 1 & 2 & 2.5 & 3 & 3 & 1 \end{bmatrix} \begin{bmatrix} 0.28 \\ 0.14 \\ 0.11 \\ 0.09 \\ 0.09 \\ 0.28 \end{bmatrix} = \begin{bmatrix} 1.68 \\ 0.84 \\ 0.67 \\ 0.56 \\ 0.56 \\ 1.68 \end{bmatrix} \tag{5.7}$$

$$\lambda_{max} = \sum_{i=1}^{n} \frac{(EW)_i}{nW_i} \quad \frac{(EW)_1}{6W_1} \quad \frac{(EW)_2}{6W_2} \quad \frac{(EW)_3}{6W_3} \quad \frac{(EW)_4}{6W_4} \quad \frac{(EW)_5}{6W_5} \quad \frac{(EW)_6}{6W_6}$$

$$= \frac{1.68}{6 \times 0.28} + \frac{0.84}{6 \times 0.14} + \frac{0.67}{6 \times 0.11} + \frac{0.56}{6 \times 0.09} + \frac{0.56}{6 \times 0.09} + \frac{1.68}{6 \times 0.28}$$

$$= 6.07 \tag{5.8}$$

对判断矩阵进行一致性检验，即计算 CI 和 CR

$$CI = \frac{\lambda_{max} - n}{n} = \frac{6.07 - 6}{6} = 0.01 \tag{5.9}$$

$$CR = CI/RI = 0.01 < 0.1 \tag{5.10}$$

查明判断矩阵的一致性可以接受。

同样可以构成第二层各元素相对于第一层元素的判断矩阵，对 A 乡村服务质量评价的判断矩阵见表 5-9，对 B 乡村服务质量评价的判断矩阵见表 5-10。

表 5-9 对 A 乡村服务质量评价的判断矩阵

A	A1	A2	A3	A4	A5	w_{p1}	
A1	1	5/4	1	2/3	2	0.22	$\lambda_{max} = 5$
A2	4/5	1	4/5	1	2	0.20	$CI = 0.57$
A3	1	5/4	1	2/3	2	0.23	$CR = 0.05 < 0.1$
A4	3/2	1	3/2	1	2/3	0.21	
A5	1/2	1/2	1/2	3/2	1	0.15	

表 5-10 对 B 乡村服务质量评价的判断矩阵

B	B1	B2	B3	B4	w_{p2}	
B1	1	1	1/2	1	0.20	$\lambda_{max} = 4$
B2	1	1	1/2	1	0.20	$RI = 1.12$
B3	2	2	1	2	0.40	$CI = 0.0$
B4	1	1	1/2	1	0.20	$CR = 0.0 < 0.1$

对 C 乡村服务质量的判断矩阵见表 5-11，对 D 乡村服务质量评价的判断矩阵见表 5-12，对 E 乡村服务质量的判断矩阵见表 5-13，对 F

乡村服务质量评价的判断矩阵见表5-14。

表5-11 对C乡村服务质量评价的判断矩阵

C	C1	C2	C3	C4	w_{p3}	
C1	1	1/2	1/3	1/3	0.11	$\lambda_{max}=4.054$
C2	2	1	4/3	1	0.30	$RI=0.89$
C3	3	3/4	1	1	0.28	$CI=0.0135$
C4	3	1	1	1	0.30	$CR=0.015<0.1$

表5-12 对D乡村服务质量评价的判断矩阵

D	D1	D2	D3	D4	w_{p3}	
D1	1	1	1/3	2	0.20	$\lambda_{max}=4.053$
D2	1	1	1/2	2	0.22	$CI=0.0136$
D3	3	2	1	3	0.46	$RI=0.89$
D4	1/2	1/2	1/3	1	0.12	$CR=0.015<0.1$

表5-13 对E乡村服务质量的判断矩阵

E	E1	E2	E3	w_{p3}	
E1	1	0.5	0.25	0.15	$\lambda_{max}=3.017$
E2	2	1	2/3	0.32	$CI=0.00412$
E3	4	3/2	1	0.53	$RI=0.89$
					$CR=0.005<0.1$

表5-14 对F乡村服务质量评价的判断矩阵

F	F1	F2	F3	F4	w_{p3}	
F1	1	0.5	1	0.25	0.13	$\lambda_{max}=4.013$
F2	2	1	2	0.66	0.29	$CI=0.0035$
F3	1	0.5	1	0.5	0.16	$RI=0.89$
F4	4	3.5	2	1	0.43	$CR=0.001<0.1$

3. 乡村旅游服务质量的指标权重（见表5-15）

表5-15　乡村旅游服务质量的指标权重

	一级指标		二级指标		
	名称	权重	名称	权重	总权重
乡村旅游目的地服务质量（H）	有形性（A）	0.28	生态景观环境（A1）	0.22	0.06
			餐饮设施（A2）	0.20	0.06
			住宿环境（A3）	0.23	0.06
			建筑风格（A4）	0.21	0.06
			旅游标识系统（A5）	0.15	0.04
	可靠性（B）	0.14	旅游设施安全（B1）	0.20	0.03
			交通指示牌完善（B2）	0.20	0.03
			服务质量的稳定性（B3）	0.40	0.06
			企业经营规范性（B4）	0.20	0.03
	保证性（C）	0.11	服务流程合理（C1）	0.11	0.01
			服务标准规范（C2）	0.30	0.03
			服务技能良好（C3）	0.28	0.03
			投诉渠道畅通（C4）	0.30	0.03
	响应性（D）	0.09	服务态度好（D1）	0.20	0.02
			服务效率高（D2）	0.22	0.02
			活动预先告知（D3）	0.46	0.04
			处理投诉及时（D4）	0.12	0.01
	体验性（E）	0.09	定制化个性服务（E1）	0.15	0.01
			居民态度友善（E2）	0.32	0.03
			方便顾客参与项目（E3）	0.53	0.05
	乡村性（F）	0.28	乡村文化气氛浓厚（F1）	0.13	0.04
			菜肴具有地方特色（F2）	0.29	0.08
			乡土特色产品丰富（F3）	0.16	0.04
			乡村环境优美（F4）	0.43	0.12

5.5.4 结论

1. 从维度看重要性

乡村旅游目的地服务质量评价中的 6 个维度的重要性依次是：有形性、乡村性、可靠性、保证性、响应性、体验性。有形性和乡村性达到了 56% 的权重，所以，乡村目的地要突出这方面的建设，它是吸引游客的重要因素。

2. 从二级指标看重要性

在乡村旅游服务质量评价体系中，二级指标权重最大的 7 个指标为：乡村优美环境、菜肴具有地方特色味道、建筑风格、服务质量的稳定性、生态景观环境、住宿环境、餐饮设施。这些项目评价权重较大，乡村旅游目的地要注意加强管理，有效提升乡村旅游目的地的服务质量。

5.6 乡村旅游目的地服务质量模糊综合评判方法

模糊综合评判就是利用模糊数学的方法，适用于对多个因素影响的事物，按照一定的评判标准，给出事物获得某个评价的可能性。由于对乡村旅游目的地服务质量进行评判时，主观因素多，难以精确描述，因此采用模糊综合评判方法是合理的。模糊综合评判又称多目标决策，它能对多种所影响事物或现象进行总的评判,所以,模糊评判方法很适用于乡村旅游服务质量评判。模糊综合评判步骤如下。

1. 建立评价因素集

$U = (u_1, u_2, \cdots, u_m)$,其中 m 代表评价因素的数目。

2. 建立评语集

$V = (v_1, v_2, \cdots, v_n)$,评语集是评语等级的模糊尺度集合。一般常用评语为"很满意""满意""一般""不满意""很不满意"。

3. 确定权重集

$\alpha = (\alpha_1, \alpha_2, \cdots, \alpha_m)$,其中 α_i 代表评价因素 u_i 的权重值。各权重值 α_i 必须满足:$\sum_{i=1}^{m} \alpha_i = 1, \alpha_i \geq 0 \quad (i = 1, 2, \cdots, m)$。

4. 构建模糊矩阵

评价矩阵单因素 U_{ij} 对评语集 V 的隶属度,若有 m 个指标、n 个评语等级,则模糊矩阵可以表示为

$$R = \begin{bmatrix} r_{11} & r_{12} & \cdots & r_{1n} \\ r_{21} & r_{22} & \cdots & r_{2n} \\ \cdots & \cdots & \cdots & \cdots \\ r_{m1} & r_{m2} & \cdots & r_{mn} \end{bmatrix} \tag{5.11}$$

式中,$r_{ij} = \dfrac{h_{ij}}{H}$,$h_{ij}$ 表示有 h 个专家认为第 i 个指标属于第 j 个等级,H 表示评估专家总数。

于是(U,V,R)就构成了一个模糊评价模型。根据模糊集理论的综合评定概念,综合评定结果为

$$D = \alpha \circ R = (\alpha_1, \alpha_2, \cdots, \alpha_m) \circ \begin{bmatrix} r_{11} & r_{12} & \cdots & r_{1n} \\ r_{21} & r_{22} & \cdots & r_{2n} \\ \cdots & \cdots & \cdots & \cdots \\ r_{m1} & r_{m2} & \cdots & r_{mn} \end{bmatrix} = (d_1, d_2, \cdots, d_n)$$

(5.12)

式中：α 为因素的权重向量；∘ 为合成关系；R 为 U 到 V 的隶属度矩阵。

5.6.1 乡村旅游目的地服务质量综合评判的实证分析

通过层次分析法，得出了影响乡村旅游服务质量因素的权重。在成都大邑县新场古镇、安仁古镇、成都市郫都区三道堰水乡三个旅游目的地发放问卷240份，收回有效问卷220份，经过统计得出生态景观环境数据，如表5-16所示。

表5-16 问卷统计表

	满意认识	完全满意	满意	一般	不满意	很不满意	总计
生态景观环境	人数	31	76	70	31	12	220
	百分比（%）	14	35	32	14	5	100

得到了"生态景观环境"的因素评价如下：

$$f(a_1) = (0.14, 0.35, 0.32, 0.14, 0.05) \quad (5.13)$$

同理，可以得到"餐饮设施"等因素评价：

$$f(a_2) = (0.13, 0.37, 0.32, 0.16, 0.02) \quad (5.14)$$

$$f(a_3) = (0.14, 0.33, 0.37, 0.13, 0.03) \quad (5.15)$$

$$f(a_4) = (0.13, 0.31, 0.37, 0.16, 0.03) \quad (5.16)$$

$$f(a_5) = (0.06, 0.27, 0.43, 0.17, 0.07) \quad (5.17)$$

可以构造综合判断矩阵：

$$R_1 = \begin{bmatrix} 0.14 & 0.35 & 0.32 & 0.14 & 0.05 \\ 0.13 & 0.37 & 0.32 & 0.16 & 0.02 \\ 0.14 & 0.33 & 0.37 & 0.13 & 0.03 \\ 0.13 & 0.31 & 0.37 & 0.16 & 0.03 \\ 0.06 & 0.27 & 0.43 & 0.17 & 0.07 \end{bmatrix} \quad (5.18)$$

对有形性的评定结果：

$$D_1 = P_1 \times R_1 = (0.22, 0.20, 0.23, 0.21, 0.15)$$

$$\times \begin{bmatrix} 0.14 & 0.35 & 0.32 & 0.14 & 0.05 \\ 0.13 & 0.37 & 0.32 & 0.16 & 0.02 \\ 0.14 & 0.33 & 0.37 & 0.13 & 0.03 \\ 0.13 & 0.31 & 0.37 & 0.16 & 0.03 \\ 0.06 & 0.27 & 0.43 & 0.17 & 0.07 \end{bmatrix}$$

$$= (0.13, 0.33, 0.36, 0.15, 0.04) \quad (5.19)$$

按照最大隶属度原则，有形性的结果为"一般"。

同理可以得到在"可靠性""保证性""及时性""移情性""乡村性"等方面评定的结果为

$$D_2 = P_2 \times R_2 = (0.17, 0.41, 0.26, 0.12, 0.04) \quad (5.20)$$

$$D_3 = P_3 \times R_3 = (0.15, 0.35, 0.30, 0.18, 0.02) \quad (5.21)$$

$$D_4 = P_4 \times R_4 = (0.13, 0.37, 0.30, 0.17, 0.03) \quad (5.22)$$

$$D_5 = P_5 \times R_5 = (0.21, 0.39, 0.21, 0.14, 0.05) \quad (5.23)$$

$$D_6 = P_6 \times R_6 = (0.29, 0.41, 0.21, 0.07, 0.02) \quad (5.24)$$

二级评判指标集为

$$E = (D_1, D_2, D_3, D_4, D_5, D_6) \quad (5.25)$$

二级评判综合矩阵为

$$R = \begin{bmatrix} D_1 \\ D_2 \\ D_3 \\ D_4 \\ D_5 \\ D_6 \end{bmatrix} = \begin{bmatrix} 0.13 & 0.33 & 0.36 & 0.15 & 0.04 \\ 0.17 & 0.41 & 0.26 & 0.12 & 0.04 \\ 0.15 & 0.35 & 0.30 & 0.18 & 0.02 \\ 0.13 & 0.37 & 0.30 & 0.17 & 0.03 \\ 0.21 & 0.39 & 0.21 & 0.14 & 0.05 \\ 0.29 & 0.41 & 0.21 & 0.07 & 0.02 \end{bmatrix} \quad (5.26)$$

各指标的权重为

$$P = (0.28, 0.14, 0.11, 0.09, 0.09, 0.28) \quad (5.27)$$

二级模糊综合评价集为

$$D = P \times R = (0.22, 0.37, 0.28, 0.13, 0.03) \quad (5.28)$$

服务总体评定结果为"满意",应该是较好。

5.6.2 结论

从整体来看,成都乡村旅游服务质量游客满意度的总体评价结果属于"较好"等级。成都乡村旅游的总体服务质量状况比较好,有些方面还需要提升。

在影响乡村旅游服务质量的6个维度中,游客对成都市乡村旅游目的地的"乡村性""体验性""可靠性"评价水平较高,对"响应性""保证性"评价低一些。因此,成都市在乡村旅游经营过程中,要加大对员工的培训力度,提高服务本领,建立良好的企业文化,提高企业的管理水平,提高"及时性"和"保证性"。

第6章

乡村旅游目的地品牌建设

6.1 乡村旅游目的地品牌内涵

6.1.1 品牌概念

美国营销协会对品牌的定义为：品牌是一种名称、术语、标记、符号或设计，或者是它们的组合运用，其目的是帮助消费者识别不同商家的产品或服务，并使之同竞争对手的产品和服务区别开来。品牌是制造商或经销商加在商品上的标志。菲利普科·特勒认为品牌由属性、利益、价值、文化、个性、使用者等六个方面构成，其中价值、文化和个性最重要，它们奠定了品牌的基础。

品牌是消费者心中对产品的理解、回忆、联系、利益等。品牌是消费者心目中特指的产品，是一个美好的回忆，是一个美妙的故事，是一首热情洋溢的诗，是一首动听的歌曲。品牌是产品，但又超越了产品本身内涵。它有自己的文化，是有特定内涵的文化；品牌是有自己独特的个性，它与众不同，彰显自己的特色。品牌价值不同于产品价值，它包含了产品的价值，但它还有自己特殊的价值；品牌虽然有商品的属性，但不仅仅代表商品的属性，它能体现某种特定的利益；品牌具有商品的使用价值，但在消费者心目有更特殊的价值。

6.1.2 乡村旅游目的地的品牌概念

乡村旅游目的地品牌是一种名称、术语、标记、符号或设计，或是它们的组合体,其目的是使消费者能够识别不同乡村旅游目的地的产品或服务,与其他乡村旅游目的地的产品或服务区隔开来。

乡村旅游目的地品牌是用名称、符号、标志或其他图形系统来识别和区分不同的目的地之间的标准,因此乡村旅游目的地品牌是将具体的乡村地理空间、特有的民风民俗等作为品牌转化对象,根据旅游目的地的文脉、地脉等要素,打造自己与众不同的品牌,并构建品牌名称、标识、品牌口号、符号等识别系统。旅游目的地品牌由旅游目的地资源、旅游设施、设备和旅游产品与服务构成的具象要素、品牌价值、品牌形象与品牌美誉度等组成。

乡村旅游目的地品牌通过符号、名称、设计等,能够使消费者联系到目的地的属性、利益、文化、价值和个性,能够在消费者心目中留下烙印,体现目的地的特殊个性。

6.2 品牌对乡村旅游目的地的作用

品牌对乡村旅游目的地来说是一种无形资产。品牌除了本身具有的商品属性,还可以为乡村旅游目的地带来更多价值,给游客带来独特的价值。游客在乡村旅游体验的过程中,在享受服务时,深化品牌价值感知,产生一种情感的共鸣,建立游客与乡村旅游目的地之间的深厚情感,形成目的地良好的口碑,赢得游客的青睐。

6.2.1 品牌对乡村旅游目的地游客的价值

1. 便于区分、识别乡村旅游目的地

品牌是一种标记，可以区分不同乡村旅游目的地之间的差别。游客通过对某一乡村目的地的体验感觉，获得品牌的认知，强化了品牌形象。游客可以将品牌推荐给他的亲人或朋友，减少朋友寻找乡村旅游目的地的时间成本和精力成本。如果乡村旅游目的地没有标识，则游客难以记忆，不好区分旅游目的地，也就不便推荐，这对提高乡村旅游目的地的知名度不利。

2. 降低游客购买风险

对于乡村旅游目的地的游客来说，品牌意味着产品质量的可信度。一个有品牌的乡村旅游目的地，要更加自律，否则一旦旅游产品质量和服务出现了问题，游客就会找到责任承担者，一旦责任者不能很好解决问题，游客会向有关部门投诉，同时也会使游客做负面的口碑宣传，给乡村旅游目的地带来负面效应，从而使目的地的品牌受损，影响旅游目的地形象。乡村旅游目的地以品牌作为促销基础，消费是认牌购物，出现问题，可以追责，游客可以放心购买。旅游目的地为了维护自己的品牌形象和信誉，都保护消费者的权益，对产品质量十分重视；对游客投诉不敢怠慢；并注重同一品牌的产品质量，因为一个产品出问题，会影响品牌声誉，也会影响所有的同品牌的产品。如此，游客可以在乡村目的地放心购买同品牌的旅游产品，好的品牌效应可以降低游客购买旅游产品的风险。

3. 促进乡村旅游目的地提高服务质量

品牌是商家对消费者利益的承诺。为了树立良好的品牌形象，企业就必须不断进行品牌维护，提高旅游服务质量，与游客进行广泛的沟通,以此来提高游客的满意度。随着乡村旅游发展,游客的需求不断升级,要求乡村旅游目的地去适应游客的需求变化,不断创新或更新旅游产品,提升服务技能,不断地满足游客的需求,赢得游客和潜在游客的青睐。如果乡村旅游目的地的产品或服务质量出现问题,或者没有跟上游客需求的变化,就会使品牌的信誉度受损,这样不利于乡村旅游目的地发展,所以,乡村旅游目的地为了维护品牌的美誉度,不敢怠慢游客。因此,品牌的建立能够促进乡村旅游目的地服务质量的提升。

6.2.2 品牌对乡村旅游目的地的价值

1. 有助乡村旅游产品的促销

品牌是商家对产品质量的保证。联合国工业计划署的调查表明,著名品牌在整个产品品牌中所占比例不足3%,但著名品牌产品所拥有的市场份额达40%以上,销售额超过50%。[①] 有品牌的产品,旅游消费者在品牌信任驱使下会产生强烈购买欲望。乡村旅游目的地品牌度高,目的地的旅游企业的社会形象、市场信誉得以确立,产品知名度、美誉度得以进一步提升,顾客忠诚度就会提高,从而有利于促销旅游产品。

乡村旅游目的地品牌度高,能够降低交易成本,赢得顾客的信任,即使服务中出现小问题,也容易得到游客的谅解。良好的品牌形象是乡村旅游服务质量的过滤器,也是核心竞争力,能帮助企业在激烈的旅游市场竞争中,赢得主动,赢得先机。

2. 有利于约束乡村旅游目的地的不良行为

品牌是一把双刃剑,品牌维护得好,建设得好,经营得好,就可以促进企业的产品销售。如果经营不好,维护不好,会使品牌美誉度受

---

① 余明阳,朱纪达,肖俊崧等.《品牌传播学》(第二版)[M].上海:上海交通大学出版社,2016(06):221.

损，品牌所属的产品销售受损，形成"一荣俱荣，一损俱损"的现象。品牌能够约束旅游目的地企业的不良行为，避免因此出现产品不合格、以次充好、服务质量下降的现象。品牌能够督促企业思考问题时，考虑社会效益、长远利益，规范自己的营销行为，约束自己的不良行为。

3. 有利于乡村旅游目的地扩大产品组合

为了适应市场需要，乡村旅游目的地需要生产多种产品，因此，企业总是要生产新产品，淘汰不适应市场的老产品，推新除旧，对产品不断改良和升级换代。新产品推出，难以被市场接受，而品牌是推新产品的无形力量。若无品牌，再好的服务和产品，无从记起原产品或原服务的好印象，消费者也难以接受。有了品牌，出现问题，可以追责，旅游者才会放心购买。因此，品牌产品的产品组合改变或扩大容易被游客接受和采用。

6.3 乡村旅游目的地品牌定位

6.3.1 乡村旅游目的地品牌定位内涵

里斯和特斯拉认为，消费者头脑存在一级级的小阶梯，他们将产品在小阶梯上排队，而定位就是找到阶梯建立联系。定位强调把特定品牌置于市场竞争中的独特方位，以便消费者处理大量商品信息。因此，定位学说关键点是"消费者心智"和"相对竞争对手"。① 乡村旅游目的地品牌定位是指乡村旅游目的地为了在目标顾客心目中占据特殊的位置对乡村旅游目的地的产品、服务以及形象进行设计的行为。

众所周知，市场营销三部曲（STP）即市场细分、目标市场、市场定位。对于乡村旅游目的地品牌进行定位，就是将乡村旅游目的地的特殊个性置于游客头脑一级级的小阶梯中，努力创造乡村旅游目的地品牌差异化。如何寻求这种差异性，一般来说，首先从地理位置的不同而寻求差异，特定某个目的地的地理位置和风情习俗、资源特色是不同的，这种差异性是乡村旅游目的地的独特性，它对目标顾客有很强的吸引力，所以要深度挖掘这种差异性。同时，对游客需求进行分析，可以推断出乡村旅游目标顾客的需求动机，从而设计乡村旅游产品，能够与乡村旅游目标顾客需求达到吻合，情感上产生共鸣。对乡村旅游产品品牌理念在充分认知的基础上，根据旅游目的地的地理基础、传统的历史文化价值、当地民风民俗，提炼乡村旅游产品核心价值，打造出乡村旅游目的地产品的品牌。通过服务体验和品牌形象设计，把乡村旅游目的地品牌置于乡村旅游竞争市场的独特位置，使游客体验后留下美好的回忆，对未来旅游目的地的产品和服务充满美好的遐想，从而将乡村旅游目的地品牌烙印在游客的内心深处。

品牌是需要包装的，完善产品包装是建立品牌知名度的核心内容之一。通过对乡村旅游品牌的产品进行包装，能够更好地塑造产品的形象。乡村旅游目的地的包装主要包括乡村环境美化、完善乡村基础公交服务设施和对乡村水、电、路、网的改善及规划、完善乡村酒店规划建设、打造一流旅游精品线路等内容。提升乡村旅游目的地的服务质量，要坚持以人为本，以游客为中心理念，提高乡村村民素质，提升乡村旅

---

① 阿里·里斯，杰克·特劳特. 定位 [M]. 北京：机械工业出版社，2011.

游管理效率,进行人本管理和人性化的服务。完善旅游目的地产品品牌商标化,对乡村旅游产品品牌要进行商标注册,加大知识产权的保护力度,彰显品牌的力量。

6.3.2 乡村旅游目的地品牌定位的重要意义

1. 定位准确能够在游客心智阶梯中占有一席之地

哈佛大学心理学家米勒研究发现,人的心智不能同时处理7个以上的单位。① 也就是说,消费者心智阶梯最多容纳7个品牌。特劳特认为,消费者最终只能记住两个产品。随着生产力发展,生产效率提高,产品以及乡村旅游产品极大的丰富,要在众多产品中取得竞争的比较优势,在旅游者心目中留下深刻记忆,我们必须对产品进行科学定位。定位不是主观创造出来的,而是要占据游客心智中的小阶梯,必须以游客心智为出发点,以游客消费为导向,寻求一种在游客心目中独特的位置,从而使品牌信息在乡村旅游消费者心目中占有一席之地。

2. 定位准确是塑造品牌成功的基础

乡村旅游目的地品牌定位是乡村旅游目的地产品在游客和潜在游客心目中占有的特殊位置,是旅游目的地对游客的一种承诺、一份保障。品牌定位是对营销的方向引领,是确定目的地产品发展的方向。通过品牌定位,能够使管理者和广大员工知道未来的发展方向,通过资源的整合,开发出特色产品,以满足游客的需要。乡村旅游目的地要根据品牌定位来塑造自身的品牌形象。当然,品牌建设不是一蹴而就的,而是需要一个长期的建设过程,要经过一系列必要的步骤,如品牌定位、品牌规划、品牌开发与设计、品牌推广、品牌评价、品牌调整、品牌诊断等

---

① Miller, G. A. * (1956). The magical number seven, plus or minus two: some limits on our capacity for processing information [J]. The Psychological Review, Volume63, Issue, pages81-97.

一系列环节，环环相扣。品牌定位是品牌建设的第一环节，也是品牌塑造能否成功的关键环节，如果品牌定位不准，对乡村旅游目的地特色挖掘不够，不是特色误以为是特色，或者特色彰显不明显，不能与其他目的地产品有效地区隔开来，没有达到游客认可的特色，品牌塑造就不会取得成功。在品牌建设过程中，如果品牌定位不准，那么其他环节也会产生偏差和失误，致使品牌建设效果不理想。乡村旅游中许多顾客都有"怀旧""思乡"的情结，在他们的心智中有"怀旧阶梯""思乡阶梯"，那么，品牌定位去寻找阶梯，在"怀旧"与"思乡"上下功夫，乡村旅游目的地在解决游客的"游""食""住""行""娱""购"的产品和服务上要体现出"怀旧""思乡"的情感。如果品牌建设中出现失误，品牌定位对于修正其他环节提供策略参考，那么品牌建设中可以不断纠正出现的问题和偏差，从而得到预期的效果。

3. 品牌定位准确能够树立良好的品牌形象

乡村旅游目的地品牌定位准确能够使游客感受到目的地的品牌优势，并且被品牌的独特个性所吸引，由此，游客对乡村旅游目的地的忠诚度上升，游客与目的地之间就会形成长期、稳定的牢固关系。乡村旅游目的地品牌核心价值是品牌向旅游者承诺的核心利益，代表着品牌对旅游者的承诺和独特价值。乡村旅游目的地仅有品牌核心价值是不够的，必须将品牌核心价值传递给游客，并且得到游客的认可和拥戴。乡村旅游目的地品牌定位准确，可以在游客心目中形成核心价值，在此基础上，通过与乡村旅游游客心智模式中的空白点进行择优匹配，利用媒介整合传播手段在乡村旅游游客心智中烙下深深的印记，建立其强有力的品牌形象。

4. 乡村旅游目的地品牌定位的本质是差异化

品牌定位的目的就是与其他类似产品区隔开来，打造自己的特色，赢得消费者的青睐。乡村旅游目的地品牌定位要立足本地的资源特色，要了解游客的市场需求，考虑市场竞争状况，打造特色旅游产品，确保产品的独特卖点，在游客心目中树立起独特的品牌定位。品牌定位确定后，品牌设计服务于品牌定位，通过文字、图像、声音和视觉标识来展示乡村旅游目的地的品牌形象，传递给目标顾客，并得到目标顾客的认可。

5. 打造独特乡村旅游目的地品牌形象

乡村旅游目的地通过准确的品牌定位，在此基础上对品牌进行设计。品牌建设是一个长期过程，要不断地加强品牌内部建设，通过品牌内部建设来优化旅游产品组合，改善乡村旅游环境，打造独特乡村旅游目的地的品牌形象，使旅游目的地品牌形象名实相符。树立良好的品牌形象，离不开品牌的有效传播。对品牌实施有效的传播，将乡村旅游目的地的品牌形象传递给游客和潜在目标游客，通过品牌传播与目标市场形成有效的沟通，使品牌与消费者形成共鸣。传播的功能就是要将乡村旅游目的地的品牌内涵传递给游客和潜在目标游客，通过信息的传递，使游客和潜在目标游客知晓本乡村旅游目的地与其他旅游目的地的区别，从而激发潜在目标游客来目的地旅游体验。

6.3.3　乡村旅游目的地品牌定位的原则

1. 差异化原则

乡村旅游目的地品牌定位是发现或创造出乡村旅游目的地品牌独特的差异点，使其与其他乡村旅游目的地区隔开来。乡村旅游目的地品牌定位根据自身资源的特色，打造独特的品牌魅力，与其他乡村旅游目的地的产品要能够很好地区分和辨识，这样才能将旅游目的地的产品特色传递给游客，从而引起游客的兴趣，并建立起对乡村旅游产品品牌的联想，提升目标顾客对品牌的忠诚度。乡村旅游目的地的资源具有垄断性、唯一性、排他性，企业应塑造出品牌的差异性，形成品牌的核心竞争力，彰显品牌的竞争优势和强大吸引力，成为所在区域内具有垄断性的品牌。每个乡村旅游目的地都有自身独特的历史文化、民风民俗、自然生态环境以及生活方式，这种差异性要与乡村旅游目标顾客的需求相吻合。要得到乡村旅游目的地游客的认同，旅游目的地品牌定位就要抓住目标游客的心理，与之心心相印、情感共鸣，从而与目标顾客形成稳定的关系，取得品牌定位的成功。

2. 区域性原则

乡村旅游目的地品牌总是基于一定区域范围，而这一区域往往被更高一级区域所包含。因此，乡村旅游目的地定位时，不但要考虑其所在地的生态环境、历史文化、民风民俗和经济社会发展水平，而且还要考虑上一级区域已经形成的品牌形象。上一级品牌形象对本区域的品牌形象会产生一定的影响，不能与上一级区域品牌形象相违背，而是要借力发展，顺势而为，从而准确地把握品牌定位。因此，品牌定位，应综合考虑所在地区的背景，充分了解本区域品牌在上一级品牌中所处的优势和特色，利用上一级旅游区域已有形象形成的市场优势和品牌优势，结合自身的优劣势，通过区域对比，去挖掘本地区独一无二的特色资源，凸显乡村旅游目的地鲜明的个性和特色，确定乡村旅游目的地品牌定位。

3. 全面系统性原则

所谓全面系统性原则是指乡村旅游目的地品牌定位要从整体角度思考，它是由各个部分组成，是一个有机整体，必须考虑局部与全面的问题、整体与部分的关系，综合思考、打造独具一格的目的地品牌形象。乡村旅游目的地品牌定位应该坚持全面系统性原则，在综合考虑目的地旅游资源多样性和目标顾客特殊性的基础上，从多角度、多层级，全面系统地构建乡村旅游目的地品牌。针对不同的客源市场、不同开发阶段和不同特色的乡村旅游产品，不断深化和完善乡村旅游目的地品牌建设。

4. 动态调整原则

乡村旅游目的地所处环境总是在变化，旅游市场需求在变化，旅游资源也在变化，所以，乡村旅游产品的设计要不断创新。乡村旅游目的地的要不断进行调整、更新换代旅游产品，满足游客不断变化的需求。通过准确的品牌定位，进行品牌设计，利用媒介对品牌进行宣传，完善和建设乡村旅游目的地品牌。建设品牌的目的是在目标顾客心目中留下深深印记，与目标顾客建立紧密关系，获得比较竞争优势。乡村旅游目的地品牌要不断地完善，跟上形势的发展，要明白过去的优势有可能成为今天的劣势，今天的优势不代表未来的优势，根据市场情况的变化，品牌定位要不断地调整和优化，始终将赢得目标顾客的青睐作为评价品牌建设成功与否的标准。

5. 长期性原则

乡村旅游目的地对品牌定位后，必须长期坚持，因为品牌在目标顾客心智中留下烙印，不是一个短期过程，目的地必须在相当长一段时间内以潜移默化的方式在顾客的心目中确定品牌形象。在信息时代，消费者被动接收的信息量太大，即使乡村旅游目的地品牌刚建立起来，如果在消费者心中的烙印不深，一旦被大量信息冲击，也会逐步被淡忘，所以，旅游目的地必须不断强化品牌形象，必须长期坚持。

6.3.4 乡村旅游目的地品牌定位步骤

1. 选择确认竞争优势

品牌定位目的在于突显自己品牌的与众不同，突显自己品牌的特性，市场营销人员必须深入一线，对目标市场调查研究，没有调查就没有发言权。通过市场调查，获得一手资料，明确目标顾客的需求，做到有的放矢。随着旅游业不断发展，人们物质生活水平的不断提高，目标顾客不再仅仅满足简单的观光，而是越来越注重精神层面的追求。因此，对于乡村旅游目的地品牌建设来说，要充分挖掘目标顾客内在心智阶梯、乡村旅游者独特的品牌诉求，满足目标市场的需求，建立起比较竞争优势。

2. 强化品牌的吸引力

品牌定位是产品在消费者心目中是一种怎样的形象以及占据什么样的位置。一般产品定位要考虑企业资源条件、产品本身、顾客心理特征、竞争者的定位、价格和收益等，而乡村旅游目的地的品牌定位还应该更多地考虑到旅游目的地的资源禀赋、产品优势以及游客需求的动机，准确确定乡村旅游目的地品牌的形象，使乡村旅游目的地的品牌有强大的吸引力。乡村旅游目的地品牌核心价值应该准确表达出旅游目的地的发展愿望，并通过各种视觉或形象的设计展示品牌核心的价值。向乡村旅游消费者展示其品牌定位，消费者是否接受是判断品牌定位成功与否的标准之一。

3. 对品牌定位修正或重新定位

乡村旅游目的地品牌定位成功与否的检验标准，应当由游客和潜在游客的反应决定。如果游客在众多旅游目的地的品牌中能够清晰描述本目的地品牌的定位特征，说明品牌基本得到了游客认可。但随着游客接收的信息不断增多，加之时间的推移，游客对品牌记忆的消退，以及有可能旅游者获取信息出现偏差导致信息无法传到旅游者那里，这些都要求品牌定位进行调整。品牌定位是一个动态过程，不是一成不变，也不是永恒的，是变化发展的。随着旅游者对旅游产品需求与偏好的不断变化，环境不断的改变，品牌定位也需要修正，或者重新定位，以此来赢得游客的认可。

6.4 乡村旅游目的地品牌传播

6.4.1 品牌传播概念

美国营销协会（AMA）认为品牌传播是企业以品牌的核心价值为基础，在品牌认知的过程中通过媒体宣传、公共关系、交际交往等传播方法，让品牌为人们所认知，使消费者对该品牌产生深刻印象，增强企业市场销售能力。品牌通过一系列策划，可以用多种传播活动传达品牌的声音，与消费者交流，产生感情共鸣，维持长期良好的关系，以此达到提高品牌知名度和塑造品牌良好形象的目的。宣传旅游目的地品牌的传播过程，如图 6-1 所示。

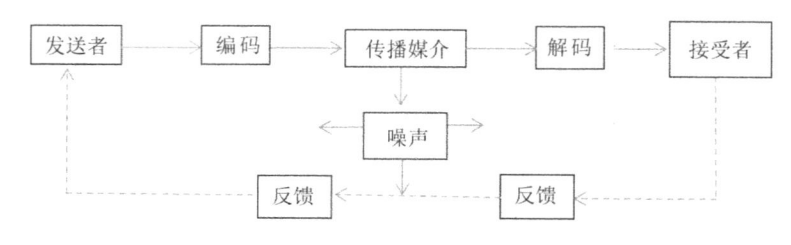

图 6-1 品牌传播过程

1. 发送者

乡村旅游目的地品牌传播的发送者由当地政府管理部门、企业、社会公众构成。当地政府管理部门主要包括各级政府部门、区域旅游管理机构、旅游行业协会等；旅游目的地企业主要包括旅游景区、旅游酒店、旅行社、旅游运输公司、旅游金融服务机构等服务企业；社会公众主要包括旅游消费者、旅游目的地居民、媒体公众及其他利益相关主体等。

2. 接收者

接收者主要包括乡村旅游目标市场游客及潜在目标游客、旅游相关企业、旅游目的地乡村居民等。在接收者中，每个群体的特征、偏好、关注的利益点、认知态度、认知阶段等都是有差异的。比如，目标市场消费者对旅游目的地的认知所处阶段的差异，有的处在了解阶段，有的处在偏好阶段，还有的处于忠诚阶段。所处阶段的不同，决定了对目标市场消费者所制定的传播目标、采用的传播媒介、传播的信息内容等都是不同的。因此，首先要明确界定传播对象；其次在明确界定传播对象的基础上，深入研究传播对象的特征，如地域结构、年龄、收入、教育程度、职业、价值观念、媒体偏好等，要做到传播的针对性和实效性，提升传播效果。在这个过程中，消费者是主动的，他们凭借自身多年的经验，选择对哪些品牌信息记忆、理解，对哪些品牌视而不见，最终对哪些品牌做出购买行为。

3. 确定传播目标

乡村旅游目的地首先是品牌定位，其次是品牌设计，最后进行品牌传播。品牌传播就是品牌信息传递给目标顾客和潜在目标顾客。通过品牌的传递，能够建立起品牌知名度、品牌联想度、品牌美誉度和品牌忠诚度，这四个方面是依次递进和相互影响的，不能忽视它们之间的相互关联和影响。同时，针对不同的传播目标，要采取有针对性的传播策略，以此来保证所确定传播目标的实现，突显品牌核心价值，提高品牌的核心竞争力。

4. 传播信息

传播信息反映的是乡村旅游目的地品牌的整体形象，体现的是乡村旅游目的地品牌的内涵。品牌信息传递借助载体进行传播，其中载体由物的载体和人的载体构成，主要包括品牌口号、符号、各类品牌视觉标识、形象代言人等。菲利普·科特勒认为品牌是一个名称、符号、术语、图案，或者是这些因素的组合体，目的是用来识别产品或服务的企业，是给消费者消费本企业产品或服务的一种承诺。品牌信息传递的内容通常被称为"诉求"或"主题"。在确定信息传播主题时，要做到两点：一是信息传播主题要和旅游目的地的品牌定位相吻合，体现其品牌的核心价值；二是要做到信息传播主题、信息传递的形式、信息传递结构三者之间的协调统一。

5. 编码

编码是企业以消费者能够接受的方式组合信息，达到品牌传播的意图。综合考虑品牌、产品和消费者的特征是编码的前提和保证。

6. 解码

解码是消费者对品牌的理解过程。同样的信息，消费者所处社会阶层、教育水平、文化背景、文化习俗、经济收入等不同，导致解码的结果不相同。

7. 噪声

噪声是品牌传播过程中可能预见的各种阻碍传播的因素，它存在于编码、解码和传播的过程中。可能产生的噪声有三种，一是在编码时，没有清晰表达品牌的信息；二是选择了消费者反感的传播媒介；三是对接收的信息理解不准确。

8. 反馈

反馈就是消费者通过解码获得信息后，与品牌进行交流，反馈给发送者的过程。营销者可以了解到消费者的需求和态度，从而对传播的信息内容、编码方式和选择媒介策略进行不断优化。

6.4.2 确定传播媒介

传播媒介主要包括五类，一是传统媒体传播，具体包括电视、广播、报纸、杂志等；二是网络新媒体传播，具体包括网站、论坛、博客、微博、微信等；三是公共关系传播，具体包括召开新闻发布会、开展公益活动、赞助活动、各种会议和社交活动等；四是销售促进传播，具体包括打折、优惠券、赠品、抽奖等；五是节事活动传播，具体包括国庆节、春节、五一节等节日活动。这些传播媒介既可以提高旅游目的地的知名度和美誉度，树立良好形象，还可以展现地方特色，发扬传统文化。另外，还有口碑传播和事件传播等途径，具体的品牌传播媒介如表6-1所示。

表6-1 品牌传播的媒介

传播媒介	内容
传统媒体	利用广播、电视、报纸、杂志和路牌广告，针对目标市场对品牌进行形象宣传
网络新媒体	利用网络对旅游目的地品牌进行宣传。乡村旅游目的地可以在网络平台进行宣传，如利用官方微博进行乡村旅游宣传活动
公共关系	利用新闻发布会、乡村旅游展销会进行宣传；利用各种节假日进行宣传，吸引媒体的关注和报道
促进销售	通过举办促销说明会、展览会、电视、网站以及人员促销等形式，进行乡村旅游产品品牌的信息传播活动

续表

传播媒介	内容
节事活动	利用节日、庆典进行品牌宣传。将节庆活动与旅游目的地形象紧密结合
口碑传播途径	口碑传播可以培养游客较高的品牌忠诚度
事件传播	通过独特的事件进行传播。利用游客的从众心理，吸引部分体验意识强的游客加入事件活动中来

6.5 乡村旅游目的地品牌管理

利用旅游目的地自身所处的旅游资源优势，将农业与旅游业融合发展，改变乡村以农业为主的产业结构。乡村旅游是一种特殊的旅游形式，所处的环境是乡村的自然环境、文化环境和社会环境，具有综合性、服务性、依托性等旅游业的特点。根据乡村旅游目的地的乡村资源禀性，在综合分析、提炼与整合资源特有属性的基础上，选择吸引游客的旅游产品体系。凭借乡村独特的自然资源和人文环境进行旅游产品开发，这些产品要能够吸引游客，符合游客的内心需求。有的乡村旅游地受当地自然条件限制，交通落后，通信设施不完善，村民教育程度低和经营理念落后，制约着乡村旅游开发与发展，因此，乡村旅游品牌建设，必须有完善的基础设施作为保障。在全域乡村旅游的背景下，乡村旅游品牌的建设要综合考虑各方利益相关者的利益，充分调动各方积极性，支持乡村旅游的发展。要充分发挥政府的主导作用，调动社区居民积极参与到乡村旅游发展的事业中来，让他们参与品牌的建设和维护，同时，要不断完善用地政策，加大经费支持力度。乡村旅游行业管理部门要加强对乡村旅游发展的引导和指导，建立健全品牌的全面监控体制和危机管理机制。

可见，乡村旅游建设难度大，特别是乡村旅游目的地品牌建设的难度更大。乡村旅游目的地的品牌建设是一项长久而重大的工程，要久久为功，需要政府、行业协会、旅游目的地企业和旅游消费者共同努力。

6.5.1 政府层面

1. 政策扶持

政府对乡村旅游品牌的建设力度，应在财政、税收、行政管理和金融政策方面给予适当倾斜。为了支持乡村旅游的发展，政府要加大对乡村旅游的投入力度，设立专门发展基金支持乡村旅游的发展。政府应加强对乡村旅游市场监管，对乡村旅游税收进行政策倾斜，可适当减免参与乡村旅游开发的企业和当地居民的相关税种与行政收费，简化相关审批手续，做到放管结合，促进乡村旅游的发展。在金融方面，对乡村旅游企业予以优先贷款，支持旅游企业发行债券、股票。在招商方面，要以政府名义进行招商引资，利用外资为发展乡村旅游提供资金支持。

2. 完善乡村旅游配套设施建设

乡村旅游是一个要素众多、依托性强、对环境要求高的系统产业。配套设施不完备，乡村旅游就会受到约束。单靠旅游企业去建设配套设施是不可能完善的，所以，政府要加大力度完善乡村旅游配套设施，为乡村旅游提供基础性的保障。一是加强旅游目的地的水、电、路、通信等配套设施建设和完善；二是注重田园景观建设和公共绿化，强化自然资源、传统文化的保护与传承；三是排查旅游项目安全隐患，建立乡村旅游的安全应急和医疗救援体系。

3. 优化公共交通体系

政府部门需为乡村旅游提供相关配套的公共服务交通体系。乡村旅游的游客大多为乡村旅游目的地临近的都市居民，往往周末出行，因此周末应增加开往旅游目的地车辆的班次，满足游客的出行需要；增加乡村旅游目的地的公共停车场和停车位；在通往乡村目的地的十字路口，增加旅游目的地去向的指示牌；在人流密集的地方，设置旅游交通图和景点介绍，发展智慧交通等措施。

4. 净化乡村环境

乡村环境优良是吸引游客的重要因素。因此，要提高乡村绿化率，搞好乡村环境的规划，改善村民的居住环境，治理大气污染，特别是对河流的污染。对村民加强开展乡村旅游重要意义的教育，使他们对游客保持友好的态度。净化"黄""毒""赌"和"坑蒙拐骗"的现象，形成良好的乡村旅游目的地环境。

5. 重视旅游规划

乡村旅游目的地建设目前主要以民营为主，这些民营企业往往过多关注自己的盈利问题，于是目标顾客的需求成了他们唯一的发展动力，形成一家赚钱、家家模仿的局面，从而出现乡村旅游目的地千篇一律的景象，同质化现象十分严重。因为没有体现出乡村旅游目的地的资源禀性、风土人情，盲目跟风，没有自己的特色，被消费者认为"大同"，不能满足他们的真正需求，以至造成资源浪费，目的地品牌建设不成功。因此，政府要重视乡村旅游规划。

各级政府要根据所处区域的自然条件、资源特点、市场需求、收入水平、受教育程度和社会环境，做出切合实际的乡村旅游目的地的科学规划，规划要能够体现本区域的资源特色和文化底蕴，坚持走可持续发展的乡村旅游道路。在乡村旅游开发中，要避免低端的重复建设、逐利的盲目行为、急功近利的短视行为，还要避免盲目跟风、滥开乱建的破坏生态的行为以及破坏环境的不良行为。乡村旅游开发要与更大区域规划相衔接，局部利益要服从整体利益，必须通盘考虑，以谋取乡村旅游健康发展。

6. 完善保障机制

良好的保障机制是乡村旅游品牌建设的必要条件，也是实现乡村旅游可持续发展的必要条件。维护良好乡村旅游市场秩序，建设良好的投资软环境是地方政府部门的重要职能，建立有效的保护体制，将会促进地方经济协同发展。要建立政府主导、集团运作、自律发展的高效的行业管理机制，化解品牌风险；加强人才保障机制，完善人才选拔、培训、激励机制，培养更多懂乡村旅游的管理人才；为乡村旅游提供源源不断的高素质人才；加强区域品牌管理，做好区域品牌的法律保护。

7. 加强对乡村旅游品牌建设的舆论引导

要加大乡村旅游目的地品牌传播的力度，对内提高乡村居民对乡村旅游品牌的认同感、自豪感、责任感以及对品牌维护的自觉性，为促进乡村居民建设乡村旅游目的地品牌做出努力；对外传播提高乡村旅游目的地品牌的知名度、美誉度，激发游客和目标顾客产生强烈购买乡村旅游产品的欲望，进而促使游客前往该乡村旅游目的地进行旅游体验，增强品牌认知度，提高对品牌的忠诚度。要达到上述目的，一方面要求新闻媒体传递区域品牌文化内涵和目的地品牌的独特优势，为品牌建设营造良好的舆论氛围；另一方面，新闻媒介要加强自律，正确舆论引导，对品牌建设进行正确方向的引导。

8. 建立乡村旅游品牌监控机制

乡村旅游品牌必须建立监控机制，观察品牌建设中可能存在的风险，并及时化解品牌风险。品牌监控首先对旅游品牌的认可度进行监控，对游客及潜在顾客对目的地的品牌知名度、忠诚度、美誉度和联想度等方面进行调查，分析其原因，给出对策；其次，要对有竞争性的品牌进行监控，了解竞争对手及战略方向发展趋势；最后，对品牌的市场表现进行监控，观察市场对品牌的接受程度、消费者对品牌维护和建设的认可度。要加强对旅游目的地品牌形象保护的力度，对旅游形象商标进行保护，保护品牌不被其他旅游区域仿制或滥用。

9. 提升后期旅游形象

由于环境的不断变化，乡村旅游目的地的品牌形象也从适应到不适应，品牌必须进行维护和创新，当环境出现重大变化，品牌形象已经无法适应新情况，就应考虑对旅游形象品牌进行重新定位。旅游形象品牌要经历资料收集、市场定位、形象设计、产品创新、品牌推广、品牌维护等阶段，最后形成知名的品牌。即使已经成为知名品牌，品牌也需要不断维护和创新，外界总是在变化，内部也在不断变化，如果我们对品牌不进行创新，品牌就会被淘汰。品牌也是有生命周期的，虽然品牌从创建到最后消失，是一个必然过程，但我们可以延长品牌的周期，让品牌不断适应环境的变化，维持品牌的良好形象。

6.5.2 行业协会层面

乡村旅游行业协会是乡村旅游自我协调、自我监督以及对行业发展引导的行业组织。乡村旅游行业协会在政府部门与旅游企业之间充当桥梁纽带作用，主动协助政府部门的工作，及时与旅游企业沟通，掌握国家、地方对乡村旅游的相关政策信息，利用自身的优势，尽力帮助企业解决困难，为企业营造良好的外部环境。乡村旅游发展应该依靠行业协会进行产品促销、人员培训等工作，同时对行业进行自律管理，促进乡村旅游健康持续发展。国外乡村旅游非常重视加强行业自律建设，培育行业协会，充分发挥非政府组织与乡村旅游企业的纽带作用。为保证乡村旅游服务质量，协会应当制定一些标准要求会员单位执行。行业协会在品牌建设中应该履行以下职能：

1. 成立信息中心，加强与居民、旅游经营者与旅游行政部门之间的沟通，督促会员遵守国家政策及法规；

2. 协助政府部门和旅游经营者加强旅游目的地区域品牌的危机管理；

3. 向政府反映乡村居民、旅游经营者、游客的需求和愿望，协助政府制订旅游行业发展规划、产业政策和有关法律；

4. 制定并执行乡村旅游行业标准，根据有关规定进行资格、资质认定，出具公信证明；

5. 对乡村旅游产品、服务质量、竞争手段、经营作风等进行监督，督促其公平竞争；

6. 对会员违反诚信自律约定的行为，协会依据法规给予处理，并依法向有关行政机关提出行政处罚的建议；

7. 开展各种信息咨询、人员培训、会议展览、考察交流、乡村旅游景点推荐等活动，促进旅游业健康发展；

8. 编辑有关乡村旅游行业情况介绍的信息资料，以及乡村旅游大事件等协会刊物；

9. 建立诚信经营、失信惩戒、失信复议等行业自律制度，设立乡村旅游协会诚信监督委员会、诚信复议委员会等组织机构，保证协会会员切实履行诚信承诺。

6.5.3 企业层面

1. 加强品牌诚信管理

诚信是一种美德，也是一种责任，市场经济既是法制经济，也是诚信经济。诚信是作为经济活动中的基本要素之一，也是乡村旅游目的地企业的立身之本、动力之源。乡村旅游业是服务性行业，乡村旅游经营者的诚信经营与服务是提升乡村旅游目的地品牌形象的必要条件，企业不讲诚信，一定不会长久生存。那么，如何做一个消费者心目中讲诚信的优秀企业呢？首先，应树立诚信经营理念。理念是行动的先导，乡村旅游从业人员必须树立起诚信经营理念。牢固树立"以诚待客"的服务意识，切实履行旅游推广中的承诺。品牌的目的就是便于消费者识别，是对消费者的一种承诺，所以打造品牌的本质就是对消费者讲诚信。"诚信待客"是企业生存之本，需要全员共同参与。在诚信的基础上，不断提高服务本领，改善服务态度，提高服务质量。要从游客需求出发，提高游客对产品和服务的满意度。要定期对游客进行调查和访谈，了解游客对旅游目的地的建议和意见，帮助企业找出游客需求中真正的痛点，改进企业的产品和服务质量，提升服务的效率。服务质量是一种体验质量，难免有游客不满意的地方。游客对服务不满意，应该给予他们方便投诉的渠道，鼓励游客投诉。游客愿意投诉，说明对企业抱有希望，企业可以增加补救措施赢得顾客忠诚。其次，注重个性化需求，不断设计出个性化服务产品。要以社会营销理念为导向，以游客和社会满意为企业工作的出发点和落脚点，企业考虑游客的需求升级和变化，不断调整企业的产品和服务，努力满足游客的合理需求。在乡村旅游服务行业中，每个游客的个性、兴趣、爱好、教育程度、家庭背景各不相同，他们的需求往往也不完全相同，即使是对同一服务，他们的体验感也不一样。必须重视游客的个性需求，设计应满足个性化要求，提升服务质量，以此来提高游客满意度。最后，努力提高游客忠诚度。营销学理论告诉我们，维系一个老顾客的成本只需开发一个新客户成本的六分之一，由此可见游客的忠诚度对企业有多么重要。研究表明，游客的忠诚度与游客满意度是正相关的，要使游客忠诚，必须使游客满意。游客要满意必须从游客需求出发。游客的需求就是我们产品努力的方向，要始终为游客着想，提升游客的满意度。如果企业提供给游客的产品和服务未达到游客预期，游客就会不满。所以，要赢得游客满意，就要了解游客真正的需求痛点，以游客需求为产品设计指引方向，要兑现企业宣传的任何承诺，赢得游客的信任。同时，要引导游客对产品或服务的期望，不要承诺太高，要说到做到，从而赢得顾客的信任，提高顾客忠诚度。

2. 以质量为本

质量是乡村旅游品牌的生命线，是企业竞争的法宝。品牌要能够在消费者内心深处留下烙印，要留下这个烙印就要有自己的产品特色。特色必须建立在质量保障基础上，所以要突出特色，就应该强调产品质量，没有好质量的特色算不上真正的特色。产品质量残缺，消费者心中的烙印就会残缺、不完美。产品要有核心竞争力必须满足两个条件，一是产品设计要符合消费者的需求，二是要有针对性的服务。在此基础上，产品质量是保障。建立乡村旅游目的地品牌的核心竞争力必须是在乡村旅游产品核心竞争力基础之上。一方面，注重乡村旅游产品开发的质量。要坚持以"乡""村"为基础，"乡"以原生态为特色，"村"以古朴为特色。注重农业观光型旅游产品的开发，提升观赏型乡村旅游产品的文化内涵，突出乡村旅游的原汁原味，不要进行大改造、大建设，更不要把乡村进行城市化改造。只有原生态的旅游资源才是乡村旅游业的核心吸引力，才是独特的旅游资源。在古朴的民风民俗上做文章，靠这些卖点打动乡村旅游者的内心，使之产生共鸣。另一方面，要提升乡村旅游的服务质量。乡村旅游产品是服务产品，其质量不能进行有效测量，只能通过游客的感受与预期进行比较而得出，游客在乡村旅游的体验中，如果符合预期，则对乡村旅游服务比较满意，反之，就会产生不满。乡村旅游产品的质量是产品可靠性的保障，优良的服务质量是游客满意的根本保证。提升服务质量，要在员工的服务能力、工作态度和知识等方面下功夫。乡村旅游产品质量不仅存在于旅游产品本身，而且反映在服务的每一个环节中和服务质量形成的过程中。所以，乡村旅游产品质量要重视过程管理，重视一线工作人员。

3. 搞好内部营销

营销学理论告诉我们，企业顾客分两种，一种是外部顾客，一种是内部顾客。外部顾客很好理解，就是买了企业的产品或服务，帮助企业完成产品使命的消费者，对于乡村旅游目的地来说，就是游客。内部顾客就是企业的员工和服务人员，为什么把他们叫作内部顾客呢？我们都知道顾客是上帝，许多乡村旅游经营者认为外部顾客十分重要，而内部员工是通过"管"来约束他们。其实这样做效果适得其反。企业在尊重外部顾客的同时，也应该尊重内部顾客，因为内部顾客是直接与外部顾客接触的，是为外部顾客服务的，如果对内部员工不采取以人为本的思想，员工就没有归属感。特别是基层员工，他们处在第一线，常常与外部顾客直接接触，如果对他们的激励不够，他们对工作是被动接受，那么他们就会不认真，面部表情不快乐，会把这种工作情绪传递给外部顾客，外部顾客感受到员工的不快乐，就会不满意，从而影响顾客的满意度，降低对企业的忠诚度，顾客忠诚度降低，就会影响企业的社会效益、经济效益。一个企业的社会效益和经济效益差，则不可能给员工提供很好的服务，由此，形成了一个恶性循环。可见，员工对企业的重要性不言而喻。因此，我们再三强调把企业员工看作内部顾客是恰如其分的，其目的是凸显员工的重要性，最终对企业发展是十分有意义的。乡村旅游目的地的产品经营者应该把员工视为企业的内部顾客，采取一系列举措，激励员工工作的积极性，确保员工自觉自愿为游客提供一流的服务，要切实搞好与员工的关系，培育企业文化。乡村旅游目的地在培育企业文化的过程中，高层管理人员应该和广大员工一起，创建以服务为导向的企业文化，形成良好的服务理念，坚持精细化管理的工作方式，对游客用心、用情、用力，形成企业上下为游客服务的思想。首先，旅游企业的经营者和管理者应该关心员工，帮助员工解决生活中的困难，制定和落实员工的福利待遇，为他们的工作搭建合适的平台。其次，乡村旅游企业的经营者和管理者采用人才外聘和内部提升相结合的方式，重视聘用优秀人才为企业服务，牢记人才是第一资源，旅游目的地的品牌创建成功与否，人才是乡村旅游实施优质服务的关键因素。聘请那些既懂企业经营理念，又有品牌实际操作的人才，除了给予高薪，同时应该给予他们股份，激励他们全身心投入品牌管理和运作中。聘请这样的人才不在"多"，而在"精"，不在"量"，而在"质"，这样的人才一定选准用好，因为这种人才成本也是很高的。企业要重视对员工的培训，培训他们的职业道德、品牌知识、服务规范和标准化，提升他们的能力和敬业精神，以及对企业的忠诚度。员工对企业忠诚，员工视企业为家，展现出自觉的服务意识，凝聚起员工的参与意识和团队精神，企业的效率也会提升。要大胆向一线员工授权，使他们的才能得到充分展示，他们的主人翁精神和主人翁地位得以实现。同时，完善企业内部沟通和信息交流，可以更好地服务外部顾客。

4. 服务好外部顾客

服务外部顾客是企业创立品牌的目的所在，品牌之所以获得顾客的认可，就在于企业赢得了顾客信任。乡村旅游是服务行业，服务的质量是靠游客的体验来检验的，服务是无形的，是一个互动的过程，是在服务人员与游客的接触、交流与沟通中完成的过程。乡村旅游产品品牌的管理是一种与游客互动式的过程管理，在互动过程中，能够增进游客对目的地的感情，提高游客对乡村旅游目的地品牌的忠诚度和美誉度，提升对品牌的信任感。乡村旅游产品本质上就是游客购买的一种服务体验，旅游者在体验中获得服务，能否产生共鸣，取决于其与品牌的情感关系。如果服务体验超过了预期，旅游者会对服务非常满意，将持续接受服务，最后对品牌产生依恋。此时，旅游者在对产品的服务质量体验中，情感因素已经成为最重要因素，因此，旅游者会在企业角度帮助企业思考问题，移情性充分表现出来，没有特别外力作用下，品牌忠诚度会居高不下。所以，应该服务好外部顾客，使其产生共鸣，形成依赖，建立良好的伙伴关系。另外，商业永远遵守 80/20 法则，百分之八十的顾客产生百分之二十的利润，百分之二十的顾客为企业赢得百分之八十的利润，所以企业一定要明确谁是关键顾客、重要客户，对客户进行有针对性的客户关系管理。品牌经营者和管理者利用当今科学技术对客户进行管理，可以建立重点游客的管理数据库，利用大数据分析游客的期望、态度和行为的关系，从而有针对性地提升服务。与此同时，要与重点客户建立新型合作伙伴关系，达成一定结盟方式，利益共享，通过与重点客户的交流、交往、交心，请他们帮助旅游目的地的企业出谋划策，从而赢得游客对品牌的忠诚，产生良好的口碑效应。

5. 品牌的传播

乡村旅游目的地品牌管理的任务是提炼品牌核心价值，对乡村旅游目的地品牌定位，并对核心价值进行传播。通过品牌的传播，让游客感受到旅游目的地的品牌核心价值所在。在乡村旅游产品品牌营销传播过程中，旅行社起着至关重要的作用。参加旅行社是游客出行的重要方式之一，旅游目的地应该和旅行社进行深度合作，旅行社不仅是组合旅游产品的中间商，还是品牌与消费者进行沟通的重要桥梁。新开发的乡村旅游目的地，和旅行社进行合作对外宣传，是一种明智办法，是一种共赢。对于旅游目的地来说，打开了客源市场；对于旅行社来说，带动旅游客流来乡村旅游目的地进行体验、观光和游览，可以获得收入。旅游目的地会给予合作的旅行社最优惠的价格，承担部分市场推广费用和广告费用，既保证目的地具有稳定的客源市场，也使旅行社业务得以推广，实现双赢局面，形成可持续发展。同时，乡村旅游目的地应该加强管理，提升服务水平，提高服务质量，打造特色鲜明的旅游景区和景点，不但把游客带进来，使游客感觉物有所值，旅游结束后，在心中也能够留下美好的回忆。对外传播的目的是将旅游目的地的服务信息传递给目标顾客，但是否值得一游，是否有价值，是目的地持续发展的关键所在，所以必须加强品牌建设。如今，乡村旅游目的地竞争十分激烈，如果不把信息传递出去，没有人知道乡村旅游目的地的产品特色，就不会有游客到来，旅游目的地就没法发展。由此，要加强乡村旅游目的地的营销工作，乡村旅游目的地应与旅行社分工与合作，乡村旅游目的地主要负责乡村旅游产品的开发和设计，旅行社则负责把信息传递给目标顾客。同时还应加强与品牌营销与传播部门的合作，处理好旅行社、旅游景区、旅游目的地、旅游管理部门等之间的关系。

第 7 章

乡村旅游目的地形象设计

7.1 乡村旅游目的地形象的内涵与特征

7.1.1 乡村旅游目的地的内涵

1. 形象的定义

国外学者通常用"Image"表达形象,亨特(Hunt)于1971年首次提出"形象"的概念界定,认为形象是外界作用于人的头脑所形成的意识流。① 虽然学界对形象没有一个统一的定义,但学者们比较认可的是:形象与"信念"和"印象"是紧密相连的,形象是一种信念,是对事物、人以及企业的整体印象。从心理学的角度来看,形象是人们利用各种感觉器官(视觉、听觉、触觉、味觉)对某事、某人、某企业进行感知,从而在大脑中形成的对事、人、企业的整体印象和看法。简言之,形象是知觉,是各种感觉的再现。同一对象,不同的个体会产生不同的感知,会形成不同的形象,由此,对个体行为产生不同的影响。"形象"概念的界定更多地强调形象的主观性和抽象性。形象不是指一种具体事物,而是一种感知,是对事物整体的印象。

我们认为,形象是人们对认识对象的一种整体的印象。

---

① Hunt, J D. Image: A Factor in Tourism. Unpublished doctoral dissertation [D]. Colorado State University, 1971.

2. 乡村旅游形象

乡村旅游形象是人们对乡村旅游活动总的印象的总称。它包括景区形象、景点形象、居民形象、游客形象、服务人员形象等，这些形象都会影响消费者对乡村旅游的印象。从时间上划分，旅游形象包括过去、现在以及未来的旅游形象。过去的形象已经形成了，现在的形象正在形成，未来的形象只能依照过去和现在的形象进行推测。形象一旦形成就难以改变，因此要维护好乡村旅游目的地的形象。乡村旅游形象内容包括食、住、行、游、购、娱等六个方面的因素，乡村旅游"食"的形象，一般是吃农家饭；乡村旅游"住"的形象，则是住农家小院；乡村旅游"行"的形象，应该具有农村特色交通工具；乡村旅游"购"的形象，是具有当地特色的农产品。影响乡村旅游形象的要素包括乡村的旅游资源、旅游产品、旅游设施和设备、旅游人文环境、生态环境和旅游服务环境等。

3. 旅游目的地形象的内涵

王克坚在其主编的《旅游辞典》中将旅游形象定义为旅游者对某一旅游接待国或地区总体旅游服务的看法。游客在旅游目的地的旅游活动结束后，会对这次旅行活动的付出和所得进行比较。如游客认为得到多于回报，就认为值得，由此，会产生满意，对该旅游目的地形成良好印象，反之，则不满，对旅游目的地形成不良印象。[①] 形象是人们对一个地方或目的地所持有的一系列"想念、想法和印象"。[②] 保继刚、楚义芳在《旅游地理学》一书中，提出了"感知环境"概念，即消费者在进行旅游决策时，将收集到的各种旅游目的地信息汇聚头脑中，形成对环境的整体印象，这就是感知环境。[③] 旅游目的地形象的定义如表7-1所示。

[①] 王克坚. 旅游辞典 [M]. 西安：陕西旅游出版社，1992.
[②] 揭筱纹等. 乡村旅游目的地形象设计与管理》[M]. 北京：科学出版社，2018.
[③] 保继刚，楚义芳. 旅游地理学 [M]. 北京：高等教育出版社，1999：32-33.

表 7-1 旅游目的地形象的定义

时间	学者	定义
1997 年	张建忠	对旅游资源、活动、项目、开发程度等相关方面的综合体验的印象
2004 年	邓明艳	游客和潜在游客的感知印象的总和，即对旅游地游览前后的感知印象的总和
1997 年	克伦普顿（Cromptom）	个人对目的地的全部信念、想法和印象的总和
1987 年	加特纳、亨特（Gartner，Hunt）	人们对非居住地所持有的感知和印象
1990 年	肖恩（Chon）	个人信念、想法、感觉、期望和印象交互作用的结果
1999 年	巴洛格鲁、麦克莱伦（Baloglu，McCleary）	对目的地的认知、情感和整体印象的个体的心智表征
2000 年	科斯（Coshall）	个体对目的地的个人感知
2003 年	基姆、理查德森（Kim，Richardson）	对一个地方印象、信念、想法、期望和感觉的长期积累的总和
2007 年	蔡碧凡，夏盛民	个体心目中的总体印象
2011 年	张晓，马丽卿	旅行者和潜在旅行者头脑中的总体印象

4. 乡村旅游目的地形象的概念

要了解乡村旅游目的地形象的内涵，首先要清楚"乡村性"的意思。乡村性是乡村风光和文化环境的抽象概括，乡村性有 5 个特性，即：在农村地区；旅游活动在乡村进行；活动是小规模化的；活动受当地社区控制；乡村地域的复杂性，活动类型的多样性。①

本书认为，乡村旅游目的地形象是人们对某个乡村旅游目的地的整体印象和总的看法。

5. 乡村旅游目的地形象的特征

（1）综合性

从内容层面来思考，乡村旅游形象可分为物质表征和社会表征。物质表征包括外观设计、乡村环境、园林绿化、地理位置等主要内容；社会表征包括人员的服务、技术水平、工作效率、福利和待遇、管理水平等。

从心理感受层面来思考，每个游客的文化背景、获取旅游信息的方式、旅游的兴趣爱好都不相同，对同一乡村旅游目的地会产生不同的感知认识，形成不同的形象。

从时间层面来思考，乡村旅游形象分为：原生形象、次生形象和复合形象。原生形象是指游客未到旅游目的地前，根据目的地地理位置，结合自己的经验、阅历对目的地形成印象；次生形象是指游客接受旅游目的地的宣传推广影响后，对原生形象要修改，由此形成的印象；复合形象是游客在实地体验旅游目的地之后，再次对次生形象加以修正而形成的形象。

（2）相对稳定性

形象一旦形成，旅游者心目中就会形成一个"固定"的印象。这种印象是旅游者心目中一种感性与理性的综合感知。一般来说这种印象是多次、长期积累成的，形象具有相对的稳定性。但形象具有主、客观二重性，随着时间的推移，消费者主观意识会发生变化，如消费者的社会阅历增加、知识技能提升、年龄增长等都会对过去产生的形象发生改

---

① 尤海涛. 基于城乡统筹视角的乡村旅游可持续发展研究 [D]. 青岛大学，2015.

变和修正。

(3) 地域性

乡村性是乡村风光和乡村环境的抽象概括。乡村是乡村旅游形象的载体,乡村旅游目的地必须在乡村。乡村旅游形象,首要特征是形成地域在乡村,其次是小规模化的,最后是具有浓厚乡村文化,形成独到的印象。但不同形成地域都有自己独特的个性,风俗习惯也不相同,在乡村旅游者和潜在旅游者中,不同地域生产的印象不同,所以,乡村旅游形象受地域差异不同而在游客心目中产生不同的旅游形象。

7.2 旅游目的地形象设计的理念

7.2.1 凸显地方特色

所谓特色即"人无我有、人有我优、人优我特"的独特性。威廉姆斯(Williams)等认为,游客并不完全基于目的地旅游资源与环境要素来做出选择目的地的决策,而是对特定旅游目的地具有强烈的心理偏好,即地方依恋,其源于人与地方之间的感情、认知和行为方面的联系与互动。[①] 乡村旅游目的地设计要通过乡村地方特色要素的凸显和乡村文化的凝练,突出地方性和地方依恋,打造出一种独具一格、具有独特

---

① WILLIAMS D R, ROGGENBUCK J W. Measuring place attachment: some preliminary results [C]. Proceedings of the National Parks and Recreation, Leisure Research Symposium, 1989.

个性的专属形象。只有那些有特色的旅游目的地才可能吸引游客，游客旅游体验后，心中才会留下难以忘怀的印象，在游客中赢得旅游目的地品牌的知名度和美誉度。然而，许多旅游目的地的的旅游开发与设计都千篇一律，没有个性，没有自己的特色，一味模仿其他旅游目的地进行规划与开发，这种依赖模仿开发的方式，没有特色，难以在竞争中取胜。旅游目的地的形象设计要体现地方特色的内容，依靠地方自然条件、传统文化、地方民风民俗等发现打造特色的旅游元素，体现目的地独特的风貌，展示个性鲜明的目的地的形象，才能使之在众多的竞争对手中脱颖而出，打动游客内心世界，将游客与旅游目的地之间的情感距离拉近，在消费者心中留下美好的印象。

7.2.2 绿色生态

2020 年，国家正式将"建设生态文明"作为全面建成小康社会的五大奋斗目标之一。2022 年，党的二十大报告提出全面推进乡村振兴。因此，乡村旅游目的地在旅游规划与开发中，应该坚持绿色生态的发展理念，坚持人与自然和谐共生。坚持发展与保护的统一，将绿色生态发展融入乡村旅游发展的全过程。一是将绿色生态发展融入目的地经济建设、社会建设、文化建设的全方面和全过程；二是坚持绿色发展、循环发展、低碳发展、平衡发展、统筹发展；三是乡村旅游目的地的设计中，要按照生态系统自然规律，统筹考虑自然生态各个要素，在保护中开发，在开发中保护。生态系统修复与保护能够弥补旅游开发中的生态损失，增强生态修复能力，维护生态平衡。

7.2.3 开放共享

在乡村旅游目的地的设计中，要善于学习他人在形象设计上的先进理念，要解放思想，实事求是，乡村旅游目的地的发展不能只考虑核心景点景区，而应该把乡村旅游目的地周边的旅游吸引物、资源、设施等也作为重要考虑内容，通盘考虑，整体规划，全域谋划。在乡村旅游目的地建设中，必须秉持开放的态度，合理吸收外部人力资源、资金、技术、理念，进行合理的优化配置与利用。在形象设计中，开发乡村旅游目的地形象不仅考虑自身特色，还应该考虑融入更大区域的范围之中，坚持整体、全面、系统的思维观。

共享发展根植于中华民族文明血脉。2000多年前，孔子提出了"天下大同"的思想。共享发展的理念，促进了社会发展和人类进步。在乡村旅游发展中，应倡导乡村旅游目的地的经营者之间资源共享，共同发展。在乡村旅游建设中，在旅游规划设计、运营管理、利益分配中，应该考虑当地居民的利益。通过乡村旅游发展，带动当地经济发展，为乡村振兴做贡献。

7.2.4 协调创新

旅游目的地形象设计采用协调的原则，体现在区域协调、文化协调、城乡协调、人地协调、产业协调。区域协调是指在乡村旅游目的地形象中，要体现和引导多产业融合发展，结合区域优势，将乡村特色旅游、乡土特色产品、生产制造、交通物流、媒介传播等服务一体化，多产业、多行业协调发展；文化协调是指乡村旅游目的地形象中乡土文化、风俗民情、乡土建筑文化、历史文化等协调发展，以多元文化形象吸引人；城乡协调是指乡村旅游目的地形象设计中，城乡一体化统筹，乡村旅游中，体现城乡融合，乡村互补，资源要素交融与融合；人地协调是指乡村旅游目的地形象体现出天人合一、人与自然和谐共处的理念；产业协调不仅要求在乡村旅游发展中，第一、第二、第三产业协同发展，也要求在旅游目的地中，食、住、行、游、购、娱等产业协同发展。

创新是引领发展的第一动力。人们常说"穷则变、变则通、通则久"，以强调创新的重要性。创新发展根植于几千年的哲学思想，流淌在中华民族的文化血脉之中。早在殷周时代《周易·益卦》就有"凡益之道，与时偕行"的创新原则，它告诉我们要与时俱进，要有创新思想、创新方法、创新技术，才能有所作为。熊·彼特认为，创新是革命性变化，同时意味对原产品、原技术、原生产方式的"毁灭"。创新是建立起一种新的生产函数，把一种从来没有过的生产要素和生产条件重新组合。在乡村发展中，随着互联网的普及，大数据、云计算、物联网等的利用，产生了智慧旅游，提升了乡村旅游目的地的服务质量。

7.2.5 以人为本

以人为本就是以促进人的全面发展与进步为目标和根本动力，一切为了人，一切依靠人。在乡村旅游目的地形象设计中，要凸显"人本原则"，处处体现为人考虑，为人着想。在旅游目的地的基础设施建设中，要为游客着想，以游客满意不满意作为工作标准，处处对游客进行人文关怀，情感投入，"用情""用心""用智"去规划和开发乡村旅游，万万不能模仿、攀比和盲目跟风建设。在乡村旅游的规划中并不是越高级越好，而是要更多地注重实用性、安全性、舒适性和便利性。要有"一切为了游客"的理念，乡村旅游目的地的资源开发、产品策划、服务设计最终目的都是为了游客，游客通过旅游体验后，认为这次旅游是值得的，是满意的，就说明我们工作做得比较好。随着乡村旅游发展，游客需求水平的不断提高，游客越来越重视旅游服务的质量，也越来越重视与服务人员接触的服务体验。服务与有形产品有本质不同，它要求游客参与其中，虽然无形的服务没有检验的标准，但我们应该注意服务内容和程序的标准化，使游客能够感受到服务的正规化。乡村旅游目的地的服务企业要加强内部管理，提高员工的职业素养和职业道德，使服务人员真正关心游客，处处为游客着想，提供一流服务质量。当然，企业管理者也要关心一线员工，切实提高工作待遇和生活保障，重视对员工的人文关怀。

7.3 乡村旅游目的地形象的符号

7.3.1 符号的定义

20世纪德国哲学家卡西尔在《人论》中指出，从人类文化的角度来看，"符号化的思维和符号化的行为是人类生活最富代表性的特征"[1]，由此，可以把人定义为符号的动物。从远古时代起，人类之间就会寻求帮助或根据需要进行协调，他们通过手势、面部表情、模糊不清的叫声来表达，这种手势、表情、叫声就是符号，后来又出现了口头和书面语言的交流符号。符号的使用使得人类对自然界的反应变得主动、自觉、积极，而不再是原来被动的本能反应。符号从情境中剥离出来，代表一定意义，符号的应用，使人类能够主动思考，然后做出反应。借助符号系统的应用，转瞬即逝的感觉印象被组织化和条例化，思

---

[1] 卡西尔. 人论，甘阳译. 上海：上海译文出版社，2004：38-39.

维操作才有依托，才能在操作中渗入以往的经验和对未来的想象。①

学界对符号目前没有一个公认的定义，不同的学者从自身研究角度给符号进行了定义，虽有差异，但大同小异。"符号"一词最早出自古希腊语，当时人们认为各种病症都是符号，医生只要掌握了这些符号，就可以推出病因，被公认为"符号学之父"的希波克拉底就是把病人的"病症"看作符号的。

瑞士语言学家索绪尔（Saussure）在20世纪初，首先提出"符号学"的概念，他认为符号构成了人类对周围事物的感知以及与周围环境展开的社交活动②。人类世界里充斥着各种符号，人类不断将事物符号化，既便于记忆，又能传递信息，符号的功能是传递信息的。基督教思想家奥古斯丁认为，"符号是这样一种东西，它使我们想到这个东西加诸感觉印象之外的某种东西"。生活中任何事物，都可以用符号来表示，我们生活中看见的、听到的和感觉到的，其实都可以用符合来代替。人们传承交流知识的各种概念，都可归到符号的范畴，如语言、音乐、绘画、文字所包含的概念。人类通过符号来探索未知的世界，通过符号告诉后代已经掌握的知识、技能，通过符号才使人从情境中解脱出来，利用符号系统，去认识世界和自身，使问题简洁化。符号可以使信息交流和知识传递，对人类传递知识、改造未来的世界，作用巨大。德国著名美学家马克思·本泽曾说过，"人不仅与事物发生关系，而且与符号发生关系，人的意识与其说是对象世界，不如说是符号世界。在整个人类的精神生活中，符号活动是目的性对象活动的基础"。

在古代，中国虽然没有关于"符号"的明确界定，但在许多思想中孕育了"符号"的内涵。早在春秋战国时期，各派"名实之争"，形

---

① 王铭玉. 语言符号学. 北京：高等教育出版社，2004：4-5.
② 刘欣月，晏鲤波. 中外旅游符号学研究综述 [J]. 旅游论坛，2015，8 (01)：31-37.

成名辩思潮，就是哲学家对符号问题的哲学讨论。哲学家提出了所谓"正名"要求，这里的名就是名称，就是符号。孔子最先提出了正名的主张。孔子说："名不正则言不顺，言不顺则事不成，事不成则礼不兴，礼不兴则刑罚不中，刑罚不中则民无所施手足。"这里的"名"，就是所说的符号。古代汉字"符"含有符号的意识，如"兵符""符瑞""符契"等。荀子"约定俗成"的思想，也阐述了什么"名"代表什么"实"，并非是本来就固有的，是通过长期实践而认定。人们在长期交流思想和工作中，为了方便交流，对周围的事物用符号表述，这样可以记忆、传播、交流。给实以名，进行约定，而一经约定，符号就已形成，即什么"名"用什么"实"，什么"实"用什么"名"，为社会普遍接受。《尚书》中注释"言者意之声；书者言之记"，说明文字是记录语言的书写符号。

7.3.2 符号学

人们对符号学的研究始于20世纪初。符号学是从语言学和逻辑学分化出来的。其中，符号学代表人物索绪尔（瑞士）就是一位语言学家，另一位符号学代表人物皮尔斯（美国）是一位逻辑学家。索绪尔从语言背景提出了符号学的思想，皮尔斯从逻辑学提出了符号学的构想，但两人对符号学术语使用、符号学基本概念的理解完全不同，甚至针锋相对。索绪尔基于研究社会生活符号的生命科学提出了对符号学的构想，他把符号学构想为普通心理学研究领域，主要解决符号是怎样构成的，受什么规律支配。皮尔斯基于语言现象研究入手，更多关注符号化过程所具有的根本性质及基础变体的学问。其中，符号化过程相当于三项主体的合作，即符号、客体及其解释因素。两种观点的内涵，如表7-2所示。

表 7-2　索绪尔和皮尔斯对符号学内涵的解释

名称	内涵
索绪尔的符号学观点	基于语言学角度进行研究，研究范围仅局限于语言符号，将词及语言作为系统进行研究。根据二元论，把语言符号解释为"能指"和"所指"的结合体时，符号才会有它明确的含义。索绪尔指出，"能指"指的是语言符号的音响形象，"所指"是它表达的概念。"能指"并不是物质的声音，而是人们的心理印记；"所指"为概念内涵，它是符号的形式和形体。由"能指"和"所指"构成的语言符号，与外在的指称物的存在是独立的，从理论上讲，"能指"与"所指"之间是不能分离的。因此，"能指"与"所指"是符号载体的两个侧面，符号学的问题都围绕这两个侧面进行展开。同时，符号的意思被传递是通过"能指"与"所指"之间的联系，符号是一种二元关系
皮尔斯的符号学观点	皮尔斯提出了符号的三元理论。他把符号解释为符号形体、符号对象和符号解释。符号形体是"某种对某人来说在某一方面或以某种能力代表某一事物的东西"；符号对象就是符号形体所代表的"某一事物"。符号形体、符号对象和符号解释构成一体的关系，三者缺一不可。符号学包含三个主体，如符号、符号的对象和符号的解释之间的合作，这三项关系的影响绝不能分解为两项之间的活动。皮尔斯认为，三元关系决定了符号的本质

7.3.3　符号学二元理论与三元理论的关系

索绪尔和皮尔斯在不同背景下，分别提出符号学的理论学说。从本质上来讲，这是同一件事情的不同表述，任何符号都是二元或三元关系。索绪尔的符号学是二元的符号学，他把符号分为"所指"和"能指"两个部分；皮尔斯是三元符号学，他把符号解释为符号形体、符号对象和符号解释的三元理论。他认为一切事物都可以视为符号，只要它位于符号对象和解释项的表意的三元关系之中。在 20 世纪大半部分时间，索绪尔二元符号学模式非常兴盛，甚至在 20 世纪 60 年代发展成为一个蔚为壮观的结构主义运动，成为符号学的代名词。皮尔斯的模式在 20 世纪大半部分时间都是被忽略的，直到 20 世纪 70 年代后被重新认识，并逐渐成为当今新符号学运动的理论基础。

在皮尔斯看来，符号不是由"能指"和"所指"两个侧面构成，符号就其本身来说，它不是一个构成物。符号只是表意三元关系中仅有的一个要素而已。皮尔斯的三元关系中常说"符号是由再现体、对象和解释项构成的"。从皮尔斯对"符号"的定义可以看出，其关注重点不在符号本身，而是"符号关系"。符号自身是一个整体，不应该也没必要被拆分，它只是在符号、对象、解释项三元关系中被认定为符号。所以，任何东西只要位于一个表意三元关系中，都有可能被视为符号。

7.3.4 符号的分类

皮尔斯的三元论理论，把符号分为图像符号、指索符号、象征符号三个类型。在乡村旅游活动中，图像符号是最为直观的，游客进入旅游目的地，通过图像符号就会产生联想，能够形成游客对旅游目的地的服务体验预期；指索符号是符号形体与符号对象之间直接的因果关系，如目的地的路标、目的地的概况图等，根据指索符号，大致了解目的地的构成；象征符号是符号形体与符号对象之间没有显著的关系，它主要是人们在生活中约定俗成的，在景区中的人文景观中使用较多。

7.3.5 符号的功能

符号学家罗吉认为符号的功能在于其能够依靠信息来传达一定的观

念与内涵①。我们从符号定义知道，符号主要功能是传递信息，交流感情。其具体表现在以下两个方面。

第一，认知功能。"认知作为一种符号行为，最终目的还是为了获取知识，去探求客观事物的有关信息。"② 我们把任何东西都符号化，一切事物都符号化，整个世界就是一个符号世界，一切事物和知识经验都用符号来表示，客观的物质都可以符号化，符号就可以被传递为信息，人类知识、技能通过符号进行传递，人类以这样的方式，可以积累知识，总结经验，进行文化传播，对历史进行传承。

第二，交际功能。符号的认知功能让人类不断积累认知，而符号的交际功能，可以表达情感，可以通过符号请求帮助，在工作中，用符号可以使成员之间进行协助，因此，符号的交际功能使符号变得更加有意义③。

7.4 乡村旅游感知形象的符号学分析

感知形象分为本地感知形象、决策感知形象及实地感知形象。本地感知形象是旅游消费者在未去旅游目的地之前，通过阅历、过去的所见所闻对旅游目的地的总体想象；决策感知形象是在准备去旅游目的地之前，在已经收集了旅游目的地资料和信息的基础上，对旅游目的地的印

---

① 陈宗明，黄华新. 符号学导论 [M]. 河南：河南人民出版社，2004：37.
② 陈宗明，黄华新. 符号学导论 [M]. 河南：河南人民出版社，2004：44.
③ 陈宗明，黄华新. 符号学导论 [M]. 河南：河南人民出版社，2004：50.

象，它是对本地感知形象的修正；游客通过到旅游目的地实地体验后，对旅游目的地的印象，称为实地感知形象，它是对决策感知形象进一步的修正。在旅游过程中，我们收集信息，在我们头脑中都可以理解为符号。在以上三个阶段，符号的互动，也是目的地与游客的思想和信息的交流。

7.4.1 乡村旅游目的地与符号

对于乡村旅游，从本质讲是游客通过符号来认知和传播信息的过程，从而达到交流感情的目的。符号学在乡村旅游中的应用，是很有价值、值得研究的。乡村旅游目的地形象通过符号的表征来建立。旅游宣传册、纪念品、自然和人文景观都是符号。游客通过与这些符号的接触，在心目中构建旅游目的地的形象。

7.4.2 乡村旅游中介者与符号

中介者是游客未到达目的地旅游时，收集到的与目的地相关的旅游资料，这些资料就是用符号传递给游客的。游客获取本地感知形象是旅游目的地通过宣传图片、视频、网站等方式，将目的地的信息传递给游客。乡村旅游中介者可以是报纸、杂志、电视广播、互联网、亲朋好友，通过这些中介者将乡村旅游目的地信息传递给游客。而游客所建立的本地感知形象来自多种信息的综合。旅游中介者为了追逐利润，往往会夸大一部分旅游目的地旅游吸引物的感知，因此与实地感知会产生一些偏差，游客的期望高，而实际达不到预期，从而导致游客的不满，造成旅游目的地形象的受损。

7.4.3 游客与符号

游客是为了体验不同的文化而来的，对游客最重要的吸引物就是这种差异化的文化符号，游客感知的过程也是对符号的诠释过程。乡村旅游服务质量由符号构成，游客对乡村旅游符号的感知受到先前经历、外界信息、外界刺激等各个方面的影响。此外，每个游客收集信息的渠道不同，决策感知形象也会不同。而通过实地体验，每个游客的实地感知形象也不同。因此，游客对乡村旅游目的地旅游体验结束后，根据自己获得的感知，对旅游目的地就会形成一个评价，形成心目中的形象，之后会将乡村旅游目的地的形象通过多种渠道方式向外进行传播。

7.4.4 旅游符号学

最早提出旅游符号学的是马康纳（Mac Cannell，1976），他将符号学理论应用到旅游学当中。关于旅游符号学的定义如表7-3所示。

表7-3 旅游符号学定义

时间	学者	内容
1976年	马康纳（MacCannell）	旅游目的地是一个符号系统，游客的旅游活动就是解读目的地符号
1981年	卡勒（Culler）	游客为"符号大军"，旅游活动为"符号解码"，旅游的过程即游客解读旅游目的地符号的过程
1983年	加布（Garbum）	提出要在符号学理论指导下研究旅游活动开展的原因、形式以及意义
1990年	约翰默里（JohnUrry）	游客凝视的对象是非日常生活中的各种符号，凝视的过程中涉及了符号的寻找与消费
1992年	布朗（Brown）	探讨了消费和旅游体验的符号性，发现旅游者通过购买各种体验来标识自己，自己就是一个符号

续表

时间	学者	内容
1999 年	埃希特纳（Echtner）	研究了旅游营销三角理论，即：旅游目的地、广告商、潜在旅游者。进一步阐述了广告商利用旅游目的地的特征如何进行表征，就这些表征潜在消费者如何进行解读，游客体验提供给的符号是什么
1999 年	帕默（Palmer）	指出因为民族遗产类旅游吸引物载有国家的信息，可以认定为一个国家的符号
2001 年	赫伯特（Herbert）	借鉴约翰逊（Johnson）的文化循环模型图，构建了遗产景观的"表征"和旅游者"解读"的循环模型
2001 年	王宁	指出文化内涵与消费的符号性之间的联系，分析了消费之物的符号功能与符号象征
2002 年	何兰萍	消费作为操纵符号的行为，人们所消费和追求的正是符号的差异性与象征性
2005 年	谢彦君	游客在充满符号的环境中体验整个旅游过程，不论是体验的渠道，还是所体验的内容，都是旅游者对不同符号的解读
2008 年	娄丽芝	构建特色符号是旅游目的地的重要吸引物，游客与符号进行互动的过程，就是游客消费和体验的过程
2010 年	孙洪波	指出旅游时间是一个真实的符号，旅游时间符号的意义是自我权利、自由解放，旅游空间的符号能够引起文化的差异性，异地性特征决定了文化差异
2015 年	陈岗	发现符号活动就是游客心灵烙印与实地体验感受进行对比，并不断验证的过程

7.5 建立乡村旅游目的地的识别系统

乡村旅游目的地应当有意识地利用各种符号元素（包括人和一切物）进行整合，依此来构建一个鲜明的识别系统，凸显旅游目的地的特色，形成旅游目的地鲜明、独特的个性，有利于游客对目的地的记忆形成良好的形象。乡村旅游目的地由若干个符号构成，是一套符号系统。这套符号系统主要包括四个子系统，即视觉识别、听觉识别、行为识别、嗅觉识别。

7.5.1 导入视觉识别子系统

乡村旅游目的地功能是供游客观赏、休闲、体验的，游客进入目的地，首先是观，所以，视觉识别系统传播力最强。视觉识别系统是乡村形象设计中最直观、最具有感染力的一个子系统。它以视觉理念识别为指导，通过旅游标志、标准字、标准色、标准物、员工服装等各种实物要素来反映和表现理念。通过视觉符号元素对外传达乡村旅游目的地的整体印象，能起到极其有效的识别旅游目的地之间的区别和特征的作用。旅游者对目的地的第一印象的起点，是旅游形象设计影响最广、宣传效果最直接的系统。设计内容包括乡村建筑、乡村设施、乡村标志物，以及员工服装等。

1. 乡村建筑设施设计

乡村建筑物包括当地居民住宅、娱乐设施、公共设施、游客接待中心、购物设施、景区出入口设施、购票设施等建筑，是乡村旅游目的地的显性标志。既要体现当地乡村特色，同时又要将乡村建筑设计融入当地的人文和自然环境中，体现乡村旅游形象的内涵。

2. 乡村旅游目的地员工制服设计

统一的员工制服有利于员工对旅游目的地的认可，使员工有归属感，而且能够形成视觉冲击效果，给游客以正规、标准的印象。员工的着装设计应尽量体现地方资源特色、员工工作性质、工作岗位。着装不仅要美观、大方、整洁，而且要与旅游目的地的品牌定位相适应，与目的地保持协调一致。要注意色彩协调搭配，给游客以美的视觉，同时体现目的地特色。服务人员的着装和精神面貌，本身就是游客的视觉接触对象，也是一道风景。因此，应当特别注重和利用这一可视元素，恰如其分地凸显目的地的特色，展示目的地的精神风貌。

3. 乡村旅游目的地交通通信设计

交通通信设施包括道路、车站、码头、交通工具、通信设施等。乡村道路既要标准化又要乡村化，要体现出"乡村性"的味道，不同于城市的道路。乡村旅游目的地独特的旅游交通工具会带给游客独特的印象。传统、乡土的交通工具，对游客来说就是一个符号，这个符号越有乡土气，就越能被游客记住。当然，在乡村旅游中也不是只要是现代的设备就要否定，现代主题公园内的观光车、高架缆车，这些也是应该有的，也能成为目的地独特的吸引物或特色性符号。交通工具使用中，要注意环境保护，可以多采用无污染的交通工具，如自行车、马拉车、轿子、人力三轮车等可以使游客感兴趣的符号，同时可以对乡村环境起到保护作用。

4. 视觉符号系统设计

视觉符号包含标志符号和应用符号两部分。标志符号系统包括旅游目的地名称、地标徽、标准字、标准色、象征性吉祥物等。设计时，要体现乡村特色，易识别、简练、艺术性强；应用符号系统包括旅游纪念品、办公及公共用品，设计体现地方特色，要求统一、规范。乡村旅游目的地的地标徽要根据当地文脉和民风民俗的特色进行设计；乡村旅游目的地标准字体设计，在不妨碍游客理解的情况下，尽量使用当地和本民族的文字，以凸显旅游目的地的特征；旅游目的地吉祥物的选取，应生动、有趣、形象，与乡村旅游目的地的表现形象相吻合；乡村旅游纪念品也是旅游目的地很好的一种识别性符号，能够向外传播目的地的形象，乡村旅游纪念品一定要体现当地乡土特色、民俗风情文化，具有纪念价值和收藏价值；另外，户外广告与周围环境要协调，就地取材，因地制宜，融入乡村环境。

7.5.2 听觉符号设计

有关研究表明，在人类感知外界信息中，视觉占80%，而其他的20%中听觉起主要作用。因此，要十分重视处理视觉设计。而听觉符号设计也很必要。在人的感觉器官中，耳的作用不可低估。古人云"眼观六路，耳听八方"，可见耳的重要性。利用听觉识别系统，乡村旅游目的地可以向外界传播品牌，通过多媒体化的手段对目的地的理念识别系统和行为识别系统进行传播，通过听觉刺激来传达目的地的品牌形象。从传播学的角度来说，听觉传播信息效率高，其传播效率高于视觉传播。通过视觉产生的广告传播效果可能更丰富、更生动。一首歌、一句话都能勾起我们美好的回忆，是因为声音信息的传递可以引起听众的情感共鸣。对乡村旅游目的地来讲，听觉符号具有特殊功能，能增强旅游目的地的地方感，强化游客的记忆。目的地的听觉符号既包括自然声音符号，如风声、雨声、溪流声、鸟鸣、蛙叫等，也包括鸡犬声、小贩的吆喝声、游客的欢声笑语等声音符号。乡村游客大都来自繁华都市，希望在乡村体验大自然的天籁之音，这些听觉符号能够在游客内心留下烙印。乡村旅游目的地要注重听觉符号设计，突出目的地的天籁之声，减少噪声，净化听觉环境，强化游客记忆。

7.5.3 嗅觉符号设计

特里格·恩根（Trygg Engen）研究表明，嗅觉记忆性强，比视觉记忆要更准确。嗅觉更能引起回忆，而且嗅觉的作用要远大于视觉。[①] 美国研究机构的结果表明，人们回想气味的准确度远高于视觉。莫奈尔化学感官中心（the Monell Chemical Senses Center）的高级研究助理苏珊·C. 纳斯克（Suan C. Knasko）研究发现，在喷洒芳香剂的实验中，商店的两个部门，一个喷洒芳香剂，一个没有喷洒芳香剂，喷洒芳香剂的门市，顾客停留时间长。[②] 专家认为，香气作用使消费者对商品的关注度提高，停留的时间延长。[③] 所以，乡村旅游目的地景区在花草树木的培植上，要注意它们发出的气味，恰如其分地进行搭配，使游客闻到气味，产生愉悦心情。独特的气味，能够唤醒游客的美好回忆，身在其中，停留时间长。乡村旅游目的地要建立自己的嗅觉识别系统，体现地方特色。一方面可以增强游客的嗅觉体验；另一方面也可以强化游客的美好记忆，建立独特的嗅觉形象。用气味体现乡村特色，打造田园景观，让游客嗅到泥土芳香；打造林业景观，让游客享受大自然的氧吧；

[①] Trygg Engen. Odor Sensation and Memory [M]. New York：Praeger，1991.
[②] Mark Gobe. 情感化的品牌 [M]. 王毅等译. 上海：上海人民美术出版社，2003.
[③] Morrin, M., & Ratneshwar, S. Does it make sense to use scents to enhance brand memory? Journal of Marketing Research，40（1），10－25. 2003.

打造百亩李树、千亩桃园、万亩荷塘，让游客触及花的芬芳。通过嗅觉设计，给游客留下难忘的印象，游客将所感知的嗅觉符号对外宣传，进而提高目的地的知名度。

7.6 乡村旅游目的地管理者行为形象设计

7.6.1 引导居民展示良好的形象

游客来乡村旅游的目的，是"看山看水也看人"。"看人"主要看当地居民的生活习俗。随着乡村旅游发展，当地居民对乡村旅游的态度由最开始的欢迎、热情逐渐变得冷漠、担忧。不少地方，由于游客大量拥入，环境被破坏，物价高涨，乡村居民原本宁静的生活被打破。部分居民对发展乡村旅游持否定的态度，对游客也开始变得不友好起来。对乡村旅游目的地进行形象设计时，要考虑当地居民的感受，考虑居民的利益，让他们参与到乡村旅游事业中来。要明确旅游目的地建设要靠包括当地居民在内的各方共同努力，参与者既要享受权利，也要承担义务，共同经营，提升目的地形象。乡村旅游目的地的管理者应该协调让居民参与乡村旅游，社区应负责收集居民对发展乡村旅游的意见和看法，了解居民的诉求，做好与居民的沟通，帮助居民提高参与环境保护的意识，增强主人翁的责任感，形成"仁信待人"的行为准则。在乡村旅游规划中，增加游客与居民的互动旅游项目，让居民参与接待游客，让游客体验乡村居民的生活。引导居民在游客面前树立有礼貌、好客、友好、热情的主人形象，从而展示乡村居民的良好素质和形象。

7.6.2 服务形象

旅游者去旅游目的地是为了获取一种不同于都市的旅游体验活动，美好的体验来自各个环节的高质量的服务。因此，加大旅游从业人员的岗位培训，增强从业人员的服务意识，提高服务人员业务素质十分重要。服务人员的服务过程传递着旅游目的地的形象，因此，应要求服务人员爱岗敬业；在各自的业务范围内，从业人员必须提供高技能、高水平的服务；要引导乡村居民对游客友好、热情、耐心并且能够细心、及时提供服务；员工的穿着要得体，要将良好的精神面貌展示给游客。乡村旅游目的地的管理者应尽可能地满足游客的合理要求，对不同类型的游客要有针对性的措施以满足游客的个性化需求。服务人员的着装、行为、举止、语言等行为符号往往会给游客留下很深的印象，要在游客能够看到、嗅到、听到的方面下功夫，使视觉识别系统、听觉识别系统、嗅觉识别系统、行为识别系统的设计符合游客需求，打造高质量的乡村旅游服务。

7.6.3 管理形象

乡村旅游目的地要为游客提供食、住、行、游、娱、购等活动，满足游客的需求。同时，乡村旅游目的地管理者要协调好居民与企业经营者之间存在的利益问题、企业经营者之间存在的竞争关系，解决好因社区居民与旅游者文化差异而产生的矛盾。目的地基层政府是乡村旅游目的地的管理者，政府颁布的一系列法律法规是旅游业得以健康持续发展的保障。目前为止，我国出台了一系列政策文件，引导和激励乡村旅游的发展，加大乡村基础设施投入，对乡村旅游发展给予了规划和指导，加大了市场监管职责，加大了文化环境保护力度，取得了很好效果。

第 8 章

乡村旅游规划创新

8.1 旅游规划的定义及功能

8.1.1 旅游规划的定义

《辞海》中对规划的定义为:"规划即谋划、筹划,或者较全面的长远计划。"不同学者从不同的角度,给旅游规划进行了定义,其主要观点如表8-1所示。

表 8-1 学者对旅游规划定义的主要观点

时间	学者	主要观点
1985 年	墨菲	预测调整旅游系统内的变化,以促进有序的开发,提升旅游的社会、经济及环境效益
1987 年	盖茨	寻求旅游业对人类福利及环境质量的最优贡献过程
1989 年	卢云亭	对区域旅游发展的未来状态的科学设计与设想
1999 年	吴人韦	旅游资源优化配置与旅游系统合理发展的结构化筹划过程
1999 年	孙文昌	按照国民经济发展的要求和当地旅游发展基础,对游客消费六大要素及相关行业的安排与部署的过程
1999 年	保继刚	是旅游业发展的纲领和蓝图,是促进旅游业健康发展的重要条件
1999 年	邹统钎	是从区域规划理论及管理科学理论中衍生出来的
2000 年	肖星,严江平	对旅游业及相关行业未来发展的设想和策划

续表

时间	学者	主要观点
2001年	吴必虎	对未来某个地区旅游业的发展方向、产品开发、宣传促销及环保等一系列事项的总体安排
2002年	马勇	通过对旅游系统发展现状的调查，考虑社会、经济和文化的发展趋势，根据旅游系统的发展规律，优化旅游总体布局，完善功能结构，设计和实施未来旅游发展的过程
2003年	杨振之	通过对旅游资源调查，考虑社会政治、经济等因素的发展趋势，为未来旅游业的发展寻求社会效益、经济效益以及环境效益的最优化的过程

综上所述，我们认为，旅游规划是某一区域旅游业发展的纲领和蓝图，是在当地旅游发展的基础上满足游客需求的安排和部署的过程，是对本区域旅游业未来发展的设想和策划。

8.1.2　旅游规划的功能

1. 合理配置旅游资源

旅游规划依靠科学规划的管理手段和技术方法，通过资源评价、区位分析、市场调研、发展预测、形象策划、保障体系等步骤将旅游资源进行有效配置，从而使得旅游发展中的相关利益方获得最大的利益。通过提高资源利用效率，使得旅游资源得以合理配置。

2. 促进旅游业健康发展

旅游系统的动态发展是从一种稳定状态向另一种稳定状态缓慢发展的过程。随着旅游的开发，旅游目的地会出现不同程度的内部稳定状态失调和面临外部环境变化的压力。旅游规划是在遵循旅游自身规律的前提下对未来旅游发展的谋划，通过谋划和及时调整旅游系统的耦合结构,维持旅游可持续发展的内部变化,抵御外部环境所带来的风险,确保旅游的健康发展。

3. 促进地区协调发展

战略目标对区域旅游发展具有指导性的作用。旅游目标的设定,勾画出了区域旅游发展的愿景。旅游目标一旦确立,公之于众,就为各方旅游市场利益主体指明了发展的方向,为区域旅游的发展及管理提供了清晰的思路。旅游业是综合性比较强的行业,旅游行政规划具有科学、合理、分步骤实施的特点。旅游行业牵涉部门多,涉及的利益方广,需要各个部门协调一致才能实现目标。只有各方共同努力,才能促进旅游业的健康发展。

8.2 乡村旅游目的地规划的概念与特征

8.2.1 乡村旅游目的地规划的概念

乡村旅游目的地规划,就是某一乡村旅游目的地根据自身旅游发展规律和本地市场特点而制定的未来发展目标,以及为实现这一目标而进行的具体安排和打算。[1] 乡村旅游必须进行科学的规划,没有规划,随意进行开发,势必造成旅游开发对环境的破坏,影响乡村旅游的持续发展。乡村旅游依靠古村、古镇、秀丽的田园风光等旅游资源,通过对相邻旅

---

[1] 唐代剑,池静. 中国乡村旅游开发与管理[M]. 杭州:浙江大学出版社,2005,(12).

游目的地的旅游资源进行分析、对比，研判本地旅游资源的特色，展开乡村旅游科学的规划。在乡村旅游规划中，要突出"乡村性"，要在保持乡村地区原汁原味的生产和生活方式的基础上进行规划，要调动当地村民的积极性，使其加入乡村旅游的规划和运营中来，并能确保当地居民从旅游活动中获得利益。我国的乡村旅游正在经历从零星的小规模、个体化到规模化、集团化方向发展的过程，旅游规划对乡村未来发展十分重要，越来越受到各级政府的重视。乡村旅游规划的意义逐渐被大家理解了，对乡村旅游规划的定义，应该进行如下分析。①

1. 乡村旅游规划是一项决策过程，在进行乡村旅游规划时，既要运用科学的手段和方法进行合理的规划，更要注意规划的可行性。如果规划不能落地，不具有操作性，规划就没有任何意义。与此同时，乡村旅游规划常常有多种选择方案，我们需要做出选择，所以规划也是一项决策过程。

2. 乡村旅游规划需要政府指导，同时也需要社会参与。乡村旅游规划由政府制定规划的总体原则，政府对乡村旅游规划起指导和引导的作用。在制定规划原则时，要考虑长期规划与短期规划的关系、整体与局部的关系，要用系统思维进行规划。乡村旅游涉及多个行业，需要全社会参与，它是一项社会行为。乡村旅游不但要考虑经营者、行业协会、关联方利益主体，还要考虑当地居民、投资方的利益。通过规划协调好各方利益，充分调动各方参与的积极性，确保乡村旅游产业持续健康的发展。

3. 乡村旅游规划不是静态的，而是一个不断反馈、反复调整的动态过程。乡村旅游规划有开始，但没有结束，永远在路上。随着环境改变，规划要不断地调整，使之更加适应乡村旅游的发展，它是对乡村旅

---

① 刘锋．新时期中国旅游规划创新［J］．旅游学刊，2001，(5)．

游目标的总描述。面对未来环境变化的不确定性，乡村旅游规划应具有弹性，应坚持"全程规划"的理念。

8.2.2 乡村旅游目的地规划的特征

1. 乡村旅游目的地的全域化、特色化规划

乡村旅游目的地的规划，不但要考虑本目的地游客的特色与未来的发展，还要考虑本区域更上一级区域的特色。要进行统筹考虑，从全村、全镇、全县乃至全省、全国的范围来考虑乡村旅游的规划。在乡村旅游规划中，要尽量避免同质化的竞争。各个乡村旅游目的地要根据自身的资源特色，采取差异化发展的策略，规划要体现全域化、特色化的思想。

2. 乡村旅游目的地的新产品、新模式规划

随着经济的发展，人们生活水平得以提高，对旅游的需求逐渐旺盛，同时，人们旅游需求的层次也在不断提升，对过去乡村旅游产品已经产生审美疲劳。因此，要在产品的新、奇、异上做文章，开发出新的高端旅游产品。乡村旅游的发展模式要不断创新，原有模式或多或少都存在一些弊端，利益各方常常因为利益分配问题发生矛盾，往往难以调和，甚至起诉至法院。随着时代的发展、环境的变化、社会的变迁，需要我们提出创新的体制、机制，寻找新模式来解决乡村旅游发展中的问题。

3. 从乡村旅游转变到乡村生活的规划

过去，我们认为乡村旅游的游客都是短暂旅游，对乡村生活是一种短暂的体验。随着社会老龄化的到来，部分退休老人"四海为家"，有充裕的时间、富裕的经济到乡村旅游。他们被乡村的环境所吸引，选择在当地较长时间生活和居住。因此乡村旅游规划时，也应针对游客这种需求进行规划，考虑如何更好地满足长期居住旅游目的地游客的需求，满足他们的乡村生活。

8.3 乡村旅游规划创新的支撑理论

8.3.1 旅游规划三元论

刘滨谊[①]认为，为游客创造时间与空间的差异是旅游规划追求的基本核心和最终目标，时空差异导致文化与历史的新奇，从而使人在生理和心理上都得到满足。旅游规划包含三个层面的需求：其一，在旅游规划时，要重点考虑当地历史文化、乡土民情、风俗习惯等，对此进行深度挖掘，从中提炼出本地特色文化，打造出独特的乡村旅游活动；其二，景观时空层面应服从整体的需要，基于景观空间布局的规划，包括区域、总体、景区、景点的时空的布局、设计，应该遵从景点服从景区、景区服从上一级更大的区域这样的顺序来规划，乡村旅游规划才能协调发展；其三，要突出生态环境大地景观的特色，要调查地形地貌、水土、气候、光照等自然资源，发现其特色，规划时突出其特色。

乡村旅游规划的目的是吸引游客，留住游客，给游客留下良好的印象。要利用乡村旅游目的地的人文特色、自然资源特色为游客创造一个传承文化、舒适和放松心灵的休闲目的地。在规划设计时，要考虑旅游开发中，人为因素对资源的破坏，要做好环境保护的规划。

---

① 刘滨谊. 风景园林三元论 [J]. 中国园林, 2013, (11).

8.3.2　RMP 理论

1. RMP 理论的提出

我国学者吴必虎首先提出了 RMP（R——Resource 资源，M——Market 市场，P——Product 产品）模式，用来指导乡村旅游规划。"R"主要研究将旅游资源转化为产品。随着旅游业的发展，旅游业已经成为高投入、高风险、高产出的产业，要思考在发展旅游产业之前如何将资源转化成旅游产品。"M"主要研究旅游市场产品需求分析，一是研究旅游产品的需求弹性，二是研究旅游产品的市场需求。"P"是研究产品创新，根据消费者需求的变化，打造重点特色产品，吸引更多的旅游消费者。

2. RMP 理论和乡村旅游规划

RMP 理论主要强调资源、市场、产品三位一体规划，从本质上讲，三者是相辅相成的关系。资源是规划的基础保障，市场是产品的必要条件，产品是资源实现其价值的具体体现。在进行乡村旅游规划时，三者缺一不可。

（1）资源是基础保障。没有资源，发展乡村旅游就是"巧妇难为无米之炊"。并不是只要是乡村，就可以发展乡村旅游，开发乡村旅游必须要有好的资源。在乡村旅游规划中，首先要对旅游目的地的资源进行调查和评价，要实地进行考察、勘察、测量、分析与整理，从而准确知道资源的现状：一是具有哪些资源，这些资源具备什么样的特征，什么样的顾客对这些资源感兴趣，可以开发何种旅游产品，从而确定形成旅游目的地优势的旅游资源，进行开发利用；二是要对已经调查的资源进行有效的管理，建档进库，建立专门的旅游资源数据库，从而可以有效地促进对旅游资源的保护，实现旅游资源的可持续利用。

(2) 市场是必要条件。乡村旅游产品的开发要考虑进入市场后游客接受的问题，乡村旅游要持续发展就必须考虑经济效益。乡村旅游开发的重要目标，是开发的旅游产品能否顺利进入市场，被消费者所接受。乡村旅游从市场角度应着重考虑两个问题：一是乡村旅游业未来的发展方向。目前可以从游客需求进行分析，都市居民对回归自然的田园生活、返璞归真的生活兴趣浓厚，市场前景较好；二是游客的行为特征，尤其是游客的文化行为特征。由于游客年龄、文化程度以及社会阅历不同，旅游需求也不完全一样，必须重视个性化需求。乡村旅游产品应该丰富化，满足乡村旅游游客的个性需求。

(3) 产品是价值体现。产品是资源实现市场价值的载体，产品要有特色。产品特色要从资源本身的特色去考虑，根据资源特色，设计出特色旅游产品，打造乡村文化的旅游产品。准确分析市场，科学地进行市场细分，发现目标市场，开发出游客需要的乡村旅游产品。通过准确的市场定位来满足顾客需求，实现旅游资源的价值。

8.3.3 闲暇与游憩学理论

现代休闲已经是人们生活的一部分，人们有权选择自己喜爱的休闲方式，这种放松身心的活动称为休闲活动。休闲，顾名思义就是休息、空闲，没有工作任务，达到身心舒畅、缓解疲劳的功效。休闲是人们的自我完善和发展，有利于调节身心，更好地工作。著名经济学家凯恩斯预言，人类将面临一个真正的永久问题是"如何度过休闲时光"。

游憩，意思为更新、恢复。本义为通过轻松身心，恢复精力和体力，使自己精力充沛，更好地工作和学习。游憩于平静和温馨环境中进行，属于自控活动。闲暇与游憩学理论都属于生活行为理论范畴。学界对其研究的内容宽泛，从闲暇历史、生理、心理等，到闲暇行为、环境等方面都进行了研究。闲暇是人类生活重要的组成部分，人类历史也是一部闲暇史。闲暇与人类同生，没有闲暇，人类就不能更好地工作，闲暇是提高工作效率的有效手段。闲暇与游憩是人类恢复精力和体力的重要方式，是人类长期处于疲劳状态，生理、心理健康出现严重问题时的有效解决手段。闲暇是一种产业，可以带动乡村旅游业的发展。闲暇是人类的基本权利，是人类生活幸福的重要指标，是衡量社会进步的标志。闲暇类型受到了社会、经济、地域的制约，不同社会发展阶段和地域，闲暇类型也不同。如今，休闲已经成为时代主题。因此，闲暇与游憩学理论对指导乡村旅游规划有着重要的指导意义。

8.3.4 景观生态学理论

景观生态学给生态学带来了新的思想和新的研究方法。景观生态学是 1939 年由德国地理学家 C. 特洛尔提出的。它是生态学、地理学等多学科之间交叉的学科。景观生态学认为生态是在一个大的空间内，由多个系统构成，各系统之间相互制约。每个系统又由各部分构成，每部分具有特定的功能和感官特性。景观异质由空间异质和时间异质组成，空间异质表现在层次和时间上，时间异质反映不同时间内景观层次的变化。景观生态学的理论发展主要是空间和时间异质的发展变化。

8.4 乡村旅游规划原则

发展乡村旅游需要考虑资源约束、市场需求、社会发展等方面，规划要具有科学性，必须遵循以下原则。

8.4.1 自然环保原则

随着城市化、工业化的推进，生态环境被破坏，给人们的生产和生活带来了威胁。人们越来越意识到保护生态环境的重要性。旅游规划作为一种技术产品，也应该具备生态化的特征。旅游规划要注意对传统文化的传承，同时要加大对生态的保护，在规划设计中，应该用科学的方法和程序进行规划，将系统论、生态美学、景观生态学理论应用到乡村旅游规划中，最大限度地减少对生态环境的影响。

环境是乡村旅游的载体。自然环保原则要求我们在规划时，要因地制宜，尽量保留乡土本色，减少人为干扰，要利用乡村的自然风貌和建筑，进行乡村旅游规划。许多地方在乡村旅游规划与开发时，盲目地追求"洋""现代""规模"等，不顾原本的自然资源和乡村特色，大兴土木，这种做法易造成资源浪费，也破坏了生态环境，违背了发展乡村旅游的本质，游客并不"买账"。游客来乡村休闲的目的是追求乡村宁静、贴近自然的生活，不是来乡村享受城市现代化的。

8.4.2 乡土特色原则

空间异质决定了不同的旅游目的地的人文和地理环境各异。所以，在规划设计乡村旅游景区时要根据目的地的资源特色进行合理规划，突出地方特色。对于乡村旅游而言，"特色"是乡村旅游目的地的核心竞争力。目的地的地域差异性造成旅游资源各异。规划时要充分挖掘本区域的特色乡村旅游项目，努力做到"人无我有、人有我优"，形成自身特色旅游产品。乡村旅游必须靠"特色"来吸引游客，"特色"是乡村旅游竞争的法宝，有特色，才有生命力，唯我独有、唯我所长是乡村旅游开发的成功之道。乡村旅游的最大特色是乡土文化，中华五千年的历史造就了璀璨的乡土文化。广袤的乡村、姿态各异的山形地貌、悠久的历史造就了中国大地的每个乡村都有自己的特色，为乡村旅游的发展提供了丰富的旅游资源。因此，在乡村旅游规划中要充分挖掘目的地的地方特色，将乡土文化凸显出来，作为吸引游客的重要手段。在凸显特色的同时，更要对特色资源进行保护，保护好乡村旅游目的地的自然和文化景观。要对乡村文化进行深度挖掘，合理开发乡村旅游资源，做到在开发中保护，在保护中开发。乡土特色原则是在设计构思上有别于城市化，体现"乡土性"，深度挖掘当地传统文化的内涵，将当地的民风民俗进行合理开发，使之成为乡村旅游目的地对游客的重要吸引物。

8.4.3 和谐生态原则

在地球的表面上，土地格局、岩体、水文、土壤、动植物之间构成一个完整的系统，它们之间存在着明显的天生和谐关系。大自然造就的景观对人类的感官冲击大，往往能够形成心灵上的震撼。景观地段由不同要素构成，它们之间的和谐程度能使游客获得"美感"和"快感"。在景观设计时，尽可能保持景区的完整性，使之统一、和谐。要用生态学原理来指导乡村旅游的规划与设计，要考虑"美感""环保"和"经济效益"，三者之间是可以形成良性循环的。有"美感"才会有大量游客的到来，从而形成良好的"经济效益"。"美感"必须是建立在"环保"基础上的"美感"，环境被破坏，就不是真正的"美感"。乡村旅游规划旅游目的地时应具有良好的生态循环再生能力。和谐原则要求人工构筑物与生态环境和谐，景观之间和谐，景区与所处周围环境和谐，游客接待中心与当地建筑和谐。

8.4.4 良性互动原则

一是人居环境与旅游发展的良性互动的原则。改善乡村居民的居住环境、提高居民生活水平是乡村振兴战略的要求。一方面，乡村居民居住环境是清洁、有序、健康的，对乡村旅游的发展是有利的；另一方面，乡村旅游的发展也要求我们改善人居环境。因此，要坚持乡村人居环境与乡村旅游发展的良性互动的原则。

二是游客与乡村居民良性互动的原则。乡村文化和原汁原味的乡村居民生活是游客的重要吸引物。无论是对乡村文化的传承还是原汁原味的乡村居民生活都离不开乡村居民的参与，没有一个乡村旅游目的地没有居民参与而取得成功的。居民的友好态度也是游客对乡村旅游目的地形象评价的重要指标，乡村居民参与旅游建设对乡村旅游的重要性是不言而喻的。乡村居民在乡村旅游发展中也是受益的主体，既可以参与经营管理，也可以创业，同时还可以用承包土地、山林等方式入股分红。实践证明，乡村旅游发展好的地方，村民普遍富裕，生活幸福。因此，游客体验活动离不开乡村居民的加入，乡村居民要乐意加入乡村旅游事业中，形成乡村居民与游客的良好互动。

三是居民生产、生活与游客游憩良性互动的原则。乡村旅游目的地的景观设计应在尊重自然的前提下，充分考虑居民和游客的需求。游客和居民的需求可以归纳为两类：一是居民以生产、生活的需求为主；二是游客以游憩、休闲、娱乐的需求为主。乡村旅游规划要兼顾两者的需求。两者之间其实并不矛盾，改善村民居住环境，有利于满足游客的食、住、行、游、娱、购的需求，以景观建设提升质量和档次，满足游客的需求，提高游客满意度，而更多的游客到来，也会使居民的收入增加，游客热衷来旅游目的地也会使居民产生自豪感，所以二者是良性互动的。

8.4.5 居民参与原则

乡村旅游的发展离不开居民支持。研究表明，居民对发展乡村旅游所持的态度与游客的满意度息息相关，此研究对乡村旅游发展有重要意义。发展乡村旅游要深度挖掘乡土文化，而文化传承和保护的重要力量就是社区居民。社区居民要深度参与乡村旅游发展。一方面，居民要参与其中并能受益，他们会支持旅游发展，对游客态度友好，游客的满意度会提高；另一方面，当地居民是社会传统文化维护与传承的重要力量。所以，无论是乡村文化的保护和传承，还是对游客的友好态度，都离不开社区居民的参与。因此在乡村旅游规划中，应该采纳居民建议，广泛收集他们的意见，有利于在规划实施时得到他们的积极支持，有利于实现乡村旅游的可持续发展。

8.5　乡村旅游规划步骤与方法

规划是对未来的谋划，是一种打算，是一种对人、财、物的科学的安排。目前，没有专门针对乡村旅游规划的技术路线。经过查阅大量资料，结合实地调查，征求多位专家意见，我们认为，可以借助旅游规划的技术路线原理得到乡村旅游的规划方法。技术路线就是要遵循一定的逻辑关系，体现规划的主要内容和基本步骤。根据调查和论证，我们认为乡村旅游规划可分为五个阶段：准备阶段、调查分析阶段、确定规划思路阶段、制订规划阶段和组织实施阶段。

8.5.1 乡村旅游规划的步骤

第一阶段：准备阶段。该阶段主要确定总的指导思想和规划人员，设计工作的框架。

第二阶段：调查分析阶段。该阶段要调查乡村旅游目的地的概况、生态和自然环境、交通和通信设施、经济发展水平、居民对旅游开发的态度；进行乡村旅游的市场容量分析，进行市场细分，确定目标市场和市场定位。

第三阶段：确定乡村旅游规划思路阶段。该阶段通过对文脉、地脉的分析，结合乡村旅游目的地的历史、实际情况，确定规划的战略方向。

第四阶段：制订乡村旅游规划阶段。该阶段需根据战略方向，确定思路，制定具体措施。

第五阶段：组织实施阶段。该阶段是开展具体的乡村旅游规划工作。

8.5.2 乡村旅游规划的方法[①]

乡村旅游规划方法一般有规划方法路线、规划战略方法、规划程序和技术方法四个不同层次规划。

1. 乡村旅游规划方法路线

路线是行动的指南，路线确定了，以此来确定用什么方法进行规划。根据乡村旅游的性质，确定了乡村旅游是一种满足都市居民的旅游体验活动。乡村旅游依赖于乡村生态环境和人文生态。如果乡村旅游目

---

① 唐代剑，池静. 中国乡村旅游开发与管理 [M]. 杭州：浙江大学出版社，2005，(12).

的地过分强调人造化、商业化、庸俗化，乡村旅游就不可能持续发展。近年来，不少乡村旅游目的地过分追求商业化，造成传统文化流失，生态环境被破坏，对乡村旅游目的地的人文和自然环境构成了威胁。乡村旅游规划方针是坚持"保护第一、开发第二"的原则，没有保护，乡村旅游不可能持续发展。所以，应该坚持在保护中开发，在开发中保护，"保护优先"的原则。

2. 乡村旅游规划战略方法

乡村旅游规划的战略方法中，应重点抓住以下两点。

（1）充分挖掘旅游目的地资源的特色

通过对目的地资源进行调查，发现乡村旅游目的地与其他目的地资源的不同，发现本目的地旅游资源的独特之处，并明确可以通过什么样的方式将独特资源转化为独特的旅游资源展现在游客的面前。挖掘乡村旅游目的地资源的特色应从目的地发展的历史长河中着手，从有关目的地的传说、目的地的故事、目的地的民风民俗中发现对旅游有价值的东西；同时也应该从目的地的特色农事活动、传统手工艺产品、特色民间舞蹈等活动中寻求特色的旅游资源，把从事农事体验活动和田园情趣有机结合，形成目的地的特色资源。

（2）设计好利益分配机制

乡村旅游要走可持续发展道路，必须将当地居民加入乡村旅游的事业中来，使乡村居民成为文化的保护者和传承者，让他们意识到只有保护好环境，保护好乡村的传统文化，旅游才可以持续发展，从而也有利他们自觉地保护旅游资源。要使乡村居民认识到保护自然生态、爱护环境是他们义不容辞的责任。总的来说，对乡村居民最有效的激励方式就是经济利益共享，让他们参与到乡村旅游利益分配机制中来，使他们在乡村旅游发展过程中富起来。因此，应该设计合理的利益分配机制，调动居民参与乡村旅游的积极性。

3. 乡村旅游规划程序

（1）乡村旅游规划与开发中，要充分考虑社区利益，形成"资源+市场"的规划导向。既立足资源优势，又考虑市场的需求。设计旅游产品时，应考虑产品的长度、宽度、深度以及关联度来开发地方特色的旅游产品项目。在规划时，要考虑人口自然增减、农村劳动力流出、季节性旅游需求的变化、村民对开发的态度、村民收益差异、邻里关系、个人收入、家庭收入、地方财政支出、新增基础设施项目等方面，要全方面、全方位考虑，从而做出科学的规划。

（2）注意信息反馈。在旅游规划中，调研是规划的基础。在调研中，要广泛收集各方面的信息，特别是社区居民的反馈意见。将旅游开发中可能会给社区居民生产、生活造成的影响尽量降到最低，通过与居民协商，给予合理补偿。同时要收集各方的反馈信息，从中吸纳合理的成分。由于乡村旅游规划牵涉面广，因此，要广开言路，尽量多收集反馈信息，不断修改乡村旅游规划，使之更加科学化、人性化、合理化。要组织专家进行反复论证，制订得到各方认可的科学规划。

（3）对乡村旅游规划的项目进行修改。聘请有关乡村旅游规划方面的专家组成专家评审团，评审团对项目的可行性进行论证、评审。评审团要邀请一定数量的社区居民参加以确保项目的科学性和可实施性。

（4）乡村旅游规划的技术方法[①]

随着科学技术发展，我们不再局限于运用传统方法如资源市场发现技术、市场调查技术和环境容量测算技术等开展乡村旅游规划，一些新的技术方法也被广泛应用，如现代测绘技术、虚拟现实技术和信息网络

---

① 李益彬，芮田生，耿宝江. 旅游规划与开发［M］. 成都：西南财经大学出版社，2017，(07).

技术等。

田野调查法是人类学、民族学中重要的研究方法，研究者深入被研究所处地区环境去调查、收集研究对象的历史、社会形态、人们生产和生活的发展变迁等一手资料。在调查传统文化、宗教信仰、民间神话、加工工艺以及雕刻为主的物质文化的同时，也挖掘以民间音乐、服饰、舞蹈、婚俗风情等为主的民俗文化。对当地精神文化、物质文化、民俗文化等多方面进行考察，汲取精华，为乡村旅游服务。

现代测绘技术是应用系统的方法、现代化的手段，在对空间信息的生成和管理过程中用于科学研究、行政管理、法律运作和技术工作的空间数据进行获取和管理所采用的所有学科的综合体，是涉及管理、测量、发现以及显示的一门综合技术手段。虚拟现实技术利用高科技生成逼真的视、听、触觉一体化的特定范围虚拟环境。在乡村旅游规划中，可以向委托方展示最终的效果，也可以对部分景区通过虚拟实景远程展示给游客欣赏。信息网络技术是以计算机和互联网为主要依托的技术方法，通过"大数据"应用，充分收集、分析、整理大数据，掌握游客的信息特征，了解游客的需求，优化产品结构，做好乡村旅游营销，为乡村旅游目的地的经营管理提供帮助。

8.6 乡村旅游规划的核心内容

刘滨谊提出"旅游、景观和生态"为现代旅游规划的三元素，乡村旅游规划的核心内容仍然在于"旅游""景观""生态"这三元,其他是由此派生出来的内容体系。

8.6.1 乡村旅游功能分区

功能分区是根据乡村旅游目的地的自然条件、景观及土地利用状况来确定相应的分区,以便乡村旅游更好地发挥接待游客的功能。乡村旅游目的地的功能分区,要考虑各个不同功能区的范围、容量、发展特征及方向。乡村旅游目的地如果不进行科学的功能分区,就容易出现杂乱无章、功能混乱的情况,既不便于管理,也使游客难以寻求到自己需要的服务。乡村旅游功能分区应使乡村旅游目的地空间分布格局、形态与自然环境景观相协调,各功能区发挥自己的功能作用,最大限度地方便游客。功能分区也会影响整个旅游目的地的整体规划。

8.6.2 乡村旅游功能分区的原则

1. 突出"乡村性"主题特色

在乡村旅游规划中,主体要鲜明,突出"乡村性"这一主题。设计乡村旅游产品和服务都要服务这一主题。通过乡村自然景观、人文景观、建筑风格以及节庆等来塑造与强化乡村旅游分区功能,烘托"乡村性"主题。

2. 同类功能集中性原则

不同类型的设施,在功能分区归为同一类功能区,采取集中布局的方式。这种方式可以烘托主题的形象,负责对主要景观的视觉渲染。规模集聚可以产生规模效益,实践证明,这种布局方式可以降低开发的成本;同时,景观类型的多样性可以吸引游客停留更长时间,增加旅游目的地的经济收入;此外,还有利于保护环境。

3. 协调性原则

协调性原则主要体现在处理好旅游目的地与周围环境的关系、功能区与管理中心的关系、主要景区与功能区的关系、功能区之间的关系等。在规划时，某些特殊生态价值应划为生态保护区，需要严格控制建筑与活动。对各种功能区要明确定位，使它们之间成为互补、互依的关系。

4. 完整性原则

一是尽量保持具有鲜明特色乡村旅游资源的完整性，避免人文环境和自然环境的人为割裂；二是在乡村旅游开发初期，乡村旅游企业不能承担开发和作为经营主体，地方政府起主导作用，需要考虑功能分区行政范围的完整性。

8.6.3 乡村旅游景观之结构规划

将景观生态学原理应用到景观的空间结构规划。景观生态学由三元素构成，即斑块、廊道和基质。乡村旅游的景观生态单元、功能受规划区域的范围大小影响和制约。景点的斑块是游客旅游活动的最重要吸引物，斑块代表乡村旅游的产品单元即游客的消费场所（农舍、景点、宿营地等）；廊道是两侧基质的狭长地带，其连接两端斑块，代表景点之间的通道；乡村旅游基质是指乡村旅游目的地自然景观斑块内的地理环境及土地类型、特征。基质代表除此之外的生态背景。乡村旅游景观的结构设计就是以斑块为休闲项目开展的主载体，廊道作为连接游客流动的通路，同时也是物质流动的通路，将各斑块、基质有效地组织起来，形成了物流、人流以及信息流的交织，构成乡村旅游的景观格局。

1. 斑块的设计

乡村旅游规划中，要构建以稻田、果园、森林、河湖为依托的景观斑块及景观廊道的节点设计。斑块作为生态性景观格局的基本单元，是景观中普遍存在的结构特征。斑块绿地与乡村聚落空间的契合度最大，整体性最高，斑块的大小、数量、形状都与乡村景观的生态性息息相关。设计要考虑斑块属性选择、实体设计和空间布局等三个方面。斑块的属性选择主要是对乡村旅游目的地景观的选择，根据乡村地区自然资源禀性、分布以及游客市场的需求不同，开展不同的旅游活动。可以选择宜开发登山、野营与自然探险的游憩项目；利用农耕地开展农事体验项目；选择古村、古镇开发特色乡土文化探秘等项目。

2. 廊道的设计

廊道对于景观空间具有分隔和连接的作用，其结构特征会直接影响乡村景观的美感。廊道两边的绿地规划，要考虑整个景区的布局，要能够烘托出主题，在景观中用线状廊道穿插渗透其中，要注意廊道和边缘之间的关系。廊道各斑块之间的内部通道，要利用自然现存的廊道，尽量不要重新做大规模的修建，以免造成植被破坏，即使要修建，也要选择生态恢复功能强的区域进行①。廊道设计要充分考虑景区内的地形地貌、资源分布的特点，采用水、陆等多种方式联系在各斑块之间，游客游走廊道上，会增加趣味性。在乡村景观的廊道设计中应保证足够的宽度，方便游客通行和游玩。同时，廊道不仅仅是景观连接，更应该植入当地的乡村文化和民族元素，让游客体验特色的乡村文化。

3. 基质的设计

乡村大环境范围内的背景林地等景观，一般基质面积大，连通性完好，对整个景观烘托作用强。基质的设计在景观设计中属于决定性部分，基质是乡村生态的决定因素，在乡村旅游规划中应充分保护。基质作为生态旅游区的背景具有普遍性，当其背景性消失，而其特征性突出时，就可转化为新的旅游吸引物（斑块），基于此，"斑"与"基"在

---

① 王军，傅伯杰，陈利顶. 景观生态规划的原理和方法［J］. 资源科学，1999，（2）.

一定条件下是可以相互转化的。在旅游景区打造中，要注意基质的设计，构成旅游意义，如通过树木、花卉等植被的重复出现和园林雕塑造型的设计，可构成具有明显旅游意义的视觉单元（斑块）[①]。基质构成乡村旅游目的地的环境背景，有助于对生态斑块的选择和布局的指导，基质设计要符合乡村旅游目的地的主题，注意乡村自然环境的保护和利用。

8.6.4 乡村旅游景观之功能分区

乡村旅游景观功能分区没有固定的标准，一般来说，主要考虑对游客的方便性和符合目的地整体的布局。在功能分区时，要根据乡村旅游目的地的地形特点和方便游客进行不同的功能分区。综合性的景区分区较为复杂，而观光农业功能分区较为简单。要根据具体情况进行功能分区，但也要坚持以下原则。

1. 在保持乡村旅游目的地统一规划的基础上，解决各分区中的分隔、过渡与联络问题。

2. 对于旅游目的地功能斑块区的划分要根据项目类别和用地性质进行，既便于生产管理，又不会因季节的变化影响美感。

3. 以路网为骨架，坚持生态、科学、艺术的原则，打造优美的乡村景观。

4. 在规划功能斑块区时要突出各区的特色和亮点，适度控制各分区的规模，形成特色。

5. 参照景观生态学原理中"斑—廊—基"的设计方法对景区进行功能分区。

---

① 刘家明，杨新军. 生态旅游地可持续发展规划初探 [J]. 自然资源学报，1999.14（1）.

8.6.5 分区类型

受地理因素的影响,乡村旅游目的地分区类型不尽相同。不同类型的乡村旅游区,其分区情况不同。一般来说,绝大多数的乡村旅游目的地都分为农业生产区、展示区、游览区、文化创意区、住宿区、特色农产品购买区和服务区等分区类型。

农业生产区主要为游客提供从事农业活动的体验;展示区为游客提供各种农业生产工具和手工产品,主要是进行观赏活动;游览区为游客提供优美的农村自然风光,供游客游览;文化创意区主要是向游客提供当地的悠久历史农耕文化,农业产生的演化;游乐区和特色农产品购买区以及服务区主要解决游客食、住、行、购、娱等服务设施,以方便游客生活。

8.6.6 乡村旅游景观的视觉设计

在乡村旅游景观规划设计时,景观的视觉设计要利用美学原理来进行。

1. 注重景观序列的规划

景观序列就是多景观的出现呈现一定的次序及连续性。如果不按序列设计,而是随意将景观组合在一起,就会造成视觉冲突,游客对景观审美度下降,因此景观必须遵循科学方法进行排序。序列的设计是为了更好地把各个分散的景区、景点串联起来,人在景区游玩的行进中就可以依次地领略到不同的风光。一般来说,景观排序有四种方式:一是以故事主题排序,按照"序景—展开—高潮—余韵"的方式进行排列;二是以凸显景观特点排序,两种同类但各自特点鲜明的景观放在一起,突出对比;三是规模效应,以大规模的景观征服游客;四是时间排列,延长景观的观赏时间。

2. 注重景物的边界和焦点的设计

研究表明： 游客能够看见但又看不清的景观边缘，是游客最能记住的。边界设计要充分考虑景区的原有地形，特别是建在山地丘陵地带的景区。在深入调查的基础上，合理利用景区地形地貌进行景观创作。对于没有起伏地形的平原地区，可以通过人工改造，使地形高低起伏、错落有致，加强地势边缘性，使游客能看但又看不清，通过发挥想象力，使他们记忆深刻。所以，要美化边界，在边界设计上下功夫。

3. 凸显优美景观

对景区来说，并非天然皆美。如田间、林地的部分区域，需要进行农事活动和农业生产，农业生产往往造成田间、林地杂乱，不美观，不具有可观赏性。设计时要突出优美景观，对杂乱的地方进行合理改造，通过适宜的植物配置等方式，打造出美丽的自然景观。研究表明，人类有喜水的天性，乡村旅游目的地可以通过对天然泉水、潭、池、滩地、溪流等各种水域景观的打造，凸显水域特色美景。

4. 人造设施的合理规划

自然的美度不够，就需要人造设施以达到美感。人造设施是对传统民居的风貌保护和改造，包括道路设施、建筑民居、卫生设施、栏杆、步道等的改造。人造设施的规划必须与当地景观相结合。对于传统民居建筑，应突出地方特色，保持传统风貌，延续历史文脉；对于新建的农家住宿设施，应充分考虑到当地的自然和人文环境，和谐融于当地的农家建筑。对其他设施进行设计时，应当注意与周围整体环境相融合，不能破坏整体性，要凸显地方特色。

8.7 乡村旅游设施规划

乡村旅游设施由服务设施和基础设施构成。其中，服务设施包括住宿、餐饮、游憩、娱乐等设施以及旅游辅助设施。基础设施有交通、电力通信系统、给供排水系统、卫生等设施。当前，我国乡村旅游设施存在两方面的矛盾：一是居民与游客的矛盾，主要表现为服务设施的服务边界模糊，很多服务设施同时服务于游客和居民，服务对象不明确；二是服务设施的位置摆放集中与分散的矛盾。

8.7.1 基础设施与服务协调配套

基础设施是乡村旅游的保障设施，是乡村旅游发展的必要条件。因此，在规划时需要对乡村旅游基础设施进行通盘考虑，其重点是让游客方便进入旅游目的地，同时要让游客留得下，确保游客愉快地畅游。在交通上，乡村旅游目的地应对其道路、出入口、停车场、游览步道等设施进行合理的布局，既方便游客进出，也要烘托出乡村旅游目的地的主题。在给排水方面，确保饮水的安全，在暴雨时能使雨水及时排除。在电力通信、供暖等方面，要保证足够的容量，能够稳定供给。网络信号要全覆盖，通信要畅通。基础设施以及配套建立的旅游服务设施，要满足游客的需求，有足够的容量。特别要重点考虑满足游客食、住、游、娱、购、行的需求，在服务质量上下功夫，尽量建设各种等级和消费层次的食、住、游、娱、购、行的设施，以满足不同层次游客的需求。在商业与餐饮服务设施方面，位置选择十分重要。要精心布局、合理规划，始终坚持方便游客的原则。此外，旅游服务设施与基础设施要统筹考虑，要有弹性地规划。

8.7.2 分散与集中有机结合

乡村旅游设施的空间布局主要有两种形式，分散式布局和集中式布局。如小型的"农家乐"适合分散式布局，以方便游客。而商业服务区设施宜采用集中式布局，发挥规模效应。这两种空间分布形式要有机结合，分散式空间布局适合农事体验，满足团体和群体的需要；集中式空间布局能够聚集人气，一站式解决游客的需求。无论按何种方式布局，目的都是最大限度和最好地满足游客的需求。

旅游目的地需要与乡村保持一定距离，建立独立的建筑来完成咨询、导游、展示等服务，可以集中式布置；而旅游线路的关键点则要采用分散式布置。所以，分散与集中不是固定不变的，要以保护环境和方便游客为目的进行规划。

8.7.3 "单轨"与"双轨"功能复合

所谓单轨，就是指服务设施只服务于游客或乡村居民之一，要么只针对游客，要么只针对目的地的乡村居民，不能两者兼顾。所谓双轨，就是指乡村的旅游设施既要服务于游客，也要服务于村民，如乡村道路就具有双轨功能。通常对乡村道路规划时，既要考虑乡村居民的出行问题，同时也要兼顾游客的出行问题。但是并非所有的设施都具有双轨的功能，往往在设计时，我们只考虑它的单轨功能。如，老年活动中心的设施，设计上主要考虑当地居民，不考虑游客对服务设施的利用。当然，我们要尽可能地提高服务设施的使用效率，更多地从双轨的角度去设计服务设施，更多地考虑让服务设施既满足乡村居民的使用,也可以满足游客的使用,使居民和游客共享共用。有许多设施是可以兼顾的,如餐饮设施、文化娱乐设施、休闲设施,都适用于双轨。双轨可以提升效率,既有利于当地居民生活,也兼顾了游客的旅游活动,从而达到共赢,同时也有利于游客与当地居民交流、交往。

8.7.4 乡土与文脉完美融合

乡村旅游对游客的重要吸引物是乡土文化,因此在进行乡村旅游服务设施的设计规划时,要尽可能利用这些设施展示当地的乡土文化,体现乡土特色。在建设餐饮和住宿设施时,可以嵌入当地乡土文化、民风民俗和当地特色资源。餐饮设施要体现当地"食"的乡土文化,应尽量选择目的地的食材,采用目的地的烹饪方法。住宿设施要体现当地符号元素,体现当地建筑风格,与乡村环境匹配,不要一味模仿而建成城市的高级宾馆和商务酒店,最好是用乡村的农家院落改造而成,体现目的地的"乡土性"建筑特色,与所在的目的地的人文、气候、地理、民俗相吻合。

8.8 乡村旅游产品规划

乡村旅游目的地的特色和个性是通过乡村旅游产品的特色来实现的,旅游产品特色是依据乡村旅游目的地的资源特色进行创作的。乡村旅游产品规划就是根据乡村旅游目的地的资源特色及现存状况来设计未来的乡村旅游产品,以便更好地满足游客的个性需求,提升乡村旅游目的地的形象。

拥有丰富的旅游资源,并不一定意味着就能把乡村旅游经营好。目前,许多旅游资源丰富的乡村,乡村旅游发展得并不好,存在的问题多。不少旅游目的地只顾眼前利益和经济效益,而忽视对旅游目的地的品牌打造和长远发展的考虑。在乡村旅游产品开发上,存在产品形式单一、服务内容单调的问题,在旅游产品创新上不思进取,过分注重经济效益和短期利益,模仿盛行,产品雷同,缺乏根据乡村旅游目的地资源特色来打造的特色主题和特色的旅游产品,不能有效地吸引游客的到来。所以乡村旅游产品规划中应注意以下问题。

8.8.1 旅游资源产品化

乡村旅游资源要转变成旅游产品,满足游客的需求,实现产品的价值,使资源得以利用,这样的资源才能成为实实在在的旅游资源,才能创造出价值。乡村旅游资源要成为产品,首先要对乡村旅游资源进行调查和客观评价,要对游客市场进行调查,利用资源转化成的产品能被市场接受,旅游资源才能实现其价值,旅游资源也才能产品化。所谓旅游资源的产品化,包含两个方面:一是将资源转化为旅游产品;二是将产品进行重新组合,实现产品系列化。要注意乡村资源的保护,如果资源被破坏,无法生产有价值的旅游产品,乡村旅游就不可能持续发展。同时乡村旅游产品要有特色,没有特色就没有市场,产品不能实现其价值,资源就不是旅游资源。因此,一方面,要加大乡村旅游目的地的资源保护力度。各级政府应负责监督乡村地区旅游资源的保护和开发利用。乡村资源产品化和乡村资源保护要同步进行,要在保护中开发,开发中保护；另一方面，要注重旅游产品的长度、深度以及宽度的有机组合。产品要适应市场，关键是产品要有特色，要避免盲目开发乡村旅游产品。产品盲目模仿，没有特色，就会形成低层次的恶性竞争。

8.8.2 乡村旅游产品差异化

同质产品要想竞争取胜，只有靠价格战，价格战只能靠规模化和标准化。而旅游属于服务行业，不适合标准化，只能走产品差异化的道路。产品差异化是产品特色化的前提条件。乡村旅游产品特色化分为外部特色化和内部特色化。旅游产品外部特色化，主要指能够在游客面前展现出来的，如自然景观、风俗习惯等方面的差异。产品内部特色化是指地域范围相对较小区域的乡村旅游产品特色化，依赖于乡村自然环境和村庄历史文化背景。乡村旅游规划既要从外部差异化也要从内部差异化进行。要将资源的特性、市场的需求特点结合起来考虑，实现产品差异化、特色化、个性化，更好地满足游客个性化的需求。

8.8.3 乡村旅游产品体验化

乡村旅游属于服务行业，服务产品与有形产品有本质的区别，乡村旅游服务就是一个体验的过程。随着社会经济的发展，旅游，特别是乡村旅游需求旺盛，人们对旅游产品需求层次不断提升，乡村旅游需求呈现多样化，在乡村旅游中产品需要富有个性以满足游客个性化的需求。乡村旅游是通过体验来完成的，对产品设计要考虑以下两个方面。

1. 乡村旅游体验主题要鲜明

乡村旅游产品的主题可以通过具体的乡村旅游产品来体现，乡村旅游产品主题应具有创新性和内涵性，根据乡村旅游目的地的特点来体现地域主题化、文化景观主题化、特色餐饮主题化。目前，我国不少乡村旅游目的地旅游产品缺乏个性与特色，没有形成鲜明独特的主题。需要根据当地的自然和人文环境、民风民俗来科学地确定目的地的鲜明主题，以满足游客需求为导向，凸显地方特色，避免同质的旅游产品设计。在规划时可考虑一主多次，即一个主题和多个次主题，主题与次主题关系紧密，根据不同的主题诉求，将游览观赏、农事参与、民俗体验等主题包含其中。

2. 乡村旅游体验丰富化

乡村旅游项目是游客对乡村环境的体验，乡村旅游的体验目的是远离喧嚣的城市、缓解生活的压力，放松身心，感受异质的文化，去寻求愉悦的心情。只有体验，内心才能感受，也才能产生愉悦的心情。乡村旅游应该让游客进入乡村居民家中体验，体验乡村的田园生活，体验乡村的特色歌舞，体验农事活动，融入乡村生活。因此，应开发丰富的体验产品，满足游客个性化的需求。同时，注重差异化体验环境的营造，尽量保持原汁原味的农家特色，形成独特的体验旅游。

8.8.4 乡村旅游产品系列化

产品丰富是满足个性化的前提条件。目前，旅游产品种类少、功能单一、无法满足游客的个性需求。游客只能观赏旅游景点，而旅游体验活动少，因此，游客停留时间短，旅游收入少。乡村旅游目的地在旅游产品规划和开发时，应该开发出多层次、多类型的旅游产品，使旅游产品向丰富化、系列化的方向发展，满足游客的需求。乡村旅游产品在内容形式上要不断创新。根据功能的不同，乡村旅游产品可分为度假、探险、休闲、疗养、研学等多种形式。通过对乡村旅游资源的开发利用，丰富旅游产品的层次，对旅游产品换档升级，提升产品的内涵和特色，强调旅游产品的创新研究，开发出丰富的特色产品，赢得游客好评。乡村旅游目的地可根据自身的资源秉性，选择若干项目进行开发，丰富产品的类型和层次，可以考虑观光与参与相结合、知识性与趣味性相结合的产品系列。通过上述方式，能够为更多的游客提供选择，提高游客的满意度，增加当地的旅游收入。

8.9 乡村旅游生态环境保护规划

生态环境是乡村旅游的基石。我国经济快速发展，人民收入水平不断提高，乡村旅游得到了蓬勃发展，但同时带来的乡村生态环境的问题是不可忽视的。游客参与乡村旅游的目的是为了亲近大自然，体验大自然带给人们的乐趣，达到休闲的目的，进而达到身体健康、心情愉悦的目的。因此乡村环境是乡村旅游持续发展的源泉。乡村旅游中，游客与大自然之间的互动越来越频繁，由于人为的因素，造成乡村旅游生态环境日趋恶化，生态系统遭受越来越多的威胁。乡村旅游可持续发展的基本条件就是生态环境不能被破坏，因此旅游规划必须要对生态进行修复和保护。生态环境保护规划就是从乡村旅游目的地生态环境的实际出发，尊重自然界的客观规律，利用人的主观能动性，协调好经济发展与环境之间的关系，以达到乡村旅游生态环境保护规划的目标。保护生态环境，促进乡村旅游的可持续发展，首先，对环境现状进行调查与评价，这是规划的前提条件；其次，对环境可能造成的影响进行预测；再次，对环境容量进行确定；最后，确定环境保护的目标及其相关措施。

8.9.1 环境问题预测分析

乡村旅游对环境的影响来自两个方面：一是乡村旅游开发活动，二是游客的旅游行为活动。乡村旅游开发活动对环境的影响如表8-1所示。

表8-1 乡村旅游开发活动对环境的影响

乡村旅游开发活动	对环境影响项目	具体内容	对环境影响
实体性开发活动	景点和旅游目的地的开发	既包括初次开发，也包括再次开发	大
	乡村旅游配套设施建设	接待游客住宿、餐饮、交通以及购物等设施	大
	乡村旅游基础设施	水、电、气、热供应系统，邮电系统，通信系统等	大
非实体性开发活动	乡村旅游服务完善	工作人员、导游、讲解员	小
	乡村旅游市场开拓	宣传、促销	小
	乡村旅游社会和谐环境营造	保持稳定的社会秩序，保护当地特色风俗	小

游客的旅游行为活动对环境的影响如表8-2所示。

表8-2 旅游行为活动对环境的影响

环境分类	影响	举例
自然环境	改变动植物的种群结构	动物被迁移，植物遭践踏、破坏等
	环境污染	因排放垃圾、车辆尾气等导致水质污染、空气污染
	自然资源影响	加快地表水的耗竭等
	视觉污染	游客随意丢弃垃圾等

续表

环境分类	影响	举例
人文环境	加强了与外界的交流	导致生产、生活方式改变
	基础设施建设压力	交通、通信、供水、污染处理趋于紧张
	给传统文化的冲击	游客的到来，使得传统文化保护受到冲击

在乡村旅游开发过程中，由于规划的不科学，片面地追求经济效益，没有充分考虑环境因素，结果违背自然规律，对旅游资源构成了威胁。乡村旅游的开发中，由于游客的不断增加，人为活动对环境的破坏十分明显，表现在以下几个方面：（1）乡村生态环境受到威胁。乡村旅游游客自驾游较多，大量自驾游客的拥入，使得尾气排放超标，造成空气质量下降。乡村的排水系统和污水处理设施并不完善，大量游客拥入乡村，产生大量生活垃圾，水质被污染，生活污水不能有效地净化，对地表水体形成污染，由此造成农田土壤、农作物被污染。（2）消耗乡村生态资源。如，游客的到来使得花草被践踏、植被受到破坏、动物被迁移，造成生态资源的破坏，生态资源的破坏难以恢复，进一步造成生态资源的枯竭。（3）影响居民正常生活。游客的到来扰乱了当地居民正常的生活秩序。如交通拥堵、生活垃圾的产生、噪声四起等，打乱了乡村原本宁静安详的生活，这一切都对当地居民产生了不利影响。

8.9.2 环境容量的确定

1. 旅游环境容量的定义

"容量"一词最早在生态学中是用以衡量某一特定地域维持某一物种最大个体数量的潜力。是生态系统能够承受发展和特定活动能力的最大限度，比如我们常说的"环境容量""生态容量""社会容量"等，如果超过这个限度，就会出现负面效应。

旅游环境是旅游活动得以生存的基础，是旅游发展的必备条件，是旅游业持续发展的必要条件和基础。如果游客超量，就会导致旅游环境被破坏，旅游环境将发生不可逆转的变化，这就是我们所说的环境容量。

旅游环境容量是指在某一旅游目的地环境的现存状态和结构组合不会发生对当代人及后代有害变化的前提下，在一定时期能够承受的游客人数的最大值。早期对容量侧重于自然生态方面，后期对社会心理容量关注较多，现在将容量分为感知容量、生态容量、经济发展容量和社会地域容量。

2. 旅游环境容量的理解

（1）旅游环境容量有五个基本容量

楚义芳博士对旅游环境容量概括为五个基本容量和三个非基本容量。五个基本容量为旅游资源容量、旅游生态容量、旅游经济发展容量、旅游目的地地域社会容量和旅游感知容量，如表8-3所示。

表8-3 旅游环境容量有五个基本容量

名称	定义
旅游资源容量	在保持旅游资源质量不受影响的前提下，在规定时间内旅游资源所能容纳的一切旅游活动
旅游生态容量	在规定时间内，确保目的地的自然生态环境不致退化、维持生态平衡的前提下，所能容纳的旅游活动量
旅游经济发展容量	指在规定时间、一定区域范围内，经济发展水平所决定的能够接纳的旅游活动量
旅游目的地地域社会容量	当地居民可以承受的旅游活动量，目的地人口构成、宗教信仰、民情风俗、生活方式和社会开化程度等决定其大小
旅游感知容量	游客在某一地域从事旅游活动时，旅游活动质量不降低，该地所能容纳旅游活动的最大量

(2) 五个基本容量的关系

五个基本容量中，旅游感知容量是从需求方面进行考虑的，其余四个容量则从供给的角度考虑。旅游经济发展容量与旅游目的地地域社会容量呈正相关；旅游感知容量与旅游资源容量、旅游生态容量、旅游经济发展容量和旅游目的地地域社会容量呈正相关。

(3) 旅游环境容量有三个非基本容量

非基本容量包括旅游合理容量与旅游极限容量、旅游既有容量与旅游期望容量、其他与旅游活动的空间尺度相关旅游容量。非基本容量往往比基本容量更加直观，应用更广泛，如表8-4所示。

表 8-4　三个非基本容量定义

名称	定义
旅游合理容量与旅游极限容量	旅游合理容量是指旅游最适容量或旅游最佳容量；旅游极限容量是指旅游地的环境承载力达到最大时候的容量
旅游既有容量和旅游期望容量	旅游既有容量是指已经开发出来的旅游容量；旅游期望容量是指未来某时可能容纳的旅游活动能力
其他与旅游活动的空间尺度相关的旅游容量	旅游活动的空间尺度指旅游地能够开展旅游活动的空间范围大小，从小到大依次为景点旅游容量、景区旅游容量、旅游地容量、区域旅游容量，它们共同决定了旅游地空间尺度所能容纳的旅游活动能力，同时也决定了旅游地所能开发的规模

(4) 旅游基本容量和旅游非基本容量的共性

无论是旅游基本容量还是旅游非基本容量都具有以下特点：第一，旅游环境容量值在某一时段内相对稳定；第二，旅游环境容量值随时间而改变，其中旅游经济发展容量和旅游社会容量变化更快，而旅游资源容量、旅游生态容量和旅游感知容量变化相对较慢，旅游非基本容量则随旅游基本容量的变化而变化;第三,旅游环境容量值还会随旅游区类型的变化而变化。

3. 环境容量测定[①]

环境容量测定的一个重要部分就是空间基本标准,即单位利用者占有的空间规模和设施量。国家旅游局制定的《旅游规划通则》中提出了日空间量和日容量的基本规则。旅游环境容量现有计算方法一般包括经验量测法和理论计算法,这里我们介绍理论计算法。

理论计算法一般包括面积法、线路法和卡口法。

(1)面积法

面积法计算公式为:C=(A/a)×D=(A/a)×(T/t)

其中,C 为日环境容量,单位为人次;A 为旅游区内可游览面积,单位为 m^2;a 为每位游人应占有的合理面积,单位为 m^2;D 为周转率;T 为景点开放时间,单位为小时;t 为游客游览景点所需时间,单位为小时。

(2)线路法

线路法分为完全线路法和不完全线路法。

线路法计算公式为:

a. 完全线路法

   C=(H/h)×D=(H/h)×(T_1/t_2)

b. 不完全线路法

   C={H/[p+(p×t_1/t_2)]}×(T_1/t_2)

式中为 C 为日环境容量,单位为人次;H 为游道全长,单位为 m;p 为每位游客占用合理游道长度,单位为 m;D 为周转率;T_1 为游览全

---

① 田颖. 旅游环境容量在生态旅游规划中的应用研究 [D]. 西安建筑科技大学,2007,(7).

天开放时间，t_1 为沿游道返回所需时间，t_2 为游览全游道所需时间。

(3) 卡口法

$$C = D \times A = T/t_1 \times A = [(t_2 - t_4)/t_1] \times A$$

式中 C 为日环境容量，单位为人次；A 为每批游客人数；D 为日游客批数；T 为每天实际游览时间；t_1 为每批游客相距时间，t_2 为每天开放时间，t_4 为游完全程所需时间，单位均为分钟。

8.9.3 乡村旅游的生态环保措施

为了实现乡村旅游生态规划的目标，需要采取以下环境保护的有力措施。

1. 把生态环境保护纳入法治轨道

生态环境是人类生存的基础，是旅游持续发展的必要条件。党的十八大以来，我国将生态文明建设纳入中国特色社会主义事业的总体布局，指出保护生态要依靠制度，必须加强生态文明制度建设。中国式现代化的本质要求之一，就是要促进人与自然和谐共生。法治是最成熟、最定型的制度形式，必须重视法治，用法治思维去治理生态环境。对此，应严格执行法律法规，严厉打击破坏生态环境的违法犯罪行为。同时，加强宣传生态环境保护，不断提高人们的生态环境保护意识，对可能造成生态环境严重破坏的行为应该坚决制止。相关工作人员应严格履行职责，对由于失职、渎职而造成生态环境破坏的工作人员，应依法处理。

2. 完善乡村旅游资源管理体系，控制游客容量

乡村旅游资源被破坏，乡村旅游业就成了无本之木，无源之水。乡村旅游目的地对于游客接待人数和净化污物等的承受都有一定的限度。所以，乡村旅游目的地必须加强环境容量的研究，提出目的地容纳游客的最大指标,严格执行。通过多种形式,分散游客,确保乡村旅游目的地环境的良性发展。

3. 要树立防重于治的新观念

保护乡村旅游目的地环境的目的,是为了使乡村旅游目的地的自然生态系统向良性发展,为乡村旅游实现可持续发展创造越来越好的条件。所以,我们必须坚守的理念就是防重于治,做到防患于未然。在乡村旅游规划时,要优先考虑环境保护的相关规划,在开发时尽量不要破坏乡村环境,对于已经破坏的环境要及时进行修复,当地政府应切实履行保护环境的职责。

4. 以科技促进生态环境保护

科学技术应在乡村旅游目的地的生态环境保护中进行广泛的应用。应鼓励科技创新,加大科技投入,加强生态环境保护领域的技术开发工作。科学技术对生态保护发挥重要作用,应给予生态环境保护研发相关技术经费支持,对生态环保技术大力推广,提高生态环境保护的科技含量。要加大乡村生态环境的治理,加快生态恢复、保护工作,建立生态环境预警机制,确保乡村生态环境向良性方向发展。

第9章

乡村旅游可持续发展策略

乡村旅游作为旅游与农业的融合，是旅游业发展到一定阶段的必然产物，是实现乡村振兴的有力抓手。乡村旅游作为实现"工业反哺农业，城市支持乡村"的一个有效途径，能够增加乡村居民就业机会和收入，拓宽乡村居民创业和就业渠道，改善村容村貌，在提升乡村文明等方面有着十分重要的作用。乡村旅游依靠乡村的自然资源和优美的乡村环境，吸引都市居民来乡村游玩、学习、考察等，因此，必须保护乡村的生态环境，乡村旅游才会对游客有吸引力，乡村旅游才能实现可持续发展。

9.1　深入挖掘乡村文化内涵

文化是乡村旅游的灵魂，乡村旅游是文化的载体。发展乡村旅游，挖掘其乡村文化内涵，不仅有利于乡村旅游发展，而且能更好地促进乡村文化的交流与传播。传承乡村文化是乡村旅游发展的生命线。乡村之所以能够吸引城市居民，在于乡村旅游目的地的"乡村性"，而"乡村性"主要体现在乡村地区独特的乡土文化中。游客通过体验乡土风情、参加农事活动、欣赏美丽的乡村风光，获得精神上的愉悦、身体上的放松。从旅游消费角度来看，乡村旅游属于文化层面的消费，因此，在设计乡村旅游产品时，应尽可能体现出原始的乡土风情、习俗等特色，满足都市游客对乡村文化的了解和体验，从而达到增强乡村旅游目的地的吸引力的目的。

9.1.1 开发乡村旅游要突出乡村特色

发展乡村旅游，促进乡村发展，更好地吸引游客，要在旅游产品设计与开发上下功夫。要体现乡村旅游产品的"异""特""新"，归根到底还是一个"特"字。乡村旅游必须要有自己的特色，以"特"吸引人。一是要突出乡村自然景观的特色，开发出独特的山水景观、田园风光，满足旅游的心理需求。二是深度挖掘当地的传统特色文化内涵，讲好古村落、古镇、古庙等的传说故事，开展传统特色工艺，让游客在旅游的体验中获得知识，提高游客的科技素养和历史文化知识，满足游客对物质和精神文化的需求。三是在乡村旅游目的地设计中，要体现民族特色，如服装、饮食、建筑等方面体现出本民族特色，尽可能体现旅游目的地的民族风情、风貌、习俗等特色，满足游客对传统特色文化的了解、感受及体验，增强乡村旅游目的地的吸引力。

9.1.2 突出个性需求，打造特色主题文化村

随着旅游产业的发展，游客的需求呈多元化的趋势，乡村旅游应针对不同层次游客的个性化需求来设计旅游产品，构建多元化、特色文化产品的综合体系，从而满足游客的个性化需求。

挖掘村庄特色资源的文化内涵，构建主题不同的文化村，形成乡村旅游资源的不同品牌。积极探索符合农村实际情况、展现地方特色、整合乡村文化资源、开发销售对路的文化旅游产品，努力打造文化与农业、商业的完美结合，具有鲜明特色的旅游产品。事实证明，单调、陈旧的产品模式早已不能满足市场需求，亟待升级换代。现代的乡村旅游已不是过去的单一形式，已经向复合型转变。为避免同质化竞争，取得差异化优势，各个村镇实行诸如"一村一品""一户一业态"的差异化

发展策略，深挖潜力、精心设计、打造精品，不断满足游客的需求。

9.1.3 营造乡村文化气氛

乡村文化内容丰富，多种元素构建了乡村文化的整体气氛。如易看、易学、易懂的壁画，让乡村风貌焕然一新。打造生动形象的文化墙，在文化墙上以艺术的形式将优秀传统文化知识元素渗入其中，将一面面墙壁变成美观又会"说话"的、传播正能量的工具，展现乡村日新月异的变化以及村民的幸福美好生活。通过营造和保持乡村田园风光，恢复乡村古建筑、古农具，突出乡村农耕文化，开发乡村饮食文化、茶文化以及挖掘和保护乡村手工艺等营造乡村文化气氛。培育和展现一个和睦、友善、安全、有历史、有品位的美丽乡村景象，是吸引游客的重要手段，也是对乡村文化的保护与发展。

9.2 改善和保护乡村旅游生态环境

乡村旅游以优美的乡村环境、新鲜的空气、丰富的绿色产品、舒适的居住条件、高质量的服务水平，为游客提供了集休闲、食宿、娱乐、度假为一体的乡村休闲旅游，同时，以乡村自然风光、生态环境、山水特色、冰雪资源、森林草地等资源，为游客提供了舒心的自然生态游，提供了让游客走进自然、回归自然、感悟自然的乡村生态游。优美、自然的生态是乡村旅游的载体，必须高度重视生态环境。没有生态环境，生态旅游就不会存在。

我国的乡村旅游目的地主要集中在经济欠发达地区和城市近郊。经济欠发达地区往往远离城市，这些地方受交通和自然条件等因素的影响，往往经济较为落后，基础设施差、交通不便、村民普遍受教育程度低、思想观念保守、经营理念有待提高。

在乡村旅游设计与开发过程中，必将对原有乡村环境造成一定的影响，给乡村自然生态环境增加压力。乡村旅游在开发之初，必须要进行基础设施的建设，在基础设施建设中，往往会造成植被破坏、水土流失、动物被迁徙，给优美的自然生态环境带来威胁。随着乡村旅游的发展，大量游客拥入乡村旅游目的地，从而产生大量的生活垃圾，对生态环境构成了威胁，如空气质量下降、交通拥挤、环境污染、植被破坏等。如果不加以干涉和限制，乡村良好生态就会被破坏。要使乡村旅游持续健康地发展，当地政府应履行好在乡村旅游开发中的规划、引导、监督、教育等职能，坚决遏制在乡村旅游的开发中对乡村旅游资源和自然资源采取盲目、掠夺式的开发行为，避免造成资源浪费、环境污染和生态环境系统被破坏等行为。各级政府应把保护乡村旅游生态环境作为工作的重中之重，使乡村旅游设计合理、开发有序，走出一条可持续发展的道路。既要发展乡村旅游又要保护好生态环境并非易事，必须协调发展、实现共赢，政府应该从以下几个方面入手。

9.2.1 各级政府应加强监督管理

首先，政府相关部门应制定生态环境保护的发展规划，乡村旅游保护与开发必须同时进行。乡村旅游开发中，由于大量游客的拥入，如果没有好的环境保护制度，就会造成植被破坏，空气、水被污染，环境恶化，乡村旅游的发展必然受到威胁。因此，要科学规划乡村旅游开发，同时要制定好环境保护的规划。在制定环境保护规划前，要深入乡村旅游目的地进行市场调研，通过科学论证和评估确保乡村旅游开发对环境的破坏和污染能够合理被弥补，使乡村旅游开发对环境的影响在可控范围内，不影响乡村旅游的可持续发展。乡村旅游开发要体现环境效益、经济效益和生态效益的统一，其中环境效益应放在首位，只有保护好环境，乡村旅游才可能发展。其次，应建立和完善乡村旅游相关的环境保护法律法规，确保旅游企业不敢乱排、乱放、乱搭、乱建。企业应遵纪守法，同时也要倡导游客和乡村居民爱护环境，使他们知道爱护环境的重要性。最后，在乡村旅游开发中，相关部门要建立环境保护的有效监督管理机制，做好生态环境保护工作。

9.2.2 维护和改善环境

在乡村旅游的开发中，在新建车站、宾馆、停车场、娱乐场所、酒店等时，会产生许多建筑垃圾，这些垃圾对环境是一个挑战；同时由于大量游客的不断拥入，为了解决游客的吃、住、行、娱、购等需求，就必然产生大量的生活垃圾，因此必须采取切实有效的措施来解决乡村旅游目的地的生活垃圾和建筑垃圾。对于垃圾应该分类处理，建立垃圾处理站，将垃圾合理回收，变废为宝。建立废品回收站，安排环卫工人进行卫生清理，监督和教育破坏环境的村民和游客。在乡村旅游开发时，对环境进行科学评估，评估环境影响乡村旅游持续发展的关键因素，对于环境评估不达标的项目坚决不能开发。在项目开发时，首先，要制定环境保护规划，明确环境保护目标，加大对环境的监测与评估，建立旅游环境质量数据库；其次，加强乡村旅游开发审批，严格按照程序进行审批；再次，严禁在景区内大兴土木建设，根据景区环境容量，确定景区可容纳项目的数量，严格保护景区生态平衡，促进乡村旅游有序、持续健康地发展；最后，落实好乡村旅游目的地环境责任主体，探索有效的管理模式。对乡村旅游环境实行评价和考核制度，明确责任主体，将环境保护评价和考核作为各级政府领导的绩效考核之一，强化当地政府的环境保护意识，广泛宣传环境对村民、游客的重要性。教育村民爱护环境人人有责，劝导游客保护环境。

9.2.3 保持生态原汁原味

原汁原味的乡村生态是吸引都市居民来乡村游玩、体验的最重要吸引物。乡村原生自然和人文环境是乡村旅游的个性特征，是城市居民前往游览的追寻目标。所以，在乡村旅游的开发过程中，要注意保持原汁原味的乡土本色，突出田园风光，突出乡村自然、淳朴、绿色、清新的环境氛围，强调天然、闲情和野趣，努力展现乡村旅游的独特魅力，增强乡村旅游的吸引力。在乡村旅游开发中，注意统一性，不能放任旅游企业和旅游经营者随意建造而破坏整体性，不要规定追求"现代""时髦""高大上"，而应该突出"土""古""农""野"，最大限度地展示乡村的原风原貌。

9.2.4 防止土地污染和植被破坏

乡村人文环境和自然环境是乡村旅游的载体。如果土地被污染、植被受到破坏，乡村自然环境被破坏，乡村旅游就失去了对游客的吸引力。因此，乡村旅游必须保护和建设好生态环境，建设良性循环的经济，实现可持续发展。同时，在乡村旅游中，游客经常愿意购买土特产。销售目的地的土特产，既满足了游客的需要，也可以增加当地居民的收入。如果土地被污染，能够给游客提供合格的"土特产品"吗？乡村旅游目的地脚下土地是"黄金"，应该好好珍惜，好好保护。当地环境保护部门应该加大打击污染土地的情况，保护旅游地环境的可持续性发展。植被是新鲜空气的载体，呼吸新鲜空气，是吸引游客来乡村旅游的一个重要指标，因此，要保护好乡村植被，不能被破坏。

9.2.5 合理利用资源

旅游资源是乡村旅游赖以生存的基础，加强对旅游资源的保护力度，合理利用资源，是实现乡村旅游可持续发展的必经之路。资源的不合理利用也是破坏生态和污染环境的重要原因。因此，在合理利用资源中应做到以下几点：一是在整个资源开发过程中，应该尽可能减少废物排放，降低农药的施放量，减少废物对环境造成的污染，实现经济效益与环境效益的统一；二是合理的经济结构与布局是实现资源高效利用，保证经济发展与环境保护相协调的有效措施；三是强化监督管理，增强乡村旅游资源保护的实效，加强旅游资源的监管，因地制宜建立旅游资源和生态环境保护管理制度；四是提高开发旅游资源质量，实现环境效益和经济效益的统一，对已开发的资源要提升资源的内涵、品位及服务质量，实现精细管理；对于那些即将开发的资源，要按照高标准、严要求，打造精品工程，确实保障乡村资源合理利用。

9.2.6 加大环保宣传力度，提高人们的环保意识

意识是行动的先导。保护乡村旅游环境，必须提高村民和游客的环保意识。政府要加快环境保护的立法工作，制定环境保护规章制度和法律法规，对破坏环境的人员和官员加大惩戒的力度。通过电视、互联网、公益广告、宣传栏、宣传画、宣传标语等多种媒介，对环境保护的重要意义进行广泛宣传，不断提高乡村旅游目的地的工作人员、管理人员及外来游客自觉的环境保护意识。同时，政府部门要加强监管惩罚措

施，对经营者、当地居民加强法律法规教育，引导经营者树立正确的经营理念。乡村旅游目的地的经营者要肩负起生态环境保护的责任，针对游客的不良行为，应多提醒，并身体力行地倡导环保旅游。环境意识应该从娃娃抓起，开展环保教育进学校、入课堂，从小教育他们热爱家乡，保护环境。环境保护还应该进社区、入家庭，告诉他们，环保是乡村旅游的必要载体。

9.3 政府推动乡村旅游的高质量发展

乡村旅游由六大核心要素"食""住""行""游""娱""购"组成。根据人们对旅游吸引物的关注度不同，可以拓展出另外六个要素，即"商""学""养""闲""情""奇"。"商"是指商务旅游，它包括会议会展、商业旅游、奖励旅游等要素；"学"主要是研学旅游，包括科考、培训、修学、夏令营、冬令营、摄影等要素；"养"主要是养生旅游，如养心、养生、养老、健身等旅游新要素；"闲"主要为度假旅游，包含乡村度假、乡村宾馆、乡村休闲等要素；"情"主要是情感旅游，包括纪念日旅游、婚恋、婚庆等要素；"奇"主要指探奇旅游，如探险、探秘、新奇体验等。在社会经济大环境中，乡村旅游产业必定与其他产业产生关联性和互动性。因此，乡村旅游能增加乡村居民收入，增加当地税收，能促进乡村繁荣，对当地社会经济意义重大。政府应加大对乡村旅游的支持力度。

9.3.1 拓宽融资渠道，给予资金支持

各级政府可加大对乡村旅游融资的支持，重点支持乡村旅游规划、人才培训、市场宣传、基础设施建设等的融资。加大招商力度，具体做法如下：（1）积极支持国有投资平台采用直接投资、联合开发等方式对乡村旅游目的地的基础设施投入和建设，引导民间投资通过政府和社会资本合作、公建民营等多种方式参与乡村旅游建设。（2）引导和鼓励社会资本及各类经济实体投资乡村旅游的经营，鼓励中介组织为乡村旅游发展提供各类资金，鼓励当地居民投资乡村旅游开发项目。（3）制定优惠政策，向当地居民投资开发的乡村旅游项目做适当的政策性倾斜。如在用水、用电、土地专用、税收等方面适当进行优惠。（4）支持经营业绩好、资信优良的中小乡村旅游企业适时地发行企业信用债券融资。（5）设立固定的乡村旅游发展财政专项资金，纳入财政预算。（6）优化银行信贷管理机制，为信用度高、就业人数多的乡村旅游企业提供额度优厚、利率优惠的政策。（7）加大财政监管力度，确保从各个渠道投入乡村旅游的资金都能得到合理的使用。（8）加大对当地乡村旅游就业和创业者的培训力度，提高管理水平，提高企业竞争的能力。农业银行、农村信用联社等金融机构，要加强对旅游开发的信贷投入，尤其要加大面向农户和中小旅游企业小额贷款和联保贷款规模。

9.3.2 加强基础设施建设，优化乡村服务环境

乡村旅游游客出行往往在周末、节假日，所以周末、节假日乡村旅游目的地的游客人数剧增。游客大多以休闲、度假为目的。许多游客自驾游，乡村旅游目的地的可进入性对于他们来说是十分重要的，如果乡村旅游目的地基础建设差、道路窄、停车位少、交通拥堵，就会严重影

响游客的体验感。所以，发展乡村旅游，政府要加大乡村旅游基础设施的建设经费，改善乡村旅游发展的软、硬环境，提高乡村旅游目的地发展乡村旅游的能力。由于我国乡村旅游目的地大多在经济相对落后、基础设施欠佳的地区和山区，乡村基础设施的落后，制约了这些地方的乡村旅游的发展。因此，政府应在乡村旅游建设、规划和管理方面发挥主导作用，加大乡村旅游基础设施的道路、通信、水电、污水垃圾处理等基础设施，规划一批精品乡村旅游线路，完善景区游客接待中心、停车场等配套设施。乡村旅游目的地的道路是否畅通是影响游客体验的重要因素，所以首先要解决乡村旅游目的地的道路建设问题，提高乡村旅游目的地的可进入性；其次，要解决好饮水质量安全，电视广播网络"三通"，处理好生活垃圾、生活污水排放等问题，优化乡村旅游服务环境；最后，加大旅游目的地的通信及电力设施的投入，使电力供应充足，通信畅通。总之，要尽力通过切实改善基础设施条件和提升服务保障能力，为乡村旅游的可持续发展营造出一个良好的外部环境，增强自身的影响力和对游客的吸引力，提高乡村旅游的市场竞争力。

9.3.3 维护旅游经营秩序，促进乡村旅游健康发展

乡村旅游快速发展，市场竞争加剧，给乡村旅游目的地管理带来了挑战。不少乡村旅游目的地因为管理不到位，造成了市场秩序混乱，如市场上出现产品质量低劣、产品价格缺乏规范的问题；商家以次充好、宰客、不讲诚信等现象。如果乡村旅游经营秩序混乱，就会影响乡村旅游目的地的形象，使品牌的美誉度受损，伤害游客的利益，最终就会影响乡村旅游的健康发展。乡村旅游目的地没有游客，就没有商家，就会影响地方政府税收，最终影响地方政府的形象。政府要引导企业坚持以诚信为本的经营理念，政府作为乡村旅游市场秩序的守护神，应将不法

商人绳之以法，维护乡村旅游市场公平、公正；还应加大对乡村旅游市场秩序的执法检查力度，严厉打击非法经营行为，打击虚假宣传和不诚实的经营行为，全力维护旅游市场秩序和游客利益。规范乡村旅游市场秩序，有利于打造一个诚信、和谐、放心的乡村旅游环境，保护游客的合法权益，推动旅游产业高质量发展。

要大力弘扬诚信经营，打造优质乡村旅游目的地。要实行严格的导游准入制度，加大对导游技能的培训和教育，提高他们的业务能力和道德素质。要将社会监督、舆论监督和媒体监督形成合力，加大对乡村旅游企业违规行为的曝光力度，营造公平、公正的市场竞争氛围。

9.3.4 实行用地、税收优惠政策

乡村项目用地对旅游企业的重要性是不言而喻的。乡村旅游项目建设用地，可通过招、拍、挂等方式获得土地的使用权，收取的土地出让金可用于该项目的基础设施建设。在乡村旅游的用地中，政府既不能放任不管，造成用地没有规划、随意开发、破坏旅游目的地规划的整体性和科学性，也不能因对乡村旅游土地限制太严，造成"有项目、有资金、缺土地、难落实"的现象。地方政府应积极探索用地政策，制定乡村旅游用地的法律法规，鼓励在荒山、荒坡、荒滩进行乡村旅游开发，支持村民在自己承包的果园、林地、草地或者宅基地上开展农家风情和民俗旅游。政府应对新办的乡村旅游企业，包括旅游景点、宾馆、旅行社和旅游纪念品生产设计经营单位给予享受税收优惠政策。适当延长在国家确定的革命老区、边远地区、少数民族地区新办的乡村旅游企业的税收优惠政策，建议适当延长免征企业所得税年限。

9.3.5 根据游客需求实行产品创新

随着经济社会的发展，游客对乡村旅游的"乡村"性需求是永恒

的主题,但派生出了"互动性"需求。乡村旅游产品必须顺应时代的发展,对乡村旅游产品进行创新,必须采用新思路、新工艺、新手段、新方法去开发产品,才能不断地满足游客需求的变化。(1)保持本色。在旅游开发时,要突出乡村特色,尽量保持旅游资源的原始性和真实性,既要保持大自然的原汁原味,又要保护当地特有的传统文化,避免因开发而破坏传统文化。因而对乡村旅游开发时,政府要进行引导,加强专业指导,突出产品特色性和差异性,突出农村自然、淳朴、绿色、清新的环境氛围,保证人与自然的和谐关系。(2)开发互动性产品。乡村旅游的客源市场主要是城市游客,由于工作压力大,交通拥挤、生活节奏快,城市游客渴望回归自然、放松身心,因此开发乡村旅游产品时,应该满足都市人"回归自然"的心理需求。要想很好满足游客的需求,就要让游客都参与项目中来,体验乡村生活,如开展采摘、乡村艺术节、射击、歌舞、农耕、烹饪、植树和趣味体育等活动。游客不但可欣赏美丽的田园风光,而且还可以通过上述活动,增加对乡村生活的体验和趣味性。

9.3.6 实地调查,研判乡村旅游开发的可行性

乡村旅游对当地经济社会发展作用巨大,能够优化乡村产业结构,带动当地村民创业就业;对乡村文化的发掘能促进乡村文化的发展,丰富农村精神文化面貌,为当地政府增加税收。所以,我国乡村旅游虽然发展较晚,但发展速度快,各地方政府应想尽一切办法开发乡村旅游。然而许多地方乡村旅游发展并不顺利,甚至许多乡村旅游项目成为"烂尾工程"。

对于特定区域而言,是否适宜发展乡村旅游,应考虑资源禀赋、产业基础及外部的区位、交通条件以及农村人居环境状况,综合分析评价

之后再做出研判。所以，首先应重视乡村旅游发展的前期准备工作——对乡村旅游发展的可行性进行研究。对乡村旅游资源进行科学评价，应该考虑以下两个方面：一是旅游资源禀赋基础。重点考虑乡村旅游资源、生态资源是否具有稀缺性，文化民俗资源地域特征是否明显、具有差异性；二是具有区位优势是乡村旅游发展的关键。建设旅游村或发展休闲农业要重点考虑是否在城市的外围、在大都市环城休闲带的乡村。如果是那些远离大城市的乡村，公路交通便利，应考虑是否位于著名的景区周边。一般来说，乡村资源禀赋好，具有地理区位优势，或者突出产业特色的乡村能够与旅游实现高强度的融合，乡村旅游发展的路径较为顺利，旅游也在很大程度上成为当地的支柱产业。

9.4 加强乡村旅游目的地的企业质量管理

　　质量是企业的生命力，也是游客对旅游目的地评价的重要因素。游客对乡村旅游企业的服务质量不满意，就会产生投诉行为或向其他潜在目标客户宣传自己在服务中体验的不满遭遇。营销学理论告诉我们，消费者购买了一个好的产品或服务，他会向5~7人传递，买了一个不好产品或服务，他会向11~13人诉说自己的遭遇，于是就有了"好事不出门，坏事传千里"这样的说法。乡村旅游企业必须加强质量管理，打造精品，提高游客的满意度，提升游客的忠诚度。

9.4.1 乡村旅游服务的特征

1. 乡村旅游服务的无形性

乡村旅游服务产品是一种行为或活动，是非实体性、抽象性、无形性和不发生所有权转移的活动。游客通过体验，才能对服务进行评价。一方面，由于乡村旅游服务具有无形性的特点，游客体验之前往往无法肯定他们能够得到什么样的服务，购买风险性大。另一方面，由于乡村旅游服务的无形性，游客对服务质量的评价一般比较主观，很难用具体数据去评价，游客一般用过去经验、信任程度、感受和安全等大概描述，方法也很抽象，很难精确评价一项服务体验质量的高低。对此，乡村旅游目的地的企业应该采用各种具体、形象的规章制度，使服务对顾客而言变得具有实用性。

乡村旅游企业的任务是帮助游客解决面临的问题和困难，创造并维持顾客。所谓创造顾客，就是将潜在的购买者转变为实际游客，即设法将乡村旅游产品信息传递给潜在购买者并使潜在购买者相信乡村旅游企业能够满足他们的需求和愿望。有形产品往往是利用媒介通过广告、公共宣传、人员推销等营销活动向消费者推销其产品，传递产品信息。由于服务不能像有形产品那样在使用之前可以通过感官检验、理化检验等手段检验其质量，因此为了吸引消费者购买服务，乡村旅游企业在市场沟通活动中会向目标顾客做出一些承诺，使目标顾客降低购买的风险。但许多旅游企业为了吸引目标顾客，往往做出过多承诺，承诺越多，风险越大，效果越不好。大量研究结果表明，对于服务购买者来说，除了亲身经历外，消费者的口碑比其他任何信息来源都重要。所以，乡村旅游企业应给游客创造良好的消费经历，提高游客的让渡价值，赢得顾客的忠诚。

2. 乡村旅游服务的不可分离性

乡村旅游服务的不可分离性是指乡村旅游服务的生产过程与消费过程同时进行，二者在时间上不可分离。乡村旅游服务本身不是一个具体的物品，而是一系列的活动或者说是过程，游客往往要通过与服务人员合作，积极地参与服务过程，享受服务的使用价值。例如，当我们接受乡村旅游服务时，旅游参观活动必须是导游与游客互动的结果，所以游客与服务提供商的互动关系均会影响服务的结果。乡村旅游服务的生产和消费同时发生，服务人员对游客的服务过程，也是一个游客体验服务的过程，而服务人员与游客互动，也是服务的内容。研究表明，游客对某一服务的满意程度，不仅受企业形象和服务人员的影响，而且受其他游客的影响，这就要求乡村旅游企业加强管理，引导游客的消费行为，提醒游客行为，不要因为某一游客行为造成对其他游客的影响，引起其他游客的反感。比如，许多星级酒店温馨提示，"衣冠不整，恕不接待"，就是这个道理。

3. 乡村旅游服务的差异性

服务业是以人为中心的产业，人的个性化特征使得服务质量检验标准难以统一。一方面，由于乡村旅游服务人员自身的原因，即使同一服务人员，在不同时间和不同地点，提供的服务也会略有差异；另一方面，在游客直接参与服务的生产和消费过程中，由于游客个性、知识水平、兴趣和爱好等方面的差异，往往对服务的期望有所不同，这也会影响游客对服务的评价。同样的服务，有的游客体验很满意，而另一些游客却感到很失望。就如医生在给病人的诊断中，他详细地询问病人各种症状，细心检查，病人感觉医生负责任，是一个好医生，对其服务质量满意，但排在他后面的病人因为等待太久，可能对医生的服务质量不满意[①]。

乡村旅游企业的质量难以统一，企业也无法保证其承诺的服务与实际服务一致，游客难以肯定他们获得的服务与期望的服务一致。对于游客来说，服务质量不一致，购买服务就会存在很大的风险。为了解决此问题，美国哈佛大学教授李维特提出了"服务工业化"的观点，主张用工业化规模生产方法，提供标准服务，以保证服务质量一致。但乡村旅游企业服务的对象是游客，游客的需求存在差异性，采用标准化的服务方式可能不能满足游客的个性化需求。所以，乡村旅游企业服务人员应对游客消费行为和消费期望进行调查研究，针对不同游客进行分类，以标准化和个性化相结合的方式，来最大限度地满足游客需求。

4. 乡村旅游服务的不可储存性

乡村旅游服务的不可储存性是指服务不具备储藏性，旅游服务产品既不能在时间上储备起来供将来需求之用，也不能在空间上将服务转移并储备起来。旅游服务产品生产与消费具有同时性，服务人员为游客服务之后，服务就立即消失。因此，消费者买到不满意的实物产品，是可以退还的，而服务是无法退换的。服务行为不可能像实物产品那样，将淡季生产的产品储藏起来，在旺季时出售。服务性企业必须保持足够的生产能力，以便随时为消费者服务。

服务能力不足会导致机会损失，服务能力过大又造成资源的闲置和浪费。因此，在旺季，为了满足游客需求和市场需要，企业会增添服务设备和增加服务人员；在淡季，许多企业会降价促销，增加销售量，提高设备利用率，如许多乡村旅游景点往往在淡季进行促销，降低门票价格。

---

① 汪纯孝，蔡浩然. 服务营销与服务管理 [M]. 广州：中山大学出版社，1996.

5. 乡村旅游服务不可转让性

乡村旅游服务的生产和体验过程中不涉及任何东西的所有权转移。既然服务是无形的，又不可储存，服务在交易完成后便消失了，储存者并没有实质性地拥有服务。乡村旅游服务是游客的一种体验活动，服务本身不发生所有权的转移。

由于游客在购买服务时，服务的所有权不会发生转移，游客不可能得到实物，所以游客进行服务消费比购买产品消费风险更大，可能影响游客的购买决策。乡村旅游企业要恰如其分地进行宣传，不要夸大性能，也不要妄自菲薄。做出承诺，就要坚决做好，从而形成良好的口碑效应。

9.5 提高乡村游客的满意度

9.5.1 秉持"服务至上"的理念，打造一流旅游目的地

乡村旅游之所以能生存，能发展，关键要有游客。除了旅游吸引物非常重要，还有关键问题就是服务质量。所以，怎样处理好与游客的关系，对于提高服务质量是关键性因素。随着乡村旅游的发展，游客需求层次在不断地上升。我国乡村地域辽阔，有优美的自然景观，多样的农业经营类型，深厚的农业文化底蕴，多彩的乡村民俗风情，这样得天独厚的优势为发展乡村旅游带来了巨大的机遇和广阔的前景。但目前国内

乡村旅游经营管理水平和服务质量参差不齐，有些乡村旅游目的地存在经营管理粗放、服务水平低、服务项目同质化严重、缺乏亮点和特色等问题，导致游客重游率低。有些旅游目的地，旅游的项目停留在观光、采摘、垂钓等常规项目上，缺乏休闲、体验项目，千篇一律，缺乏地域性和个性特色，难以满足游客需求。所以，乡村旅游目的地应该提档升级以满足游客的需求变化，一是创新乡村旅游产品，增加特色文创产品，扩大产品组合线长度、宽度和深度，增加游客参与性；二是在满足游客的吃、住、娱、游、行、购等方面找差距、补短板，使游客服务体验得以提升。

9.5.2 重视"一线员工"，大胆授权

乡村旅游服务通过服务人员或服务设备向游客提供服务。乡村旅游一线员工是直接面对游客的，他们的职业道德和业务能力会直接影响游客的体验感，因此是决定游客对乡村旅游目的地服务质量评价的最重要因素。由于旅游服务受到多种因素影响，在服务生产和消费的接触点上，企业难以预测游客需求和意愿的变化，服务具有过程性和及时性，因此乡村旅游一线人员要根据具体情况进行具体分析，迅速做出判断，尽力满足游客的合理需求。如果在服务进行过程中，对游客合理需求不能及时地做出反应，游客满意度就会随反应时间的增加而下降。所以，要重视一线员工，大胆授权，使他们可以根据需要，对服务方式和内容做出必要的调整，以游客满意的方式妥善处理客户关系。一线员工必须有自己的分析和判断能力，做出最合理的行动满足游客的需求和愿望。

一线员工的职业道德、服务技能和服务知识对游客有重要影响。一线员工处理人际关系的能力十分重要，要善于与游客沟通，帮助游客解决在旅游中遇到的困难，要有良好的职业道德和服务技能。俗话说："简单的事情重复做，你就是专家；重复的事情用心做，你就是赢家。"

在乡村旅游企业中，一线人员的工作往往就是简单的事情重复做，只有用心去做，才会成为行业专家，才能赢得游客信任。

9.5.3 及时控制，严把服务质量关

乡村旅游企业的一线员工，必须在其提供服务的同时及时控制服务质量。乡村旅游服务的生产过程与游客的消费过程是同时进行的，服务是交易双方互动的结果，这使得旅游服务质量管理要比制造业控制质量复杂得多。传统的质量控制模型是有一个独立的质检部门，员工只要按照生产期间内固定不变的标准完成任务就可以了，质量评价标准是有标准生产模式的。但是，在旅游服务中，没有固定标准，游客受环境和个人情绪影响，随时改变自己的愿望和需求。此时，服务一线人员要有敏锐的洞察力和足够的服务经验，判断游客对服务的一些基本期盼，去满足游客的合理需求。

由于旅游服务生产和消费的同时性，事后的控制往往只能起到亡羊补牢的作用。作为旅游一线服务人员，要及时控制好服务质量，严把质量关。当然，企业也应定期对员工进行培训，培训他们的业务知识、技能和职业素养。政府管理部门要加强对乡村旅游企业的监督和考评，对于那些顾客投诉多、社会口碑差的乡村旅游企业，按照国家法律法规进行严格查处。因为一个地方即使只有个别乡村旅游企业违法乱纪，影响的却是整个地区乡村旅游目的地的形象。加强新闻媒体和社会舆论的监督也十分重要，对乡村旅游企业、乡村旅游景区、相关旅行社和旅游从业人员的服务质量进行跟踪监督，并将其作为他们评优的重要因素。此外，应开展乡村旅游服务质量等级划分和评定工作，让服务质量好的企业、景区、相关人员，得到应有的激励。

9.5.4 做好服务营销工作，树立良好社会形象

乡村旅游营销工作十分重要，一个企业一定要外树形象，内强素质。在旅游企业中，一线员工与游客最直接接触，游客通过体验获得的服务，服务是互动的，游客与一线员工构成的每一种关系都包含了一个营销要素，这些关系就是真实的瞬间或机遇。通过这些真实的瞬间，使得游客对一线员工、经营管理系统和物质保障资源以及整个组织留下美好的印象。游客对服务很满意，会提升游客重游率和提高游客的忠诚度。反之，如果游客经历了负面的真实瞬间，就会破坏客户关系并导致企业经营业绩下滑。所以一线员工在提供服务的同时必须成为一名营销者，积极地进行营销互动。

9.5.5 企业组织结构再造，满足游客需求

许多服务型企业的组织结构不能很好地支持顾客导向和高质量服务的导向。旅游服务是一个过程，需要企业全体人员共同参加，需要各部门相互协调和配合才能创造出一流的高质量服务。由于企业内部的规章制度制约，会限制一线员工的处理，服务不具有灵活性。因此，若管理者不大胆授予一线员工决策权，服务时关键接触就可能失败。

为了提高服务竞争力，乡村旅游企业必须对组织结构再造，过去的直线职能式组织，不利于当下乡村旅游企业管理。由于组织外部环境的不断变化，乡村旅游市场变化越来越快，组织的战略也在不断调整，因此乡村旅游企业组织结构不能僵化，应保持高度灵活性，以适应乡村旅游组织战略。由此，我们认为网络化、扁片化、柔性化是组织变革的趋势。通过组织变革，乡村旅游企业无论是正式组织还是非正式组织，都要以最大限度支持员工为游客尽力提供优质服务。服务型企业的服务技

术是很重要的。一项技术措施或物质资源如果符合游客的需求和愿望，或者适合所使用的环境，它就会大大提高服务质量。同时，它也能提高经营效率和利润率，如银行启用许多自动取款机，服务效率大大提高，同时也减少了服务人员与顾客接触时产生的服务纠纷，提高了服务质量。在乡村旅游中，应不断使用新设备、新技术提升服务质量。

9.6 加强乡村旅游目的地的危机管理

旅游业是一个对产业环境十分敏感的产业，旅游危机事件发生，若应对不好，会给旅游业造成巨大的破坏。对于乡村旅游目的地来讲，危机可能威胁到乡村旅游相关企业的正常生产和经营，并破坏旅游目的地的形象，影响乡村旅游目标顾客出游愿望和出游行为，影响乡村旅游业的发展。在乡村旅游业中，各乡村旅游企业之间存在高关联度，因为乡村旅游企业经营环境的特殊性，乡村旅游企业受外部环境的影响较大，容易造成危机事件，如危机事件处理不好，会影响乡村旅游企业的发展，甚至会影响乡村旅游目的地的形象，因此，旅游企业必须强化危机管理的意识。

9.6.1 乡村旅游目的地危机管理的内涵及特征

1. 旅游企业危机管理内涵

"危机管理"这一术语最早由前美国总统肯尼迪（1962）提出。危机管理首先应用于政治领域，然后在其他领域被广泛应用。环境的复杂多变使风险概率增加，旅游发展环境具有多变性和不确定性，旅游容易发生危机事件。若发生危机事件，危机管理处置至关重要，处理得当，变"危"为"机"，危过后孕育新的机会；处理不好，会给企业或乡村旅游目的地带来灾难性的后果。世界旅游组织认为："旅游危机是影响旅游者对一个目的地的信心和干扰旅游业正常运营的意外事件。"亚太旅游协会（PATA）将旅游危机定义为具有完全破坏旅游业潜能的自然或人为的灾难。实际上，乡村旅游业的发展受多种因素制约，这些因素有些可控，更多的是不可控的，这些都是乡村旅游业危机产生的因素。乡村旅游要发展，乡村旅游目的地要有一定数量的游客到来。然而影响潜在目标顾客的出游决策因素很多，如人们对于经济的预期、治安环境、瘟疫、地震、山洪等。危机的发生有些是人为因素，更多的是非人为因素。危机是难以预测的，一旦出现危机，要进行危机管理。国外学者通常把危机管理称为危机沟通管理，说明在危机发生后，要加强信息的披露与公众的沟通，以及争取公众的谅解与支持，赢得危机管理的主动性。

危机管理是为了应对突发的事件，尽量使危害降至最低点而在危机发生前建立的防范体系和对应的措施。对于乡村旅游企业而言，是指乡村旅游应对突发事件，在突发事件发生前建立的防范体系以及突发事件发生时的应对措施，其目的是使危机发生后造成的损失降到最低。

乡村旅游目的地危机是指乡村旅游目的地在旅游时出现突发情况，阻碍其目的地的人、财、物的正常运作。在此状态下，旅游目的地的游客流失、核心员工跳槽等不利因素出现，从而可能使乡村旅游目的地的形象受损，给乡村旅游目的地带来巨大损失。乡村旅游目的地要采取针对性的措施，使这种危害降到最低。乡村旅游目的地危机管理就是通过对危机进行干预和控制，使之尽快摆脱危机，避免或减少损失，并转

"危"为"机"而积极采取的一系列措施，从而使乡村旅游维持正常经营管理，尽可能减小危机对旅游业的冲击而实施的一种有效管理行为。

2. 乡村旅游目的地危机管理特征

（1）突发性。乡村旅游是多行业的集合，各行业具有高度的相关性。从宏观上讲，社会、经济、自然环境出现的"非常态状"都可能成为引发乡村目的地的旅游危机。从微观上看，任何一个企业和个人的不当行为，都可能使乡村旅游目的地形象受损，从而引发危机。危机具有突发性的特点，表现为在短时间内给乡村旅游目的地造成不可逆转的损失，给乡村旅游目的地造成品牌形象破坏。危机爆发前，没有征兆或者征兆不明显，表现出突发性。

（2）破坏性。危机的突发性导致危机发生时我们准备的应对办法不多，因此危机发生会在短时间内对乡村目的地造成致命的打击。同时，由于乡村旅游产业关联性高，涉及食、住、行、游、购、娱等许多行业，存在"一荣俱荣，一损俱损"的情况，所以当一个行业发生危机，其余的行业会跟随反应。危机产生后，可能会带来比较严重的物质和形象损失，也可能彻底冲击乡村旅游目的地的形象，造成毁灭性的打击。

（3）不确定性。危机事件爆发前的征兆不明显，往往难以根据过去经验做出准确的预测。危机出现与否是无法完全确定和推断的，之所以属于突发事件，就是因为突发难以预测、难以判断，但不是不能作为，可以建立预警机制，对防范危机还是大有裨益的。

（4）急迫性。危机的突发性特征决定了需要对危机做出快速反应，这样在危机还未引起连锁反应前，快速消灭和控制危机，能够使相关的损失降到最低。当乡村旅游业危机真正爆发以后，会以出人意料的速度发展，并引发一系列的严重后果，给旅游目的地和旅游企业带来巨大的损失。所以，处理危机，速度是关键。若企业对危机反应迟缓，则会造成巨大的危害。

(5) 双重性。危机既是"危险"也是"机会",要快速处理"危险",将"危险"转变为"安全",同时,在危机中也应发现机会,机会往往是在危机中孕育的。乡村旅游危机的双重性表现为"危"与"机"并存。如果对危机处置得当,往往"危险"很快过去,新的"机会"就产生了。因此,在处理危机时,要有战略眼光,在逆境中取得突破,在危机中求得生机,化危险为机遇。

3. 旅游目的地危机管理的必要性

由于旅游危机具有突发性、紧迫性、破坏性以及不确定性等特征,如果任由危机发生,不进行必要的危机管理和干涉,会给旅游目的地带来灾难性的后果。如果对危机处理得当,有可能将危机转变成机会,甚至给企业带来新的发展机会,因此乡村旅游企业必须实施危机管理。

(1) 防范危机,有利于乡村旅游目的地持续发展。首先,乡村旅游目的地企业经营的是无形的旅游产品,乡村旅游进入壁垒低,经营管理人员素质参差不齐,有些经营者的经营理念和职业素养比较差,有许多经营者就是当地村民,很少接触现代经营理念,容易导致经营管理不善而产生危机。加之乡村旅游目的地的企业要向游客提供行、游、住、食、购、娱等需求的服务,任何一家旅游企业都不能同时满足游客的这些需求,因此,乡村旅游企业之间有高关联性和依存度。一家乡村旅游企业遭遇危机,必然波及其他旅游企业。众所周知,有些危机是可以预见的,但更多的是突发性的危机,一旦发生危机,企业若能积极实施危机管理,则可使企业免遭损失,在竞争中处于不败之地,有利于乡村旅游目的地的持续发展。乡村旅游企业普遍规模较小,抗风险能力弱。与其他行业相比,乡村旅游企业的资金投入要求较低,一旦遇到各种危机,就没有足够资源和能力去化解危机,所以,乡村旅游企业在日常工作管理中要注意防范危机。

（2）妥善处理危机，赢得新生。乡村旅游产品是服务，服务和有形产品有本质区别。服务不能像有形产品那样在服务之前就将产品生产好等待游客来购买，这种有形产品能够很好控制质量，也有具体的行业标准进行评判；乡村旅游产品是游客旅游活动中得到的服务过程，评判服务质量的标准是游客服务结束后的感受。乡村旅游产品对于游客来说是一种"经历"，是一种"体验"，是一种"感受"。乡村旅游产品无形性的特点决定了游客在购买旅游产品之前不能客观地检验和评价，而只有在完成旅游体验后才能做出自己主观的判断与评价。乡村旅游产品所有权不可转移，决定了游客只能自己体验，而无权让他人分享。乡村旅游服务具有同时性、不可贮存性，旅游服务只能在旅游过程中产生，再加上服务质量优劣没有标准，只有游客的主观感受，所以旅游服务是一种风险极强的行业，游客在体验之前，不能判断服务质量，企业管理者也很难在游客做出判断之前对旅游产品质量做出判断。乡村旅游目的地的企业解决游客的行、游、住、食、购、娱等方面需求。游客的评价是针对整个旅游目的地，任何一家乡村旅游企业都只能提供一项或几项旅游产品，只要生产乡村旅游产品的任何一家企业、一个环节或某一项服务出现危机，都会波及整个乡村旅游目的地形象，若不能正确化解，就会使乡村旅游目的地形象受损，进而造成乡村旅游目的地诸多企业都受到牵连。而且旅游目的地的企业依附性较强，只要其环节链上的某一环节出现问题，就将波及各个有关企业。因此，乡村旅游目的地要重视危机管理，要妥善处置危机，转危为安，化险为夷，赢得新的商机。

（3）正确面对危机，处理游刃有余。马斯洛五层次需求理论说明，人有五个层次的需求，由低及高分别为生理、安全、社交、尊重以及自我实现需求。当较低需求层次基本需求满足后，就会产生紧邻较高层次的需求，由此得出人的需求是无限的。乡村旅游需求是建立在生理需求和安全需求基础上，在得到保障的情况下而产生的需求。乡村旅游需求是受外部环境影响的，如经济环境、自然环境、疫情、安全事故、交通条件等的影响，如果上述情况出现，那么安全需求、生理需求成了主导需求，旅游需求动机减弱，乡村旅游游客就要大幅减少。如果游客生理、安全需求基本满足，就会产生旅游需求，那么在旅游需求动机下，他们就会对乡村旅游目的地进行选择。研究表明，游客选择乡村旅游目的地的条件主要考虑安全性和舒适性。如果乡村旅游目的地的企业出现了安全性和舒适性的负面事件和新闻报道，若不进行妥善处理，造成游客对旅游目的地不佳的印象，他们就不会到该旅游目的地进行旅游。因此，乡村旅游目的地要树立危机防范意识，加强风险管理，建立预警机制，出现危机要从容应对，临危不惧、有效规避和化解危机，以确保乡村旅游目的地形象不受影响。由此看来，危机管理的实施是乡村旅游目的地的旅游企业的必然选择，因为有些危机是可以预防的。

9.6.2 乡村旅游目的地危机管理的原则

危机很难准确预测，乡村旅游企业目的地的企业在经营与发展过程中遭遇危机是难免的，如地震、瘟疫、突发事件等均可能引起危机，所以危机管理是十分重要的。关键点公关公司董事长游昌乔先生就曾提出危机管理 6C 原则（模型），即全面（comprehensive）、价值观的一致性（consistent values）、关联化（correlative）、集权化（centralized）、互通化（communicating）、创新化（creative）。

1. 遵守"第一时间"的原则

企业危机事件具有突发性、偶然性，往往让人无法防备，使人不知所措。对于危机的处理者来说，危机发生初期，我们来不及反应，如果没有危机管理预案，导致忙乱在所难免。但企业如果建立预警机制，有危机管理的预案，危机爆发就能采取有效措施，将危机造成的损失与影响降至最低。因此，危机事件一旦发生，决策者必须立即采取紧急处理措施，及时控制事态的发展，为顺利处理危机事件争取最佳时间。速度是解决危机问题的关键因素，要在第一时间查出原因，找准危机产生的根源，妥善处理与新闻媒体的关系，实事求是地将真相告知公众，消除公众的疑虑。同时，管理决策层要以最快的速度启动危机应变计划并立刻制定相应的对策。

2. 遵守"预防第一"的原则

"凡事预则立，不预则废""运筹帷幄之中，决胜千里之外""防患于未然"，都说明了预防是最好的危机管理。危机发生总要造成损失，有些危机是可以避免的，所以要坚持预防为主的原则。危机管理，不仅解决好已发生的危机，更要总结经验教训，提高早期预测能力和水平，尽可能降低与减少危机发生的可能性。坚守"预防第一"的危机处理原则。乡村旅游目的地要做好防范制度，从防范入手，及时识别危机因素，将危机消灭在萌芽状态，从而降低危机发生的几率，为此，建立一套规范、全面的危机管理预警系统是必要的。

3. 遵守"积极沟通"的原则

危机发生，如果不及时将真相告知公众，容易造成谣言四起，引起人们的恐慌。所以，危机发生后要加强信息沟通，通过新闻媒体将危机发生的信息实事求是告知公众，赢得人心。危机管理决策者，一方面对内通报事情的进展情况，稳定人心，保证在危机处理的过程中内部不乱，保持有效的运转，为最终解决危机奠定基础，同时对社会公众，应通报危机的处理情况，防止危机处理过程中因为信息传递不到位，公众产生恐慌心理，从而给乡村旅游目的地带来更大的危机。乡村旅游目的地要有沟通意识,及时将危机事件发生的真相、处理进展告知公众,以正视听,杜绝谣言,争取社会舆论的支持。

4. 遵守"决策果断"的原则

危机发生后,破坏力蔓延速度极快。所以,危机管理速度是关键因素。危机降临时,危机管理者应采取有效的措施,尽快查出危机产生的原因,将危机产生的真相实事求是告知公众,消除公众的疑虑。危机管理决策者必须快速启动危机应变预案并立刻确定采取的对策措施。危机决策属于非程序决策,要完成两个转换:一是决策方式由平时的民主决策转换为战时的"权威决策";二是决策目标由维护"利益共同体"转换为拯救"命运共同体"。在危机时刻,企业决策者必须抓住主要矛盾,安排要有轻重缓急,最大限度地降低损失。

5. 遵守"灵活性"的原则

危机发生,必须快速启动危机预案。危机爆发往往具有突发性,没有一个危机管理的经验可以完全照搬,也没有发生的危机是一模一样的,只能具体问题具体分析。所以,对于危机的处理要坚持灵活性原则。即使乡村旅游目的地的危机管理有预案,有预防计划与措施,也难以完全地预测危机真正到来时的真实情况。因此,对于危机处理坚持灵活性原则,在危机管理的预案上,根据危机的特点进行创新,采取果断措施,坚持以目标导向为原则,用灵活的方式对危机进行管理。

6. 遵守"创新性"原则

随着信息技术日益广泛地被应用于各行各业,管理信息系统对乡村旅游目的地危机管理的作用十分重要。在危机管理中,要借助新技术、新信息和新思维,进行大胆创新。危机发生是无法预测的,危机具有突发性、破坏性、紧迫性的特点,需要危机管理决策者采取创新手段应对危机,没有一个固定程序和模式可以借鉴,只能根据具体情况具体分析，创造性开展工作，所以，危机处理必须遵守"创新性"原则。

9.6.3 乡村旅游企业危机管理的对策建议

1. 树立并强化危机管理意识

由于乡村旅游本身所具有的性质特点，产生危机的可能性较大，因此，乡村旅游目的地要强化管理和服务人员的危机意识，通过培训、评比、演习等各种方式开展危机教育工作，使广大员工正确面对危机，危机发生后，也不至于过度慌乱。在乡村旅游目的地的危机教育中，不断提升乡村目的地管理人员和服务人员处理各种危机的能力。危机一旦出现，他们能够按照危机预案进行处理，而不会产生恐慌、畏惧等心理，能够积极面对危机、处理危机，化解危机。在日常工作中，注意细节，许多危机产生就是疏于对细节的管理。要做到以客户为中心，客户对旅游目的地在服务过程中的不满和意见，要认真总结，及时整改，尽量减少危机发生。由于危机具有突发性的特点，有些危机是难以预测和预防的，所以要加大对员工危机处理能力的培养，不断强化危机处理之前的心理建设，使得服务人员具备承受各种危机、处理各种危机的能力。

2. 建立危机预警系统

预防危机的有效手段就是建立危机预警系统。建立危机预警系统可以防患于未然，可以尽可能地减少乡村旅游目的地企业的损失和避免目的地的形象受损。一旦旅游目的地的旅游企业销量明显下降、投诉率突然上升，就要引起管理者注意，其可能是危机发生的前兆，应该进行深度的调查，发现其原因，提出有针对性的措施进行解决。旅游目的地应设立一套量化的危机预警指标。有了良好的危机预警系统，明确产生危机的各种征兆后，就可以启动预警机制，按照程序进行解决，这是对危机应对的有效之策。危机预警机制检测到指标出现异常要及时采取措施，将危机消灭于萌芽状态，避免危机产生，避免给旅游目的地和企业造成巨大损失。同时应确定危机处理流程和信息发布方式，以便在第一时间化解危机。

3. 多元化经营，提高旅游企业抗风险能力

许多乡村旅游企业规模小、投资少，表现在旅游产品单一，内部管理较为落后，企业竞争能力不够强。通过多元化经营，将公司的业务活动分布在不同的产品和市场，从而达到分散风险的目的。另外，可通过结成战略联盟来提高企业抵抗风险的能力，联盟成员之间这种"你中有我、我中有你"的联合，形成了"一荣俱荣、一损俱损"的局面，大家互帮互助，有利于分散风险，通过结盟，还能实现集团化发展。要积极利用跨行业经营与跨地区经营的方法，从而进一步分散风险。随着科学技术的不断发展，信息技术可谓是日新月异，我国许多乡村旅游企业充分利用了现代化信息设备，抓住了新的发展机遇，从而提高了对各种突发事件的防范能力与反应速度。

9.7　社区参与乡村旅游发展策略

9.7.1　社区参与理论的内涵

社区是在一定地域内由相互关联的人们所构成的社会生活共同体，由从事政治、经济以及文化等各种互动人群构成的区域性的社会实

体。① 社区应在政府的决策过程中提供宝贵意见，供政府决策采纳，同时对政府已经形成的政策坚决贯彻执行，对于社区居民对政策理解不清楚的地方，给社区居民做好解释。鲍普（Poppe）将社区参与定义为在决策中资源的民主介入，包括确立目标、制定发展政策和策略，规划与实施发展的计划、检测与评估，为发展做出贡献。

9.7.2 社区参与乡村旅游的意义

1. 社区居民可以获得良好经济收益

乡村居民要广泛参与到乡村旅游建设的事业中。实践表明，乡村旅游发展好的地方都得到了乡村居民的支持，同时乡村居民也乐于参与其中。乡村居民不是乡村旅游的旁观者，而是重要的建设者和生力军，每一位乡村居民都有权利参与到乡村旅游建设中来。社区居民可以参与乡村旅游的民主决策，也可以创办企业，或去旅游企业中就业，获得经济收益。社区居民可以参与旅游产品的生产销售、从开发到接待的全过程，从而保障社区居民的收入，获得良好的经济效益。

2. 提高乡村旅游服务质量

支持和参与乡村旅游发展是社区的基本职责之一。乡村旅游目的地的基层政府组织在旅游决策、旅游规划和实施环境保护问题的决策时，应该广泛听取社区居民的意见。社区居民有在目的地生活切身的感受，旅游的发展与他们生活的利益息息相关，若能听取他们的合理建议，既可以使决策更科学，同时也在政策执行中减少社区居民对政策执行的阻碍力。同时，社区居民因为参与其中，满意度会提高，减少他们对游客的反感情绪。乡村旅游服务质量包括舒适性、体验的真实性和心理的满足感等方面。乡村旅游最吸引游客的是原汁原味的自然生态和民俗风

---

① 唐代剑，池静. 中国乡村旅游开发与管理 [M]. 杭州：浙江大学出版社，2005（12）.

情。在乡村旅游中，游客与社区居民接触最多，他们对游客的态度影响游客的体验。只有社区居民乐于参与到旅游服务中来，向游客展现原生态的生产和生活，才会让游客体验原汁原味的乡村文化，从而使游客的需求心理得以满足。

3. 实现乡村旅游目的地可持续发展

在旅游开发与建设过程中必须考虑社区居民参与，实现居民提升生活品质和保障生活权益的要求，营造良好的社区氛围，使乡村居民感受主人翁的地位，积极支持乡村旅游的发展，自觉维护乡村旅游目的地形象，从而有利于提高服务质量，爱护乡村环境，实现乡村旅游可持续发展。社区作为管理的基础组织，对于参与乡村旅游目的地的建设有义不容辞的责任。在乡村旅游的发展中，促进乡村旅游目的地经济繁荣和社会发展，同时也会带来一系列的问题，如环境、收益分配争执等问题，这些问题如果不能很好地解决，乡村旅游目的地就不可能持续发展。要解决这些问题，社区是居民与政府、乡村旅游企业的纽带和桥梁，只有社区介入，许多问题才能解决。社区是社区居民的依靠组织，社区居民许多问题要依靠社区协调和解决。要发展乡村旅游必须让社区居民参与进来，而参与后涉及的利益分配，则需要社区来完成。

9.7.3 社区居民参与环节

1. 社区居民参与旅游发展决策

乡村旅游发展离不开社区居民的参与，乡村旅游基层政府管理者应倾听社区居民对乡村旅游发展的建议和意见，并将意见作为政府决策的重要参考。这种做法的依据在于：一是乡村旅游的可持续发展思想，是可持续发展在代内公平和代价公平的体现，是乡村旅游利益人获得物质环境利益和文化利益的机会；二是对乡村旅游吸引物的科学把握，乡村旅游吸引物不仅有人为景观和自然资源，居民素质、居民对游客的态度也是旅游者衡量乡村旅游质量的重要因素。乡村居民对发展旅游的态度对乡村旅游建设重要性明显。有研究表明，乡村旅游目的地居民对发展旅游的态度与乡村旅游发展呈正相关。在旅游发展中，若能充分考虑乡村居民要求并使其受益，则乡村居民支持旅游进一步发展的倾向并积极加入其中，对促进乡村旅游发展大有裨益。

墨菲（Murphy P·E.）认为规划与管理之间存在相当大的不同，正是因为旅游业营销的是社区的某些资源，因此社区在旅游规划和管理过程中占有领导地位。① 让居民参与乡村旅游的旅游规划，能增强他们的主人翁意识，提高他们参与乡村旅游事业的积极性和主动性，同时也为旅游开发减少居民反对阻力，赢得更广泛的支持。

2. 社区居民参与乡村旅游经济活动

一是参与乡村旅游市场调研。乡村旅游产品的开发目的就是获得游客的认可，所以产品开发前应进行广泛的市场调研。没有调研就没有发言权，只有通过调研，搞清楚游客需要什么样的旅游产品，才能设计出游客满意的产品。乡村旅游的旅游产品必须依靠游客亲自来购买（即游览景观、参与活动、购买纪念品等旅游活动）才能实现旅游产品体验。乡村旅游业是否可持续发展，并不完全取决于乡村旅游目的地丰富的旅游资源，而更重要的是客源市场的可靠度和稳定度。乡村居民可以在对已有的市场状态进行调研的基础上，获得一手资料，聘请行业专家，对未来市场发展进行科学的预测。根据对游客需求的调查，分析乡村旅游目的地的资源和客源市场的潜在特征，设计出符合游客需求的旅游产品。由于社会经济的发展，目标顾客需求在不断变化，所以我们要

---

① Murphy P·E. Tourism: a community approach [M]. Methuen. New York and London, 1985: 37-38.

密切关注市场变化，不断地进行市场调查研究，对乡村旅游产品不断地升级换代，确保乡村旅游目的地的可持续发展。

二是参与旅游产品创新。现代旅游目的地竞争不能只依靠原有的产品来吸引游客，更需要提高产品创新、特别是运用社区力量来实现多元化的产品链延伸，使社区居民参与休闲度假产品的生产、销售。社区居民是乡村传统手工艺品制作的传承人和继承者，对乡村传统手工艺品制作有独特作用。社区居民要积极参与旅游纪念品的创新设计中。

三是参与旅游服务。社区居民可以参与到对游客的食、行、娱、住、购、游等接待工作中，直接利用房屋、宅基地、山林等参与到乡村旅游接待工作中，既可以创办乡村旅游企业，也可以在乡村旅游企业打工。社区居民无论以哪种形式参与到乡村旅游的事业中，都要诚实做人，踏踏实实做事，将优质的服务展示到游客面前，才能获得游客的尊重，乡村旅游目的地才能可持续发展。在旅游服务中要认真观察，及时发现和排除潜在的隐患，妥善处理突发事件。

3. 参与旅游资源、环境的保护

乡村旅游业的可持续发展离不开社区居民对自然、人文资源以及环境的保护。乡村旅游资源包括自然旅游资源和人文旅游资源，污染物排放量的增加对生态环境直接造成了损害。[①] 乡村旅游目的地生态环境的保护就是要将这种损害控制在生态环境能够自净的能力范围之内，使生态系统能保持相对稳定的状态，不因为开发旅游而遭到破坏。乡村居民是生态环境保护的重要力量，必须让当地居民在旅游发展中受益，才能提高他们对乡村旅游发展的认识，认识保护环境是自己分内之事，从而提高保护生态环境的自觉性。

---

① 李明生. 城市旅游资源的合理开发利用和保护 [J]. 民族论坛, 1995, (1): 39-45.

4. 参与有关旅游知识、环境知识与相关技能的教育培训

保障社区居民有机会参与旅游知识、环境保护意识与相关技能的培训，提高他们对乡村旅游的认知。提升环境保护的能力非常重要，通过教育培训，居民由受教育前被动接受环境保护转化为受教育后主动、自觉地具有环保观念，增强居民环境保护的主动性。通过培训增强乡村居民自身在乡村旅游发展中的技能，提升他们在市场竞争的能力，能够快速适应自己的工作，增强就业本领。培训内容应丰富化，如接待方式、经营方式、营销知识、服务理念、领导能力、商务礼仪等；规范旅游接待行为，使其尽量标准化、规范化，以满足游客的需要。

9.7.4 参与模式

社区村民参与乡村旅游发展，对乡村旅游有促进作用。乡村旅游发展模式有以下几种典型类型，如表9-1所示。

表9-1 乡村旅游居民参与发展模式

模式名称	模式内涵	模式特点	模式不足	适应范围
村民+村民的自发型模式	村民居民自发组织、自愿参与当地旅游业经营的模式	接待量较小，投入资本较少，能最全面地保持乡村文化	管理能力弱，协调难度大	乡村旅游发展初级阶段
农户+企业结合的模式	在旅游公司的参与和支持下，将社区居民吸纳到旅游的经营中，能够吸收当地空闲劳动力	既能够增加旅游活动让游客认识到乡村文化，也能够提高农村经济收入	农户决策权减少，决策权更多地掌握在企业手中	适用范围广

续表

模式名称	模式内涵	模式特点	模式不足	适应范围
政府+农户模式	当地政府对乡村旅游进行整体统筹规划，通过招商引资、修建基础设施、规划施工等，搭建平台让农户参与其中	这种模式不仅让乡村旅游发展规划更科学，而且积极引导农户参与乡村旅游，稳定就业	政府较强的行政干预能力，影响农户参与的积极性和创造性	政府能够自主引导乡村旅游发展的地区
政府+企业+农户模式	政府作为政策实施、保障农户利益、协调农户与企业利益关系的中间纽带，企业主要负责乡村旅游资金流动和商业经营运作，农户扮演服务人员的角色，这三个主体的联手，充分考虑乡村旅游经济、社会、环境等各方面效益	这种模式分工明确，责任突出，让乡村旅游各项环节能有序开展，同时在相互制约关系的影响下，避免利益冲突，促进乡村旅游发展	因信息不对等的影响，容易引发三者之间的矛盾	适用于乡村旅游发展初见成效，具备乡村旅游发展规模的地区
农家乐	村民以自家经营的农牧场作为旅游项目吸引游客	完全根据游客需求，建设符合大众口味的旅游商品，开发成本较低	管理能力弱，抗风险能力差	适用都市周边或者景区附近农户

1. 农户之间结合的模式

当乡村旅游刚萌芽时，村民不信任企业进行旅游资源的开发，大部分农户不愿意自己提供土地和资金而由旅游公司进行经营。此模式接待量较小，投入资本较少，能最全面地保持乡村文化，让游客体验到乡村原始的风俗特色文化。政府和行业协会应加大引导的力度。

2. 农户与企业结合的模式

乡村旅游发展到一定阶段，村民认识到靠"农家乐"或"农户+农户"模式抗风险能力弱，管理理念和能力也跟不上时代发展，于是产生了"农户+企业"模式，其目的在于解决农户小生产与大市场的对接矛盾。在企业的参与和支持下，让社区居民参与到企业的经营管理中。农村的剩余劳动力、闲置资产参与到乡村旅游经营，既能够增加旅游活动，让游客认识到乡村文化，也能够提高农村经济收入。此外，在企业的指导下，村民能规范服务标准、增强服务质量、降低因恶性竞争而造成游客利益受损的现象。

3. 政府+农户模式

政府对乡村旅游进行整体统筹规划，修建基础设施，通过媒体对外宣传乡村旅游，让村民参与到乡村旅游中来，提供满足游客食、住、行、娱、游、购的需求，使村民从中获得经济收入。但在这种模式下，政府干涉较多，一旦处理不好，农户参与积极性将受到影响。

4. 政府+企业+农户模式

在这种模式下，政府是政策实施、保障农户利益、协调农户与企业的利益关系的中间纽带；企业主要负责乡村旅游资金流动和商业经营运作，制定规章制度，对农户行为予以规范，确保接待服务的质量，维护游客、农户及公司三方利益；农户扮演服务人员的角色。这三个主体的联手，充分发挥乡村旅游经济、社会、环境等各方面的效益。这种模式分工明确，责任突出，让乡村旅游各项环节能有序开展，同时在相互制约下，避免利益冲突，促进乡村发展。但由于信息不对称，这种模式下容易产生矛盾。

5. 农家乐

以"旅游个体户"的形式出现，一般建在都市的近郊或景区的周围。"农家乐"模式是指农民利用自家庭院、自己生产的农产品及周围的田园风光、自然景观，以低廉的价格吸引游客前来吃、住、玩、游、娱、购等旅游活动。这种模式投入不是很大，风险较小，缺点是收益少，发展较慢。

9.7.5 社区参与乡村旅游发展策略

1. 提高社区居民的参与热情

乡村旅游目的地发展旅游事业需要社区居民的广泛参与。社区居民对乡村旅游发展持支持态度，有利于乡村旅游的环境保护，有利于旅游资源的开发和利用。要想实现乡村旅游可持续发展，就必须保护自然和人文资源的原生性。社区居民参与旅游事业，能够最好地保护自然和人文资源的原生性，所以要尊重社区居民的利益与诉求，使他们乐于参加乡村旅游发展的事业。可以通过以下方式，使社区居民参与乡村旅游中：一是提高他们对发展乡村旅游重要意义的认识。乡村地区由于受社会、自然、历史等多种因素的影响，村民的生活环境相对闭塞，对发展旅游能够给他们带来何种利益并不明白，加之大多村民受教育程度低，长期受农耕思想影响，不愿意接受新事物，对发展乡村旅游的意义认识不足，对发展乡村旅游能够给乡村带来繁荣持观望态度，对乡村旅游发展态度消极，甚至反对发展乡村旅游。因此，必须转变村民的思想观念，通过引导使他们认识到发展乡村旅游有利于他们自身生活水平的提高，使他们发自内心地支持乡村旅游发展。二是社区居民在乡村旅游发展中获得一定的决策权，提高社区居民的主人翁意识。现在许多乡村旅游目的地发展乡村旅游采用的是"农户+企业"的模式。这种模式在运行中，企业有绝对的决策权，而农户的决策权很有限，以至于社区居民认为乡村旅游是企业的事，不愿介入乡村旅游中。因此，应该建立社区居民参与乡村旅游的发展机制，用制度来约束社区居民与企业的权利和义务。社区参与乡村旅游发展机制中，要明确社区居民参与乡村旅游发展的保障机制、利益分配机制、咨询机制等，使居民明白自己在乡村旅游事业中的权利和应尽的义务。社区居民要参与乡村旅游发展规划和重要的决策，在乡村旅游发展过程中不断完善参与机制，激励社区居民参与乡村旅游事业中，提高他们的参与感和责任感。

2. 政府应该加强指导，引导乡村旅游发展

社区要参与乡村旅游发展的方方面面，同时也需要政府对社区参与乡村旅游进行指导和引导，使社区在乡村旅游发展中取得更大作用。一是要出台相关的、支持社区参与乡村旅游发展的政策。在乡村旅游发展中，社区参与的重要意义不言而喻，但为什么会出现居民参与度不高的情形？一个重要原因就是利益分配机制建立不完善，所以政府必须制定一系列政策，比如环境保护政策、土地政策以及利益分配政策等。政府要为社区与乡村旅游企业之间的合作搭建平台，通过公平的利益分配模式引导乡村旅游企业发展乡村旅游，形成企业投资和管理，同时也解决了乡村旅游目的地村民就业的多赢局面，以降低社区自行经营乡村旅游的风险。所以，要发展好乡村旅游必须制定切实可行的政策。二是政府加强指导乡村旅游的发展。乡村旅游经营者大多为当地村民，他们受教育程度低，缺乏经营经验。政府可以通过招商等方式，引导有实力的企

业进驻乡村旅游目的地。在乡村旅游企业的引导下，乡村居民加入其中，参与乡村旅游的发展建设。政府要完善对停车场、游客服务中心、休闲娱乐餐饮中心的规划，加大乡村旅游基础设施建设，使之布局合理，规划科学，为乡村旅游发展打下良好的基础。

3. 建立有效的社区参与引导机制

发展乡村旅游的目的，就是使乡村繁荣、村民富裕。要使乡村繁荣、村民富裕就要要求村民参与到乡村旅游的事业中来。要完善居民参与乡村旅游事业的激励措施，通过经济上的激励手段激发社区居民发展乡村旅游的动力。要加强引导，使村民充分认识乡村旅游业发展的重要性。可以选取对参与乡村旅游事业愿望积极的村民，对他们进行就业培训和经营指导，使他们在乡村旅游事业中受益。其他村民看到他们先富起来了，会不断地跟进，最终使广大乡村居民加入乡村旅游事业中，使乡村旅游目的地人人幸福，社会经济繁荣，乡风文明，乡村美丽。在乡村旅游事业发展的建设过程中，当地基层政府和乡村旅游管理行政部门可以通过定期组织举办乡村旅游培训项目，提高社区居民的文化知识、技能服务水平和职业素养，增强他们关于乡村旅游的服务意识，使社区的居民都有一技之长，懂管理、善经营，对乡村旅游发展有充分的认识，提高他们的就业能力和创业本领，为乡村旅游的发展做贡献。

4. 建立完善的法律保障机制和监控体制

市场经济是法治经济，在乡村旅游发展中会出现各种利益分配的矛盾和摩擦。一方面我们通过协调和沟通来化解矛盾；另一方面，我们要使用法律的武器，来维护自身的权益。法律是保障社区居民应得利益的有效武器，同时也能确保社区居民在参与乡村旅游发展的过程中尽到应尽的义务。当地居民应在国家的法律法规及相关管理部门规章制度的规定下合法地从事旅游经营活动，做到有法可依。政府主管部门对旅游企业以及社区居民的活动应进行监督，要在法律法规和政策的允许范围内参与乡村旅游的活动，对于不法行为坚决打击，使乡村旅游市场在合法、有序的秩序下发展。在乡村旅游的发展中，由于各利益相关者为取得更大的自身利益，常常铤而走险甚至出现违法和犯罪的行为。这种情况屡见不鲜，所以应建立有效的利益相关者行为监控机制。当地政府、社区必须维护乡村旅游发展的秩序，建立行之有效的行为监控机制，严厉打击违法犯罪行为，将各利益相关者的行为置于合理的制度与规范的约束之下，为乡村旅游发展保驾护航。

5. 社区居民参与乡村旅游发展的环境保护和传统文化的维护

社区居民有保护乡村旅游目的地环境的职责，也是乡村旅游目的地文化的传承者和继承人。他们对目的地的资源最为了解，对当地传统文化最为熟悉。社区居民从小接受乡村环境的滋养，对乡村环境有深厚的情感。绝大多数居民是明白乡村生态环境对他们生产生活的重要性的，他们会自觉爱护乡村生态环境，对破坏环境的行为进行制止和坚决的斗争。所以，发展乡村旅游，政府要支持居民保护生态、爱护环境的意识，同时，也需要给村民讲清楚乡村旅游发展策略能够使生态环境保持在自净的能力限度之内，既满足游客心理上对乡村旅游原汁原味的心理需求，也实现乡村旅游的可持续发展。在乡村旅游发展过程中，游客的到来既带来消费、搞活了经济，同时也带来了价值观观念、生活方式、伦理道德等方面外来文化的冲击。对于这些冲击，我们既要吸收外来文化的优秀成分，也要引导社区居民一定要保护好旅游目的地的传统文化，要有本土文化自信，实现民族文化的传承。

9.8 基于 4C 理论乡村旅游营销创新

9.8.1 4C 营销理论概念

市场营销观念经历了三个阶段：传统市场营销观念、市场营销观念和社会营销观念。传统营销观念分为生产观念、产品观念和推销观念。传统营销观念以生产为中心，市场营销观念以消费者为中心，社会营销观念以社会可持续发展和人的全面发展为中心。过去很长时间，我们以营销 4P 作为企业适用外部变化的依据，因为对一个企业来说，外部环境是企业自身无法改变的，唯有通过企业的内部环境去适应外部环境的变化。如创新产品策略，可以对产品的质量、产品的外观、产品的性能、产品的包装、产品的售后服务进行创新，不断满足消费者的需求。我们对产品线进行策划，可以增加产品线，包括对产品线的向上延伸、向下延伸以及双向延伸，也可以采取增加或减少产品的宽度和长度等策略来满足市场的需求。当然，也可以通过产品的价格、渠道和促销策略来完成产品销售，这是营销 4P 理论的实质。

从上面可以看出，营销 4P 理论只关注生产，没有考虑消费者的需求，一切出发点和落脚点都在考虑企业的自身利益。随着市场经济发展，产品的极大丰富，传统以企业自身为中心的理念，不能适应社会的发展。于是，一种新的市场营销理念产生了。1990 年，美国北卡罗来纳大学的罗伯特·劳特朋提出了 4C 理论。4C 理论的核心是顾客战略，其基本原则是企业营销活动规划设计需要围绕顾客为中心进行，以顾客的需求为导向。4C 理论的四个基本要素即：消费者（Consumer）、成本（Cost）、便利（Convenience）和沟通（Communication）。4C 理论强调以顾客需求为导向，把顾客需求、顾客愿意支付的成本、顾客的双向交流和沟通以及顾客购买的便利性这四个要素有机结合，从而实现顾客价值最大化。

9.8.2　乡村旅游 4C 的理解

1. 消费者（Customer）

此项要素更加强调游客的需求。乡村旅游企业必须首先了解和研究游客，根据游客的需求来设计乡村旅游产品。乡村旅游企业生产的旅游产品是否畅销，能否赢得游客的青睐，关键因素是能否满足大多数游客的某种需求。作为乡村旅游营销者必须研究游客的需求，通过实地调查去发现游客的真正需求，根据游客的需求来设计乡村旅游产品，多与游客和企业生产、设计旅游产品的部门沟通，把游客需求反映给生产、设计部门，让企业生产、设计出更多满足游客需求的旅游产品。随着乡村旅游市场的不断成熟，乡村旅游目的地的旅游产品竞争压力加大，游客对于同质化产品出现审美疲劳，体验乏味，所以乡村旅游目的地的企业对生产旅游产品要不断推出新产品和新服务，大胆进行创新，更好地满足游客的需求。乡村旅游游客包括个人、团队或家庭。游客购买乡村旅游产品是为了满足其需要。游客是乡村旅游产品的最终消费者，也是旅游服务产品的检验者，有权对产品做出满意与不满意的结论。

2. 成本（Cost）

广义的成本不仅仅是企业的生产成本，还应包括顾客的购买成本、精神成本、体力成本等。所以乡村旅游游客的成本除必须的货币支出外，还应包括购买旅游产品和服务时所耗费的时间、体力和精力，以及购买风险。乡村旅游企业要尽量减少游客的成本。乡村旅游产品设计时，尽可能减少体力成本、时间成本，比如加大基础设施建设，使游客进入乡村旅游目的地的成本降低；在网上预订酒店、门票等，减少游客的时间成本；科学安排目的地线路，减少游客的体力成本。在乡村旅游规划中，应该更多地考虑帮助游客节约时间成本、精力成本、体力成本，以及考虑提高工作效率，减少货币成本。总之，一切为游客考虑，减少他们的总成本，更好地服务于游客。

3. 便利（Convenience）

便利就是给游客提供方便性。乡村旅游必须从细节入手，对游客进行细微关怀。首先，能够使游客方便得到旅游目的地的信息，乡村旅游企业可以通过互联网的方式宣传旅游目的地，同时利用报纸、杂志、电视、广告牌对旅游目的地进行广泛的宣传，使游客方便获得旅游目的地的信息。其次，要给游客进入乡村旅游目的地提供方便，无论游客自驾游，还是"组团游"或者坐班车进入都要考虑进入的方便性。对于自驾游客，要做好指示牌，提供充分方便的停车场；对坐班车进入的游客，要合理安排班车次数、停车地点、游客候车厅，方便游客进入。对于游客购票，尽量减少游客等待时间，对于老人购票给予特殊照顾。购物、就餐、住宿等一切以游客便利为出发点和落脚点。要换位思考，多从游客的角度去设计旅游设施，更多地注意游客旅游的便捷性，让游客在消费的同时体验到完善的售前推荐、售中关怀和售后服务，让游客开心而来，兴奋而归。

4. 沟通（Communication）

乡村旅游属于服务行业，服务是双向、互动、过程性的，服务行业比其他行业更需要沟通。与游客沟通过程也是一个服务的过程。在旅游服务中，游客必须参与进来，服务人员需要与游客互动，才能完成服务，实现信息的传递以及情感的联络。乡村旅游属于服务性行业，服务质量是通过体验得出来的，所以服务过程就是一个沟通的过程。良好的沟通会消除服务人员与游客的误会，达到思想的共鸣，产生良性的互动，有利于提升服务质量，增加游客的满意度。

9.8.3 基于 4C 乡村旅游营销策略

传统的营销 4P 组合更多是从企业的自身利益出发，目的是将生产的产品快速销售出去，企业获得更多的利润。4C 理论不再更多地考虑利益，而是以顾客需求为导向，使顾客充分感受到便利性，降低其购买产品的总成本。该理论转变了营销理念，从"消费者注意"转变为"请注意消费者"，对营销理论具有划时代的意义。

1. 关注游客的需求

在乡村旅游目的地的规划和建设中，要始终把"以顾客为中心"的理念贯穿于乡村旅游活动的整个过程。要以研究游客的需求与欲望、满足游客的需求和欲望作为乡村旅游产品设计的导向。乡村旅游目的地的游客需求很明显，就是享受乡村生活和文化，所以乡村旅游产品设计要考虑游客的"返璞归真"、享受乡村宁静环境的需求。乡村旅游产品要体现出原汁原味的乡村性，以满足游客的心理需求。作为乡村旅游企业，必须先了解游客需求是什么，企业再决定提供什么样的产品。乡村旅游的旅游企业要对游客进行深度调查，在产品设计中可以邀请游客共同参与设计旅游产品。

2. 尽可能为游客降低成本

游客购买乡村旅游产品，首先考虑购买产品的成本。产品成本中有些成本是能直观看见的,有些成本不能直观看见,但可以感受得到。如,货币成本是能够看得见的,也可以描述多少和数量;而体力成本、精力成本,则不便计算多少,只感觉得到自己的付出。乡村产品的交易过程中,要多为游客考虑购买产品的成本,尽可能减少成本。首先,进行乡村旅游产品设计时,要考虑顾客构成,确定目标顾客。目标顾客对哪种成本最看重,企业就要在这方面下更大的功夫。游客购买乡村旅游产品的总成本包括货币成本、时间成本、精神成本和体力成本等。因此,乡村旅游产品必须考虑游客为满足需求而愿意支付的"顾客总成本"。努力降低游客购买的总成本,通过提高劳动生产率,降低生产成本,从而达到降低游客购买产品的货币成本。另外,尽可能地为游客着想,减少他们的时间成本、精力成本、体力成本。当然,不同游客对四种成本构成元素的着重点不同,有些游客更看重货币成本,时间成本相对不那么重要;但有些游客对时间成本很看重,对货币成本没有那么看重,因此,根据需求特点,还可以进行游客细分,以此来更好地服务游客。

3. 为游客提供便利性

乡村旅游目的地要更多地为游客的方便考虑,最大限度地便利游客。乡村旅游目的地要让游客享受到便捷的服务。如,对于自驾游客,停车是否便利是他们对旅游目的地形象评价的重要要素。游客的食,除了提供可口的饭菜,上菜时间、提供地是否方便等都会影响游客对旅游目的地的评价。乡村旅游目的地一定要考虑细节,服务质量的高低、服务细节是关键因素。如道路的指示牌、厕所设计数量是否合理等,都要进行科学规划,精心设计。对于特殊人群,是否有人文关怀,如残疾人,为他们设置的设施设备是否齐全,都要充分考虑。在购物和游览方面,让游客拥有是否购物和游览某个景点的权利,不要强制消费或过多地干涉游客的意愿；游客在服务体验后，对服务不满意，投诉渠道的畅通和方便也要考虑。考虑好细节，才会赢得顾客。

4. 加强与游客的沟通

乡村旅游企业应通过同游客进行积极有效的双向沟通，建立基于共同利益的新型伙伴关系。要及时与游客进行沟通，可以从售前、售中、售后等进行沟通。沟通旅游产品、服务、价格等方面的信息时，引导游客给企业的产品提意见和建议，对于他们提出的意见和建议必须认真对待。乡村旅游企业要想在产品开发方面取得比较优势，就必须同游客进行积极广泛性的沟通，维护好客户关系，进行客户关系管理，在双方的沟通中找到能同时实现各自目标的途径，从而实现双赢。

9.9 提升服务人员的素质

9.9.1 培训目的

培训是根据企业实际工作的需要，为改变员工的价值观、工作态度和工作行为，提高员工素质和能力，达到组织目标的要求而开展的活动。美国经济学家、诺贝尔经济学奖得主舒尔茨认为："人作为资本和财富的转换，其知识和能力是社会进步的决定性原因。"通过对人进行投资，使人进步，增长才能，从而获得比投资成本高得多的产出价值。信息时代是以信息和知识的大量生产和传播为主要特征，并以每年

18%~20%的递增率发展的。如果一个人不学习、不接受培训，很快就会落后于时代。培训是学习知识的一种手段，是提升能力的有效途径。现代培训在观念、方法、内容等方面进行了变革和创新，能适应时代发展的需要。乡村旅游从业人员大多学历低，经过调查，大多数从业人员没有受过高等教育，很多员工没有接受过职业技能培训。乡村旅游有一部分管理人员由当地村民担任，没有受过现代管理培训。乡村旅游目的地的工作人员和管理人员素质是决定乡村旅游发展的关键因素，为了提高乡村旅游人员素质，必须加大对他们的培训力度。

9.9.2 培训的目标

乡村旅游培训目标是提高管理人员和服务人员的素质，促进个人发展，实现为组织目标服务。具体表现在以下几个方面。

1. 转变思想观念

乡村旅游管理应在思维方式和观念上发生转变，树立与现代企业适应的新观念和思维方式，培养从新角度看问题的能力。通过培训，使企业管理人员了解国家关于旅游的法律法规和相关规章制度；通过培训，在知识、技能、效果和态度四个方面提高员工的适应性，为其能担负起更大的职责创造条件，满足员工自我成长的需要，提升员工价值。

2. 增长知识

职业能力高低与职业知识的储备呈正相关。为了使从业人员能跟上科学技术和乡村旅游业发展的步伐，就必须通过培训及时补充和更新从业人员完成本职工作所需要的基本知识、专业知识、科技知识和管理知识。一是让他们掌握当地自然文化景观的知识；二是掌握相关法律法规；三是掌握护理和救护知识；四是提高职业素养，强调服务人员的敬业教育，要求做到敬业爱岗，操守端正，品行高尚；五是培训职业技能方面的知识。

3. 改变态度

每个组织都有自己的文化、价值观念和行动准则。作为乡村旅游企业的管理人员和服务人员，只有了解并接受了组织文化，才能有效地开展工作。因此，要通过对乡村旅游目的地的管理人员和服务人员的培训，使他们逐步接受组织的价值观念，按照组织的行动准则来从事管理和服务工作，使他们深刻领会到乡村旅游目的地的远景目标，使目的地的远景目标成为管理人员和服务人员的共同愿景。

4. 发展能力

乡村旅游目的地管理人员和服务人员职责不一样，角色定位不一样，对于他们的技能要求也不一样，应采用不同的培训方法，培训内容和侧重点也应不同。管理人员培训的一个主要目的是提高他们科学的决策能力，把合适的人安排到合适的位置，并用正确的方法去激励员工，使他们努力为组织目标服务；提高他们的服务技能，培养与顾客的沟通能力；对服务人员进行职业道德教育，培养他们敬岗爱业、乐于奉献、全心全意为乡村游客服务的职业精神。

9.9.3 培训的方法

1. 课堂培训

课堂培训是一种正规的课堂教学培训方法。一般是聘请专业知识丰富的或有实战经验的旅游专家，以专题讲座的形式对从业人员开展培训。这种培训方法被广大企业所接受，主要特点是：管理费用低，被培训者能快速增加实用知识。这种方法适用于旅游公共基础知识的培训和岗前培训，导游的岗前培训和在岗培训一般都采用课堂培训的方法。

2. 参观学习

组织从业人员赴一些乡村旅游示范点或乡村旅游发展较好的地区参观学习，以直观的方式交流经验，开阔眼界。组织乡村旅游经营管理人员到乡村旅游发展较好的地区去参观学习，可以拓展管理人员的视野，通过参观学习，学习其他企业先进的管理理念和方法。通过和优秀企业对比，发现自己的不足，加以改进。

3. 角色扮演法

角色扮演法是一种由受训人扮演管理人员或服务人员，由有经验的管理或服务人员扮演顾客，"管理人员或服务人员"向"顾客"服务的模拟培训法。这种模拟法是模拟多种业务情况，让受训人员在一定时间内做出一系列决定，观察受训人如何适应新情况的模拟培训方法。培训结束后受训人员可写出自己的心得体会。

4. 网络授课

随着科技发展，培训方式更加多样化。由于互联网具有高效、快捷、经济、共享、省时的特点，不受时间和空间的限制，可随时随地开启学习模式，能解决旅游旺季时乡村旅游服务从业人员受时空限制无法定时、定点参加培训的问题。可以在空闲时间，通过互联网培训，既降低费用又可以根据自己的时间灵活安排，而且可以反复学习，有效地提高培训质量和效率。

附录 关于乡村旅游服务质量的调查问卷

尊敬的女士/先生：　　　　　　　　问卷编号：

您好！我们是西华师范大学的老师和学生，为了完成一项有关乡村旅游目的地可持续发展研究，希望得到您对乡村旅游目的地服务质量的评价，以便将来更好地为游客服务。您的回答只供研究使用，不涉及隐私，请您放心填写。衷心感谢您完成这份问卷！

第一部分 感受服务质量进行评价

在您游览结束后，根据自己对这些指标的感受服务质量进行评分。(5分为最满意，1分为最不满意，2~4分介于两者之间)。

乡村旅游目的地服务质量指标体系评价表

主成分	代码	测试项目	最满意				最不满意
			5	4	3	2	1
有形性	A1	生态景观环境					
	A2	餐饮设施					
	A3	住宿环境					
	A4	建筑风格					
	A5	旅游标识系统					
可靠性	B1	旅游设施安全					
	B2	交通指示牌完善					
	B3	服务质量的稳定性					
	B4	企业经营规范					
保证性	C1	服务流程合理					
	C1	服务标准规范					
	C3	服务技能良好					
	C4	投诉渠道畅通					
响应性	D1	服务态度好					
	D2	服务效率高					
	D3	活动安排预先告知					
	D4	处理顾客投诉及时					
体验性	E1	定制个性化服务					
	E2	居民态度有善					
	E3	方便顾客参与项目					
乡村性	F1	乡村文化气氛浓厚					
	F2	菜肴具有地方特色味道					
	F3	乡土特色产品丰富					
	F4	乡村环境优美					

第二部分

以下是一些关于您个人情况的简要问题,请您帮助填写,这些资料对我们的统计分析工作十分重要(请在符合的"□"中打钩)。

1. 您的性别是:□男 □女
2. 您的年龄段:

□14 岁以下　　　　□15~24 岁　　　　□25~44 岁

□45~64 岁　　　　□65 岁以上

3. 您的文化程度:

□高中及以下　　　□高中/中专　　　　□大专

□本科　　　　　　□硕士及以上

4. 您的居住地:

□本区(县)　　　　□本市　　　　　　□本省

□周边省、市　　　□其他

5. 您的职业:

□政府机关或事业单位　□企业职员　　　　□学生

□农民　　　　　　□个体工商户　　　　□其他

6. 您的月收入:

□3000 元以下　　　□3000~4999 元　　　□5000~7999 元

□8000~9999 元　　□10000 元以上

7. 您的出游方式：

☐公交班车 ☐出租车

☐自驾车 ☐其他

8. 您的旅游信息来源：

☐电视节目 ☐互联网 ☐旅行社

☐报纸和杂志 ☐微信 ☐朋友推荐

9. 您是第几次来此地旅游：

☐1次 ☐2次 ☐3次及以上

10. 您的出行结伴方式：

☐独自一人 ☐同事 ☐家人

☐朋友 ☐其他

11. 您出游的动机是：

☐体验乡村生活 ☐享受大自然 ☐家庭聚会出游

☐放松心情 ☐观光 ☐其他

参考文献

[1] REICHEL A, LOWENGART O, MILMAN A. Rural tourism in Israel: service quality and rientation[J].Tourism Management,2000,21(5).

[2] NILSSON P A. Staying On Farms—— An Ideological Background [J].Annals of Tourism Research,2002,29(1).

[3] TOSUN C. Limits to community participation in the tourism development process in developing countries [J].Tourism Management,2000,21(6).

[4] FLEISCHER A,PIZAM A. Rural tourism in Israel[J].Tourism Management,1997,18(6).

[5] SHARPLEY R. Rural tourism and the challenge of tourism diversification: the case of Cyprus[J].Tourism Management,2002,23(3):233-244.

[6] CAMPBELL L M. Ecotourism in rural developing communities [J]. Annals of Tourism Research,1999,26(3).

[7] Gronroos C. An Applied Service Marketing Theory[J].European Journal of Marketing,1982,16(7).

[8] Lehtinen U,Lehtinen J R. Service quality:A study of quality dimensions [M].Helsinki:Service Management Institutes,1982.

[9] GRONROOS,CHRISTIAN. Service Management and Marketing [M].Lexington Books,1990.

参考文献

［10］BATESON J. Managing Service Marketing: Text and Readings［M］. Draden Chicago,1989.

［11］CLARKE J,DENMAN R,HICKMAN G,et al. Rural tourism in Roznava Okres:a Slovak case study［J］.Tourism Management,2001,22(2):193-202.

［12］PARASURAMAN A,ZEITHMAL V,BERRY L. Guality Counts in Service, Too［J］.Business Horizons,1985(28):44-53.

［13］YingYing Liao. A New Look at Service Guality Failure:Some Case Study Evidence［D］.University of Kent,Canterbury Orlando,2009.

［14］Ling Feng Hsieh. Li Hung Lin,Yi Yin Lin. A ServiceGuality Measurement Architecture for Hot Spring Hotels in Taiwan［J］.Tourism Management, 2008(29):429-438.

［15］Roberto Rendeiro Mart n-Cejas. Tourism Service Quality Begins at the Airport［J］.Tourism Management,2006(27):874-877.

［16］Jovo Ateljevic. Small Tourism Firms and Management Practices in New Zealand:Centre Stage Macro Region［J］.Tourism Maragement,2007(28):307-316.

［17］Tanas L. Quality Improvement of Services in Rural Tourism-Comparative Analysis Regarding theSatisfaction Level of Tourists Accommodated in Neam County［J］.Scientific Annals of Stefan cellMare University of Suceava. Geography Series,2013(2):45-57.

［18］Reichel A., Lowengart O., Milman A. Rural tourism in Israel:service quality and orientation［J］.Tourism Management,2000,21(5).

［19］FICK GR,BRENTRITCHIE JR. Measuring service quality in the travel and tourism industy［J］.Journal of travel research,1991,30(2):2-9.

[20] Tapachai, N, Waryszak, R. An examination of the role of beneficial image in tourist destination choice [J]. Journal of Travel Research. 2000.

[21] Edward Inskeep, Tourism Planning: An integrated and Sustainable Development Approach[M]. New York: Van Nostrand Reinhold, 1991.

[22] WangYuncai. The theory and practic of landscape and tourismplanning and design in countryside[M]. Beijing: Sciences Press, 2004. 41-60.

[23] 王素洁, 刘海英. 国外乡村旅游研究综述 [J]. 旅游科学, 2007 (4): 61-68.

[24] 陆林, 任以胜, 朱道才, 等. 乡村旅游引导乡村振兴的研究框架与展望 [J]. 地理研究, 2019, 38 (1): 102-118.

[25] 王云才. 巩乃斯河流域游憩景观生态评价及持续利用——以新疆巩乃斯河谷为例 [J]. 地理学报, 2005, 60 (4): 645-655.

[26] 邱兴儒. 推进乡村旅游发展的对策 [J]. 乡村旅游的措施, 2016 (06): 16-18.

[27] 章程辉. 营销4P和4C理论在网络营销与传统营销中的结合与应用 [J]. 新余学院学报, 2017, 22 (06): 88-89.

[28] 吴必虎, 黄琢玮, 马小萌. 中国城市周边乡村旅游地空间结构 [J]. 地理科学, 2004, 24 (6).

[29] 王兵. 从中外乡村旅游的现状对比看我国乡村旅游的未来 [J]. 旅游学刊, 1999 (2): 38-42.

[30] 卢云亭. 两类乡村旅游地的分类模式及发展趋势 [J]. 旅游学刊, 2006 (4): 6-8.

[31] 景进安. 从4P、4C营销理论到4R营销理论 [J]. 北方经贸, 2003 (11): 53-54.

[32] 李德明. 乡村旅游与农村经济互动持续发展模式与对策探析 [J]. 人文地理, 2005 (3).

[33] 王云才. 中国乡村旅游发展的新形态与新模式 [J]. 旅游学刊, 2006, (21) 4: 8.

[34] 葛江徽. 盐城乡村旅游品牌建设研究 [J]. 合作经济与科技, 2020 (03).

[35] 吴必虎, 吴佳. 中国乡村旅游产业发展升级问题 [J]. 旅游科学, 2007, (21) 3: 11-13.

[36] 郭焕成, 韩非. 中国乡村旅游发展综述 [J]. 地理科学进展, 2010, 29 (12).

[37] 王琼英. 乡村旅游综述 [J]. 旅游学刊, 2006 (7): 52-54.

[38] 陈诗佳, 王文丽. "互联网+"背景下乡村旅游营销策略分析——以浙江长兴为例 [J]. 现代商贸工业, 2021 (03).

[39] 王庆生, 张行发. 乡村振兴背景下乡村旅游发展——现实困境与路径 [J]. 渤海大学学报（哲学社会科学版）, 2018, 40 (5): 77-82.

[40] 祁黄雄, 谢钱. 基于BCM模型的乡村旅游企业服务质量测评——湖州顾渚村的实证调查 [J]. 地理研究, 2011 (7): 1331-1340.

[41] 郑秉治. 试论服务质量的涵义 [J]. 世界经济与政治, 1995 (11).

[42] 朱沆等. 服务质量属性的实证研究 [J]. 商业研究, 1999 (6).

[43] 范秀成. 服务质量管理：交互过程与交互质量 [J]. 南开管理评论, 1999 (1).

[44] 刘涛, 徐福英. 警惕饭店服务过度 [J]. 饭店现代化, 2005 (1).

[45] 赖碧瑛. 论乡村旅游的特点 [J]. 旅游学刊, 2010 (3): 19.

[46] 王亚华, 苏毅清. 乡村振兴——中国农村发展新战略 [J]. 中央社会主义学院学报, 2017 (06): 49-55.

[47] 罗明义. 云南发展乡村旅游的模式和特点 [J]. 旅游学刊, 2005 (5): 63-65.

[48] 胡绿俊, 文军. 乡村旅游者旅游动机研究 [J]. 旅游学刊, 2009 (4): 35-37.

[49] 段益莉, 江强. 新农村建设中园林景观规划: 基于乡村振兴战略的分析 [J]. 中国农业资源与区划, 2019 (11): 130-135.

[50] 王晨光. 集体化乡村旅游发展模式对乡村振兴战略的影响与启示 [J]. 山东社会科学, 2018 (5): 34-42.

[51] 吴斌. 基于文化要素流动的乡村振兴景观营造策略研究: 以者湾村灾后重建景观规划为例 [J]. 绿色科技, 2022 (1): 125-128.

[52] 王亚华, 苏毅清. 乡村振兴——中国农村发展新战略 [J]. 中央社会主义学院学报, 2017 (06): 49-55.

[53] 朱建江. 乡村振兴与乡村旅游发展: 以上海为例 [J]. 上海经济, 2017 (6): 17-24.

[54] 刘桂兰, 李亚. 河南省旅游新业态及其发展策略研究 [J]. 河南科技学院学报, 2013 (5).

[55] 李坚. 基于SWOT-PEST分析的乡村旅游发展的战略对策研究 [J]. 商业现代化, 2007 (12): 193-194.

[56] 李爱兰. 山东省乡村旅游资源调查与生态旅游规划探究 [J]. 中国农业资源与区划, 2016, 37 (1): 213-217.

[57] 郭宾雁. 发展乡村旅游, 带动农村经济发展 [J]. 新农村建设, 2006 (1): 236-237.

[58] 秦学. 中国乡村旅游的空间分布格局及其优化 [J]. 农业现代化

研究，2008，29（6）：715-718.

[59] 陈凤菊. 顾客满意度测评体系及模型［J］. 河南商业高等专科学校学报，2007（6）.

[60] 王淑翠，王伟. 服务质量文献综述［J］. 山东经济，2005，9（5）.

[61] 闫金娟，赵希勇. 基于SERVPERF的乡村旅游服务质量评价体系研究［J］. 哈尔滨商业大学学报（社会科学版），2016（4）：111-118.

[62] 赵吉壮，余伟萍，王成杰. 服务质量研究综述［J］. 技术与市场，2008（1）.

[63] 裴飞，汤万金，咸奎桐. 顾客满意度研究与应用综述［J］. 世界标准化与质量管理，2006，10（10）.

[64] 张靓靓，华君，白洋. 新疆旅游服务质量模糊综合评价［J］. 科技创业，2007，7（3）.

[65] 周培，胡利民. 从服务机构的角度理解关系营销［J］. 大众科技，2006.

[66] 徐丹. 乡村振兴战略背景下绍兴市乡村旅游区域品牌建设研究［J］. 经济研究导刊. 2019（1）：154-155.

[67] 伍朝辉. 全域旅游背景下靖西乡村旅游发展探讨［J］. 合作经济与科技，2019. 1.

[68] 陈丽军. 新常态下现代旅游产业竞争优势与区域旅游品牌形象塑造［J］. 商业经济研究，2016（24）：188-189.

[69] 颜文华. 休闲农业与乡村旅游驱动乡村振兴的海外经验借鉴［J］. 中国农业资源与区划，2018（11）.

[70] 佟曾，杨文颖，杜冰. 辽宁省乡村旅游发展现状及对策研究［J］. 农业经济，2018（12）：51-52.

[71] 彭顺生. 中国乡村旅游现状与发展对策 [J]. 扬州大学学报 2016 (20): 94-98.

[72] 王云才. 国际乡村旅游发展的政策经验与借鉴 [J]. 旅游学刊, 2002 (4).

[73] 邹统钎. 基于生态链的休闲农业发展模式——北京蟹岛度假村的旅游循环 [J]. 经济研究, 2005 (1).

[74] 杨旭. 开发"乡村旅游"势在必行 [J]. 旅游学刊, 1992 (7).

[75] 王松. 基于顾客让渡价值的顾客忠诚培养研究 [J]. 价值工程, 2007 (2): 36.

[76] 宋效红. 让渡价值理论下的顾客忠诚度分析 [J]. 商业时代, 2007 (25): 30.

[77] 周培, 魏金平. 管理学基础 [M]. 上海: 华东师范大学出版社, 2014.

[78] 叶万春. 服务营销学 [M]. 北京: 高等教育出版社, 2001.

[79] 王海燕, 张斯琪, 仲琴. 服务质量管理 [M]. 北京: 电子工业出版社, 2014.

[80] 温碧燕. 旅游企业顾客感知服务质量理论与实证 [M]. 北京: 科学出版社, 2011.

[81] 张俐俐, 杨莹. 旅游市场营销学 [M]. 北京: 清华大学出版社, 2005.

[82] 郭亚军. 综合评价理论、方法及拓展 [M]. 北京: 科学出版社, 2012.

[83] 程龙生. 服务质量评价理论与方法 [M]. 北京: 中国标准出版社, 2011.

[84] 夏学英, 刘兴双. 新农村建设视阈下乡村旅游研究 [M]. 北京:

中国社科出版社，2014.

［85］邹统钎等. 乡村旅游（理论·案例）［M］. 天津：南开大学出版社，2008.

［86］李开宇，张传时. 城市化进程中的城郊乡村旅游发展研究［M］. 北京：北京理工大学出版社，2011.

［87］吴必虎. 地方旅游开发与管理［M］. 北京：科学出版社，2000，3.

［88］陆林、章锦河. 旅游形象设计［M］. 合肥：安徽教育出版社，2002，10.

［89］王云才. 现代乡村景观旅游规划设计［M］. 青岛：青岛出版社，2003.

［90］崔立新. 服务质量评价模型［M］. 北京：经济日报出版社，2003.

［91］韩经纶，董军. 顾客感知服务质量评价与管理［M］. 天津：南开大学出版社，2006.

［92］陈祝平，陆定光. 服务营销管理［M］. 北京：电子工业出版社，2002.

［93］张金成，范秀成译. 服务管理［M］. 北京：机械工业出版社，2002.

［94］何丽芳. 乡村旅游与传统文化［M］. 北京：地震出版社，2007.

［95］邹统钎. 旅游度假区发展规划——理论、方法与案例［M］. 天津：南开大学出版社，1996.

［96］詹姆斯·赫斯克特等著. 牛海鹏等译. 服务利润链［M］. 北京：华夏出版社，2001.

［97］克里斯托弗·H. 洛夫洛克. 陆雄文，庄莉译. 服务营销［M］. 北京：中国人民大学出版社，2001.

［98］刘俊学. 高等教育服务质量［M］. 长沙：湖南大学出版社，2002.

［99］韩俊. 实施乡村振兴战略五十题［M］. 北京：人民出版社，2018.

[100] 田琨. 乡村振兴战略·乡风文明和治理有效篇 [M]. 北京：中国农业出版社，2018.

[101] 韦福祥. 服务质量评价与管理 [M]. 北京：人民邮电出版社，2005.

[102] 邹乐群. 服务营销与服务管理 [M]. 长沙：国防科技大学出版社，2002.

[103] 齐利平，王艳萍，史效东，等. 微观经济学原理及其应用 [M]. 北京：中国物价出版社，2002.

[104] 李海平，张安民. 乡村旅游服务与管理 [M]. 杭州：浙江大学出版社，2011.

[105] 周培，周寿彬. A Discussion for Service Recovery Strategy [C]. EBMEI，2013.

[106] 周培. 基于服务的民办高校可持续发展研究 [D]. 成都：四川大学硕士论文，2004.

[107] 李锋. 基于质量评价体系的服务质量管理 [D]. 大连：东北财经大学，2006.

[108] 王莹. 基于SERVQUAL的农家乐旅游服务质量评价及实证研究 [D]. 杭州：浙江财经大学，2008.

[109] 张良林. 莫里斯符号学思想研究 [D]. 南京师范大学，2012.

[110] 夏汉军. 张家界世界自然遗产地旅游服务质量测评与优化服务 [D]. 昆明：云南大学，2015.

后　记

　　经过两年多艰辛的努力,《乡村振兴战略背景下乡村旅游目的地可持续发展研究》一书终于如期完稿。我从事旅游研究已二十余载,先后在各种期刊上发表旅游管理方向论文二十余篇。六年前我出版了《乡村旅游企业服务质量理论与实践》一书。这本书出版后,我始终在思考一个问题,即乡村旅游如何走可持续发展道路的问题。

　　乡村振兴战略为乡村旅游发展指明了方向,乡村旅游是乡村振兴的重要抓手。如何使乡村旅游目的地走可持续发展的道路,成为我们研究课题的关注焦点。课题组不断深入乡村旅游目的地,进行广泛深入的调查研究,获得了大量的第一手资料。通过对相关理论的深入剖析,产生了本书的构思,然后创作完成了本书。

　　随着经济发展,旅游已经成为人们生活的常态。乡村旅游对乡村发展意义重大。在开发乡村旅游的过程中,如何利用和保护好乡村独特的自然和文化资源,走出一条可持续发展道路,是理论界和实业界都需要思考的问题。

　　研究就是要解决问题的。笔者查阅了大量资料,对有些问题进行苦思冥想,攻克了研究道路上一个又一个难题,虽然付出了大量精力、体力和脑力,有时也有短暂的犹豫、徘徊,考虑是否要坚持下去,但每每想到我们的创作,能够给乡村旅游的游客带来更好的服务,能够对乡村环境起到保护作用，能够为乡村旅游经营者的企业管理提供一些指导，就认为再多的付出都是值得的，也是十分有益的。

特别感谢西华师范大学及商学院领导和同事们的大力支持，没有他们的支持，本书难以立项和出版。在本书的撰写过程中，在问卷调查、文献检索等方面，我的研究生们也付出了艰辛的努力，在此表示感谢！

由于作者水平有限，若有不足之处敬请指正。

周培

2022 年 10 月 20 日于西华师范大学华凤校区